主　　编　王思斌　曾华源
执行主编　沈　黎

华人社会工作丛书（第一期）

复原力任务中心社会工作理论与技术

白倩如　李仰慈　曾华源　著

華東理工大學出版社
EAST CHINA UNIVERSITY OF SCIENCE AND TECHNOLOGY PRESS
·上海·

图书在版编目(CIP)数据

复原力任务中心社会工作：理论与技术/白倩如，李仰慈，曾华源著．—上海：华东理工大学出版社，2018．6

（华人社会工作丛书．第一期）

ISBN 978-7-5628-5307-7

Ⅰ．①复…　Ⅱ．①白…　②李…　③曾…　Ⅲ．①社会工作—研究　Ⅳ．①C916

中国版本图书馆 CIP 数据核字(2017)第 325094 号

内容提要

本书认为，复原力与任务中心的专业关系，更重视服务对象的理性与潜能，更强调社会工作者要反身性地思考自己对服务对象持何种看法。本书通过生态观点、多元文化与平权的关系取向，将使社会工作者能更如实地理解服务对象在生活环境系统中遇到的困难。本书主要介绍复原力理论的概念和具体做法，并运用任务中心的操作化过程，使复原力服务更为结构化。本书适合社会工作研究者和广大一线社会工作者参考使用。

策划编辑／刘　军
责任编辑／刘　军　孟媛利
装帧设计／徐　蓉
出版发行／华东理工大学出版社有限公司
地址：上海市梅陇路 130 号，200237
电话：021-64250306
网址：www.ecustpress.cn
邮箱：zongbianban@ecustpress.cn
印　　刷／山东鸿君杰文化发展有限公司
开　　本／710 mm×1 000 mm　1/16
印　　张／18.5
字　　数／292 千字
版　　次／2018 年 6 月第 1 版
印　　次／2018 年 6 月第 1 次
定　　价／96.00 元

学术委员会

（按姓氏笔画排序）

编辑委员会

从书总序

北京大学社会学系　王思斌

随着我国社会转型和现代化进程的加快，民生问题、社会治理问题更加突出地摆在政府和社会面前。社会工作作为帮助弱势群体解决其基本生活困难、走出困境，进而促进社会公平正义和社会进步的专业学科，其快速和稳步发展显得十分重要。《中共中央关于构建社会主义和谐社会若干重大问题的决定》作出"建设宏大的社会工作人才队伍"的战略部署，中央十九部委也制定了《社会工作专业人才队伍建设中长期规划(2011—2020年)》。此外，在政府、学术界和实务界的共同努力下，我国的社会工作事业得到了较快发展。但是，与解决上述问题的迫切性和社会工作学科发展的要求相比，我国大陆的社会工作发展还存在很多不尽如人意之处，其中一个重要原因就是社会工作专业化与本土化的结合还不到位。

社会工作产生于西方发达国家，其基本理念、工作方法带有浓厚的西方文化色彩，带有它产生于其中的社会结构的印记。在改革开放和走向现代化的进程中，我国要发展社会工作事业，需要借鉴西方社会工作的优秀成果，走专业化之路。但是，我们必须同时清醒地认识到，在此过程中照搬西方社会工作的既有成果有时并不恰当，因为我国的经济体制、政治体制、文化体制、社会体制与西方有很大差异。在这种情况下，社会工作本土化就显得尤为重要。关于社会工作本土化，学界有许多不同的理解。但是如果说来自西方的社会工作要适应我国的基本国情和解决问题的具体环境，则是没有那么多争论的。来自西方的社会工作理论、工作方法必须在中国能落地，能与需要解决的现实问题相契合，这是问题的关键。正是在这种意义上，笔者曾经讨论过社会工作本土化问题，也提出了社会工作本土化的几种路径：第一，研究西方社会工作与中国国情的不相容之处，删去不适宜的部分，再应用于中国实践，并接受实践检验；第二，对从事实际社会工作的人员进行专业培训，促进国际社会工作经验与本土社会工作的比较和碰撞；第三，分析两种社会工作之异同，找出它们的相似之处，强化它们之间的亲和性；第四，在此基础上从事社会工作实践，扩大两者之间的相容性，以实现优势互补。在上述可能的实践中，笔者还提出过一种看法：本土社会工作学者在其中能发挥重要作用。因为，一方面，他们熟悉产生于西方的社会工作理论和方法；另一方面，他们长期生活于非西方社会之中，对何种社会工作理论、知识和方法有助于本地问题的解决有比较清楚的认识，从而进行选择性"过滤"。

回到当下我国社会工作的现实处境。虽然大陆的社会工作学科重建已有30年，但是在学术研究、经验总结、理论反思方面还相对滞后。相比之下，我国港台地区的社会工作专业发展较早，实践比较充分。在来自西方的理论与本地实践的磨合互动中，一些学者形成了自己的理论观点、经验模式、知识积累，这对同具华人社会文化的大陆地区来说具有重要的参考价值，也是华东理工大学出版社出版这套"华人社会工作丛书"的重要初衷。本丛书选择工作生活于世界各地（主要是欧美和我国港台地区）的资深华人社会工作学者的有分量的著述加以印行，在某些方面和一定程度上能缩短大陆地区社会工作本土化的进程，也有利于向读者提供一个参照——这些优秀的学者是怎样在专业化与本土化之间进行思考的。当然，这些学者工作、研究和进行专业实践的背景与大陆地区也不相同，政治制度、社会体制、社会福利体系和社会工作制度方面的差异也比较明显，因此对他们的理论、观点我们也不能照抄照搬。如果大陆读者能在这些华人学者的理论、经验与自己面对的现实之间进行比较、思考和反思，有了新见解，那就真正从深层次上达到出版本丛书的目的了。说不定这会对华人社会工作乃至世界社会工作的发展有所贡献。但愿如此。

前　　言

我曾在精神卫生、外籍配偶与高关怀青少年领域从事直接服务多年，直到现在，我仍然有许多机会与各个专业团队合作。作为一名实务工作出身的大学教师，我一直期盼可以缩短社会工作理论与实务工作之间的距离。多年来，国内社会工作专业化有了长足的发展，但始终无法完全摆脱服务空洞、成效不佳的质疑。过去，社会工作专业教育的重点大多放在准确判断服务对象问题形成因素及其交互作用上。这一点，可以普遍见于社会工作者的服务记录——有完整的评估，但缺乏处置方法。在实务领域，社会工作从业者易因服务进展缓慢而积累挫折感，因此会耗损他们最初的专业理想与热忱，甚至会反映在与服务对象的关系中。另一方面，实务工作者会怀疑抽象的理论概念是否真的能被实践，怀疑这只是空中楼阁。不论是自认还是被认定为“学术”或“实务”的社会工作者，或许都曾有过理论与实务之间难以转换的挫败感。

长期以来，病理取向的理论思维逻辑仍然认为：只要消除造成服务对象困扰的风险因素，就能够使问题获得改善。然而，这样的理论取向其实是有逻辑问题的。其一，造成服务对象困境的风险因素并不一定会使所有人都陷入相同困境，但我们甚少去认真探究原因何在。首先指出这种理论逻辑谬误的是Rutter（1976，1985）。其二，找到形成问题的因素，并不等于找到解决问题的要素。例如，虽然我们对少女从事性交易的相关研究已有大量累积，但实际上无助于已经涉入性交易的少女离退性交易（白倩如，2012b）。其三，个人改变动机并不仅仅受心理认知历程的影响，结构性的影响其实更为关键。综观相关的研究，不难发现改变动机是影响处遇成效的关键因素。这点融合任务中心和生态观点，将能够协助实务工作者更准确地理解服务对象为何改变或不改变。上述论点从1980年代起就开始不断地被提及，至今仍然影响着社会工作专业的发展走向。

受曾华源教授的启发，我了解到了自己看待服务对象的局限、服务处置方法的浅显，因而开始钻研复原力理论。在此过程中，很感谢财团法人天主教善牧基金会执行长汤修女和台东德蕾之家的少女们，感谢台东的区督导陈玉洁。因为她们的信赖，我才能在实务工作中实践复原力，并看到具体的成效。此外，在与许多实务工作者一同努力的过程中，我也发现抽象的原理原则和理论概念的操作化是一个主要的困难。我认为，将复杂纷乱的实务经验做概念归纳，以及将抽象概念操作化的循环过程，是专业人员专业养成的根本途径。任务中心的结构性不但有助于解决社会工作者处遇目标过于抽象、操作步骤模糊不清的问题，同时也能够使社会工作者摆脱只能做资源连结的质疑。

事实上，复原力的运用范围十分多元，并不止于弱势儿童少年或身心创伤事件，现在已经扩展运用到家庭、老年人、身心障碍者、外籍配偶、移民人口、药瘾与毒瘾人口等，且都已在全球社会工作中被广泛运用。除此之外，复原力在心理咨询与教育领域也被大量讨论。不过，社会工作专业在复原力理论的运用上，更加重视环境保护因子与个人保护因子之间的交互作用。相较于教育领域倾向采用发展取向，心理咨询领域倾向采用心理认知取向，社会工作更强调服务对象受环境结构压迫，或对抗生存困难的充权取向。复原力与任务中心的专业关系，均更加重视服务对象的理性与潜能，更强调社会工作者要反身性地思考自己对服务对象持何种看法。通过生态观点、多元文化与平权的关系取向，将使社会工作者更能如实地理解服务对象在生活环境系统中遇到的困难。

本书主要介绍复原力理论的概念和具体做法，并运用任务中心的操作化过程，使复原力服务更为结构化。书中有许多实务案例与范例，期望可以使读者更了解理论概念的操作方法。本书的完成要感谢社团法人台湾复原力社会福利协会的大力支持，感谢王淑桢秘书长的擘画和推动。同时感谢曾华源老师的督促和诸多贡献，感谢李仰慈博士对本书的修正和编写。如果没有他们，本书将无法完成。本书如有任何不妥之处，敬请前辈不吝赐教，以便修正精进。

白倩如

于彰化师大

目　　录

第一篇　复原力取向社会工作

前　言 …… 003

第一章　社会工作理论观点的演变
——从个人病理观到生态优势观 …… 005
一、为什么要培育复原力 …… 007
二、病理观点社会工作服务的限制 …… 015
三、生态系统观点与复原力 …… 019
四、优势观点与复原力 …… 022

第二章　何谓复原力
——基础概念与不同取向 …… 027
一、复原力的意涵 …… 029
二、复原力核心概念——逆境、风险因子与保护因子 …… 030
三、复原力的理论演变与不同取向之比较 …… 034

第三章　复原力的来源
——保护因子及其作用 …… 041
一、核心保护因子——实证研究发现 …… 043
二、保护因子的作用模式与历程 …… 047

第四章　复原力社会工作的专业关系 …… 055
一、信任性专业关系建立的障碍 …… 057
二、复原力专业关系特质与做法 …… 059
三、复原力取向的专业关系意涵 …… 062
四、复原力关系的界限议题 …… 070

第二篇　社会工作任务中心取向实务指南

前　言 …… 077

第五章　任务中心社会工作 …… 079
一、任务中心的基本概念 …… 081
二、任务中心取向的基本假设 …… 087
三、服务对象"问题解决"行为的假设 …… 089

第六章　任务中心个案工作的问题处置基本原则与流程 …… 095
一、个案工作问题处置基本原则 …… 097
二、个案工作问题处置流程 …… 099
三、研判与指认标的问题 …… 102
四、任务执行过程中障碍的移除 …… 110

第七章　任务中心个案工作目标设定及协商契约 …… 115
一、目标的意涵、功能与种类 …… 117
二、目标设定的技巧 …… 118
三、目标协商的过程 …… 121
四、拟定契约 …… 123
五、任务中心取向个案工作契约拟定范例 …… 125

第八章　明确拟定完成目标的各种单独、却有连接性的任务 …… 129
一、拟定任务 …… 131
二、任务执行 …… 141
三、监察、评估与结案 …… 145

第九章　任务中心取向的长处与限制 …… 147
一、长处 …… 149
二、限制 …… 149
结语 …… 151

第十章　任务中心个案工作案例与自我练习 …… 153

第三篇　个人复原力培育

前　言 …… 185

第十一章　提升自我效能,培育个人复原力 …… 187
一、自我效能的意涵及其来源 …… 190
二、自我效能与复原力的关系 …… 194
三、如何培育自我效能 …… 194
四、自我效能的评估与测量 …… 198

第十二章　通过环境保护因子培育个人复原力 …… 201
一、环境保护因子对个人复原力培育的重要性 …… 203
二、通过家庭系统培育个人复原力 …… 204
三、通过学校系统培育个人复原力——创造友善校园 …… 206
四、通过社区系统培育个人复原力 …… 210

第四篇 复原力任务中心实务指南
——高关怀青少年复原力培育团体工作范例

前 言 …… 217

第十三章 认识高关怀青少年 …… 219
一、高关怀青少年的意涵 …… 221
二、青少年风险行为的发展阶段 …… 222
三、高关怀青少年的成长目标 …… 224

第十四章 提升青少年自我效能的团体方案 …… 227
一、团体动力的要旨 …… 229
二、社会团体工作的设计原则 …… 231
三、提升青少年自我效能的团体方案设计范例 …… 236

第十五章 高关怀青少年复原力生活体验 …… 243
一、体验学习的意义 …… 245
二、体验方案活动设计原理 …… 246
三、高关怀青少年复原力生活体验营方案设计范例 …… 247

第十六章 长期安置儿童少年的复原力培育服务
——建构专业团队能力取向 …… 265
一、安置环境的基本特性 …… 267
二、复原力培育服务的设计原则 …… 267
三、服务设计范例 …… 269

参考文献 …… 274

I

第一篇

复原力取向社会工作

前　言

虽然社会工作已经逐渐脱离病理观点的服务取向，但是对个人与家庭问题或需求的评估，仍然习惯于偏向个人归因，也重视风险因子的寻找。此外，当前社会工作强调人与环境的关系，重视对服务对象充权。不过，充权服务对象并非可以立即完成，而是需要时间和行动。社会工作专业服务最终还是要关注和协助服务对象的立即性需求，以有效因素回应生活适应问题，增进人类生活幸福感。因此，提供个人与家庭直接的专业服务就显得尤为重要。

近年来，复原力的研究与应用越来越广泛，在学术上也开始强调复原力的重要性。但复原力仍然只是停留在概念认知层次，许多实务社会工作者并不理解如何进行这方面操作。其实在日常生活中，每个人都会遇到一些困难和障碍，但并不会落入生活困境。究其原因，就是因为许多人的生活环境中有保护因子，可以提供资源协助其渡过生活困境或逆境。到底人的生活环境中有哪些保护因子可以协助对抗风险因子，使人脱离困境而发愤图强、努力向上？目前国内外有许多学术研究和实验方案，这不仅使得概念内涵更加丰富，对社会工作专业如何运用复原力提供服务，也有相当多的参考价值。

在实务工作上，社会工作如何具体规划各种服务方案以有效培育服务对象的复原力，这不能只停留在文字层面的概念或内涵说明上，而缺乏系统性的干预步骤。目前社会工作专业的实务工作取向，大致上已采用以任务中心为核心的工作方法，而且运用范围已相当广泛。实证研究亦显示任务中心有明确的效果。然而，任务中心在国内文献中，亦欠缺具体完整的实务操作案例，故多数实务社会工作者大多只有认知上的概念，少有人将其运用在实务方案规划与操作上。

本书将着重说明复原力的概念与重要性、社会工作专业结合任务中心理念和操作原则，并展示如何规划服务方案，以增强个人与环境中的保护因子。

此外,配合部分实务方案操作案例说明,以协助社会工作者理解如何运用任务中心的操作模式,具体落实协助弱势服务对象培育复原力。不过,本书重点仅以运用在个人和团体的复原力培育为主,不包括运用在社区的复原力培育上。

第一章 社会工作理论观点的演变

——从个人病理观到生态优势观

一、为什么要培育复原力
二、病理观点社会工作服务的限制
三、生态系统观点与复原力
四、优势观点与复原力

学前暖身

- 有多少人能在刻苦环境中出人头地？那些人有什么特别条件？
- 人生之不如意事十之八九。对个人来说，“不如意”是打击？还是磨炼？
- 你认为人应该被磨炼才会成长吗？还是应该生活在一个被鼓励、被支持的环境中才能健康成长？

一、为什么要培育复原力

舜发于畎亩之中，傅说举于版筑之间，胶鬲举于鱼盐之中，管夷吾举于士，孙叔敖举于海，百里奚举于市。故天将降大任于是人也，必先苦其心志，劳其筋骨，饿其体肤，空乏其身，行拂乱其所为，所以动心忍性，曾益其所不能。人恒过，然后能改；困于心，衡于虑，而后作；征于色，发于声，而后喻。入则无法家拂士，出则无敌国外患者，国恒亡。然后知生于忧患而死于安乐也。

——《孟子·告子篇》

复原力是专业服务哲学的根本转变

- 我们大多数人对《孟子·告子篇》都耳熟能详。在华人的文化传统中，有许多类似的故事告诉我们：要正向看待生命中的不顺遂，并将之视为生命成长的养分。中国台湾文化也强调，面对困难时要能保持韧性。社会工作发展至今，专业社群不断在修正和反省看待个人问题的视角。回归到最根本的问题就是："为什么面对同样的困境，有些人能够克服？有些人却会丧志消沉？"像罹患先天性罕见疾病的尼克·胡哲（Nick Vujicic）[①]与刘大潭[②]、"流氓教授"林建隆[③]，当年在中辍边缘的金曲歌王萧敬腾，还有当年默默无闻现在家喻户晓的阿基师……他们都曾遭遇生命的各种困境，但为什么没有被打倒？反而他们的生命更加发光发热？是因为他们拥有坚强的意志、超人的能力？或者因为他们有"贵人"、特别受到上天的眷顾？
- Werner 和 Smith 为了能够科学地解释这个现象，自 1950 年代开始，对生活在风险环境中的儿童进行了纵贯研究。研究结果发现：具有复原力者，最终仍能成功克服生活逆境。不管是什么风险因素、有多么严重，研究结

---

① 尼克·胡哲出生时即罹患罕见疾病海豹肢症，没有四肢的他拥有两个大学学位、一家公司，热爱各种户外运动，同时已出版两本书籍，到世界各地通过演讲鼓励大众完成人生梦想。

② 刘大潭是中国台湾南投人，幼时罹患小儿麻痹症，双腿无法行走，但他仍努力求学。他在机械公司努力工作终获老板赏识，后自行创业，获得无数发明奖。

③ 林建隆是中国台湾基隆人，出身于矿工家庭，幼时家贫、兄弟众多，后又逢父亲工伤炸断手而陷入困境。林建隆青年时期被提报流氓管训，管训期间受辅导长鼓励努力求学，后成为大学教授，故有"流氓教授"之称。

果发现，暴露其中的孩童有超过一半并没有受到显著的不良影响。他们开启了复原力研究的先河，自此改变了社会工作的服务哲学。过去，社会工作强调要找出为何落入负面处境的风险因子，并且致力于通过各种服务方案减除风险因子的作用。然而，复原力理论认为，风险因子与保护因子同时存在于个人的生活环境中，找出使人能够超越逆境的保护因子将更有意义。

在 Werner 与 Smith(1982，1992，2001)的研究之后，许多学者投入了解复原力的来源中，以研究构成复原力的保护因子有哪些。归纳至目前为止的研究成果，对于复原力形成来源可以概括划分为以下三大类(白倩如，2012b)。

- (1) 心理特质说——复原力是个人的先天性特质。
  - 认为复原力是个人因应重大冲击事件而展现的某种特质或能力，如：乐观、弹性、自信、随和、自主等。此一取向偏重心理脉络(psychological context)保护因子，认为上述先天性的气质特性(dispositional characteristics)与生物因素(如智力、生理健康)是构成复原力的关键(Rutter，1990，1985；Smokowski，Reynold & Bezruuczko，1999；Werner & Smith，1982)。
- (2) 环境支持说——复原力受环境支持资源影响。
  - 认为个人会因所处环境支持资源不同，而有不同复原历程，如：健康的家庭常规、支持特质的家长、好的学校环境、亦师亦友的成人、参与有意义课外活动的机会、有正向影响力的同侪等(Fraser，Richman & Galinski，1999；Masten，Garmezy & Tellegen，1988)。此一取向偏重社会环境支持(social support environment)保护因子，认为微观环境系统的社会支持是构成复原力的关键。
- (3) 交流互惠说——复原力是人境互动的结果。
  - 强调复原力是个人与生态环境交流互动的适应过程(eco-systematic transactional process)，包括能主动向各层级的环境系统协商以取得互惠关系(reciprocating)的能力，且此等能力可以通过环境互动而形成，但相对也可能被环境抵销(Rutter，1993；Ungar，2010，2005)。此一取向受生态观点(ecological perspective)影响，强调适应乃受个人与环境双向交流(transaction)影响，且会因不同生命周期变动(Payne，

2005)。复原力能展现的最重要的因素之一,即个人持续接触保护因子,以抵销或缓冲新的或持续存在的压力、创伤或逆境所带来的负面影响(Henley, 2010)。

Rutter(1985,1987,1999)即指出:

- “研究这些人为何与如何活得有自尊和充满自我效能,而不仅是了解什么原因使个人放弃希望”将更有意义。

反思问题:你有没有复原力?

- 你的成长过程都很顺利吗?有无难忘的逆境经验?
- 面对逆境,你当时的反应是什么?给你的影响是什么?
- 你有没有走过来?又是如何走过来的?

案例一

小妹的妈妈,在小妹很小时就被爸爸打出家门,但其实爸爸、妈妈都早就各自有自己的外遇对象。小妹的一个姐姐、两个哥哥从小跟着爸爸住,但事实上都是由阿嬷在照顾。这些家庭状况,是小妹到小学一年级才知道的。因为小妹一出生就由阿嬷托给一位奶妈照顾,到小学一年级之前,她一直以为自己是奶妈的女儿。小妹从小就看到爸爸无所事事、喝酒赌博闹事、带阿姨回家,出事以后都是阿嬷在帮忙“擦屁股”。爸爸则是对小妹和兄姐一贯的漠不关心、不闻不问。

小妹“国小”时的成绩很差,也是老师眼中标准的“问题学生”,说谎、欺负同学是家常便饭。随着小妹年纪渐长,小妹越来越不能接受家里的状况,也觉得阿嬷偏心哥哥,常常不理会她被哥哥欺负。因此,她常常跑回奶妈家哭诉,奶妈也常常收留她;阿嬷对此非常不满,但也无可奈何。一直到她遇到小学五年级的导师,花时间教她功课、关心她、叮咛她生活大小事,第一次让她感觉到被教导和关爱。小妹印象最深刻的是,导师会“陪她一起吃饭”。两年后,她以优秀的毕业成绩进入“国中”,也发誓要让自己跟家人不一样。

然而,因为和哥哥就读同一所“国中”,使她常常受到很多师长的“特别关爱”。小妹常常觉得委屈和不满，回家时更看不惯哥哥的言行，常常跟哥哥吵架。有一天，小妹与哥哥吵得很凶，但阿嬷仍然偏袒哥哥，小妹和往常一样跑去奶妈家。同时，她写了封信到市长信箱，陈述自己长期遭受家人使唤如半夜跑腿买东西、做家务、睡阳台等种种不公平对待，以自杀相威胁并拒绝返家。儿保系统介入了解后，认为小妹并没有被虐待的明确事实，但确实因为严重家庭冲突而使生活受到影响，因而将小妹安置在紧急短期安置中心一个月。因为这件事情，阿嬷禁止小妹再跟奶妈来往，认为小妹之所以会这样都是奶妈家人唆使的，祖孙冲突更加严重。当然，哥哥更不能谅解小妹竟然去“告状”。

从安置机构回到家里以后，家里的冲突更是雪上加霜。小妹更频繁地逃家，但不再去奶妈家了，因为去那里一定会马上被知道然后抓回家。她开始借住同学家，有时跷课没去上学，功课开始退步，老师管教责骂就直接呛回去。当小妹情绪差到极点时，就开始割自己手臂或用头撞墙。回家看到阿嬷还是偏袒哥哥和碎碎念，就更不想回去。于是常常跟一群朋友在外面玩到通宵，唱歌、抽烟、喝酒、拉K，然后一直到吸食安非他命。这时，小妹14岁。

她再次进到社会福利系统，是因被男性友人性侵害。社会工作者协助她进行司法诉讼的各种程序，也安抚她短暂回到家中。不到一个月，小妹又跟着新交往的男朋友离家，同时很坚决地告诉社会工作者，她再也不回那个家了。在社会工作者的安排协调下，小妹进入了第一个中长期安置机构。小妹在那里很快成为园生的领袖，也常常找机会写信投诉机构，或是向社会局、社会工作者诉说机构的不当管理；因而机构对她的管理就更加严格，然后小妹的自残、闹事就更严重。后来，小妹终于成功煽动其他园生集体逃跑，机构因而要求中止安置、转换机构。小妹到第二个安置机构时，已经“国三”。逃跑多次、自残多次，也不断煽动园生之间的冲突，又不断“呛”机构老师，向学校老师抱怨机构“虐待”她。但是，安置机构的主任始终没有放弃，没有要求她转换机构。小妹安定下来，考了基测，考上当地的高中，开始了她的高中生活。

小妹的高中生活仍然是在安置机构、自立宿舍、社区自立生活方案（独自在外租屋）之间来来回回，成绩起起伏伏、跟同学的关系时好时坏。不过，她常常很主动地去找学校老师、辅导室老师、教会修女、机构老师……从他们那里获得许多打工机会、社会福利资源，同时跟他们诉说烦恼，或讲其他社会福利单位的坏话。

今年，小妹主动找了安置机构的督导——一位大学教授，写信请他帮忙写大学入学的推荐信；也请机构社会工作者跟她模拟入学推甄的口试。她顺利通过推甄，准备入学。在等待大学入学前的暑假，她有两次被警察抓到跟朋友在外唱歌、喝酒、拉K，是高中导师来帮她交保的；也多次跟自立生活方案的社会工作者说想自杀、心情不稳定，主动要求去住精神科。在此过程中，也有医师曾诊断她是边缘性人格。不过，这期间，她参加了多次安置机构办的活动，并担任助理，向现在的园生演说她的成功经验；同时她也能够跟现在打工的店家老板维持关系，让她总是保有工作机会和收入。

小妹要上大学了。从进入社会福利系统以后的这段时间，小妹的大哥因烟毒案、二哥因教唆杀人罪陆续入狱，姐姐则因性交易被送入中途学校。

【案例反思与讨论】

- 你认为使小妹能够往正面发展的力量是什么？使她往负面发展的力量又是什么？这两种力量是否交互影响？
- 小妹能够上大学是什么因素影响的？会上大学就会继续往正面发展吗？你认为她的未来会如何？会好或坏？要注意什么影响因素？
- 一般说来，社会工作者对此类个案的评估与处理是怎样的？大多提供什么协助或服务？相关部门常提供机构的补助和服务是什么？这些服务又是基于什么观点所设计规划的？
- 你习惯以什么理论观点来评价小妹的处境或环境？社会工作者可以、应该做什么呢？

生态环境与人的成长——脉络性理解服务对象是实践同理的基础

Guo与Tsui(2010)指出，如果只是将观察焦点从问题转移到优势、资源或能力，却没有改变专业关系的权利本质，或没有真正从服务对象的生活脉络理解其行为，就不可能充权服务对象，也不可能培育其复原力。

- 社会工作专业关系强调要对服务对象同理，而同理必须是建立在正确的理解之上的。
- 要正确理解服务对象，就必须了解人的成长深受其所处的生态环境的影响。

- 在一个动物家庭生存的生态环境中，动物因疾病、伤残或遗传性生理条件不佳，在此环境中生存就大为不易。
  - 那么人在不良生活环境中可以突破困境吗?
  - 有人可以突破困境，“在逆境中力争上游”，但是都会成功吗?
  - 社会要让弱势者(disadvantaged people)面对“物竞天择，适者生存”的残酷考验?
- 从生态观点来看，弱势是社会发展资源不足；弱势者的下一代生态资源少、社会支持弱、生态环境不利。
  - 下一代处于资源缺乏的环境中，他们在社会、经济、教育等方面缺乏机会，失亲、失学、缺乏社会参与，使个人或家庭生活品质降低。
  - 从生命周期来看，弱势者的幼年生活意味着生态环境所提供的发展资源不佳，日后他们在生理、心理发展上都会因此而受阻碍或限制(见图 1-1)。

图 1-1　弱势者生命发展历程

- 弱势者在不良的栖息地(habitat)中成长；生态环境资源不足或不佳，导致整体呈现：
  - 弱势者在下一代成长中就不容易从父母处获得教导，以及学习到如何在恶劣生态环境中(不良的利基和栖息地)觅食成长。
- Rutter 和 Madge(1976)研究发现，造成移转性剥夺(transmitted deprivation)的因素包括：
  - (1) 经济地位、(2) 住宅、(3) 学业或智能表现、(4) 职业地位、(5) 犯罪及少年虞犯、(6) 精神失常、(7) 父母行为、(8) 多重家庭问题、(9) 少数民族团体等九项。
- 从弱势者身上我们常看到：较少的希望、自尊低落、情绪和智力的发展落后或停滞、人际关系和沟通表达能力较弱等。
  - 要理解个人的问题行为，除了要了解环境中使他们成为易受伤害者(vulnerability)的风险因子(risk factors)外，还必须探究保护因子

(protective factors)。

- 许多人仅重视探究为何人会放弃或自暴自弃，认为人是可以自己努力或选择要做什么和不做什么，希望从中找到鼓励的方向或做法。
  - 然而，探索个体“如何建构健康的保护机制”(protective mechanism)其实优于探讨“风险因子”(Werner & Smith, 1992, 1982; Luthar & Zigler, 1991; Anthony & Cohler, 1987)。
  - Rutter(1987)指出，了解什么原因使个人放弃希望，不如“研究这些人为何与如何活得有自尊和充满自我效能”。
  - 除此之外，环境脉络提供给个人的支持资源、互动关系，以及可能造成的限制也应该一并了解。
- Bowman(2013)归纳针对弱势者的复原力研究后指出，不同的研究在理解其社会心理压力因应历程时，会在：(1) 内部因素(internal causal factors)、(2) 外部因素(external causal factors)、(3) 个人优势、(4) 个人限制(personal vulnerabilities)等四项因素上有不同的强调程度。因而，在相关研究的思维路径上，就会形成负向危机与正向适应两条相互独立的因应路径(见图 1－2)。

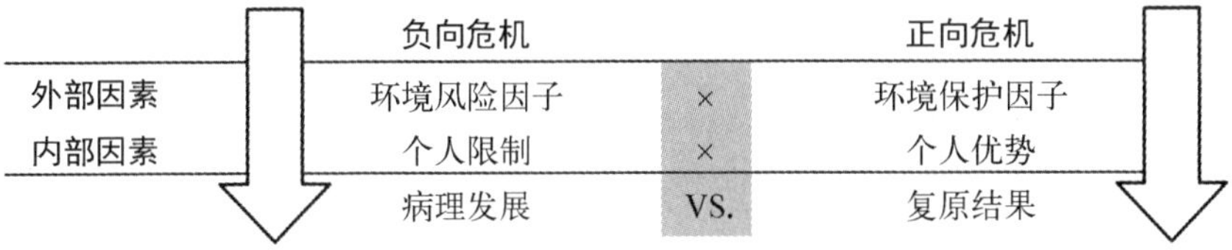

图 1－2　社会心理压力因应历程

资料来源：修改自 Bowman, P. J. (2013). A strengths-based social psychological approach to resiliency: Cultural diversity, ecological, and life span issues. In Prince-Embury, S. & Saklofske, D. H. (eds.). Resilience in Children, Adolescents, and Adults: Translating Research into Practice. pp. 300.

- 然而，个人实际的生活样貌应当是内部与外部因素交互影响，且优势与限制同时存在的情况，故分项独立的研究其实可能对复原与危机发展路径的认识产生误解。
- 在社会工作实务上，亦习惯仅采取病理观点思维(也就是图 1－2 中左边的路径)，忽略风险因子与保护因子之间的交互作用，以及个人如何运用保护因子对生活尽力做出平衡。

反思问题：你有没有复原力?

- 社会工作者必须反思，在提供服务时有没有考量服务对象是生活在何种环境生态中?
- 协助的焦点是让弱势者脱离不良的社会环境吗?
- 人应该生活在没有压力的环境中？还是要学习面对环境压力?
- 遭遇环境压力自己面对就可以？还是要有一些要素?

案例二

小晴是学校“出名”的人物，除了因为她不断中辍和各种行为问题外，还有她爸爸常常上教育局告学校的状，让校方行政单位和老师十分头痛。

其实，小晴的爸爸在社会福利单位也很“出名”。他42岁，有轻度下肢障碍；对生活功能影响不大，若有辅具，仍然有不少职业是可以选择的。家里除了有相关部门的低收入补助、弱势儿少补助之外，还有许多社区中的宗教慈善团体会定期提供物资。社会工作者多次介绍他去就业服务站，就业服务站也介绍工作，但他大多工作几天后即以“工作不适应”而离职。不过，有些学校老师知道小晴的爸爸常会不定期地私下协助朋友工作，赚点外快。此外，他也常常会主动跑到社会局申请各种其他福利补助；如果社会工作者表示不符合福利补助条件，他就写信到市长信箱投诉社会工作者态度不好，看不起他。

小晴的妈妈是越南籍配偶，社会工作者也常常鼓励她出去工作。但小晴的爸爸不赞成太太出去工作，而她自己也认为要照顾小晴和小晴五岁的妹妹，会忙不过来。社会工作团队成员评估小晴的爸爸，认为他是为了要领取身心障碍补助、弱势家庭儿少福利津贴、低收入户家庭津贴，以及社会福利组织等相关经济补助，会比去工作来得“划算”。社会工作者认为这是“福利依赖”，但小晴的爸爸认为自己也是为了家人子女考虑，以现在太太无法骑车出去工作买菜、接送小孩，又必须帮忙照顾年幼的子女等家庭需求来说，不维持长期工作才是最明智的选择。

自从小晴上了“国中”以后，开始发现身边的同学家里不是让他们学音乐，就是学英文，寒暑假出国旅游，谈论的话题不外乎是最新的手机和流行时尚品牌。这些东西让她很羡慕，也开了眼界。她开始注意自己的外表，交了男朋友，也想要打进这些同学的圈子。小晴的爸爸认为以前社区提供给弱势家庭子女的课后照顾辅导，还有寒暑假各种营队活动，对自己孩子很好。就是因为现在社区都没有提供这些给“国中生”，加上“国中”老师看不起没钱、没工作的家长，不肯好好带教自己的孩子，小晴才会不愿意去上学。

【案例反思与讨论】

- 你认为这是个福利依赖的问题家庭吗？对这个家庭应该提供什么协助？如何提供？
- 如何让小晴接受中介教育？该怎样提供各种课业辅导资源？如何帮助其参加体验教育？应该体验什么？她要如何看待自己的家庭？
- 你会想让小晴的爸爸找稳定的工作吗？找固定工作能解决问题吗？要解决什么问题？是解决社会工作者的职场压力，还是解决案家“不良的”生活环境？

反思问题　你相信“人定胜天”或“人在江湖身不由己”吗？为什么？

二、病理观点社会工作服务的限制

病理观点及其限制

- 社会工作过去采取病理观点和个人归因论，这从早期社会工作的定义即可见一斑。诸如 NASW(1982)定义，社会工作专业在于提供人性且有效的社会服务给个人、家庭、团体、社区与社会，借此得以增强社会功能，改善生活品质。Baker(1987)所编的第一版《社会工作辞典》提及，社会工作的主要目的是“帮助个人、团体或社区增强或恢复社会功能和产生有利于社会情境的能力”。
- Mary Richmond(1917)主张以“社会诊断”的方法检视服务对象个人需求与环境间的互动问题，以提升个人不良的环境适应能力，并建构社会工作者实务的“人在情境中”的观点。

- 虽然“人在情境中”的概念指出环境因素对人类社会生活功能的影响，但后来受精神分析和自我理论的影响，致使社会工作者在评估人类问题时过度偏重个人内在心理动力因素的影响力，强调个人与家庭有人格缺陷和道德问题，而这倾向从病理角度（负面）分析个人与家庭生活适应需求与问题。
- 认为个人成长在家庭与父母有许多问题的环境中，常会导致个人有偏差的心理与行为。当个人有问题发生时，常被归因为个人能力、学习或适应功能方面有问题。

⇥ 持这种病理观点的专业服务常倾向认为：要处理个人问题的根源，就要从改变人内在心理认知、感受和行为入手，才能使人与家庭问题得到根本解决。

- 例如关注中辍服务对象的个人心理与行为因素（抽烟、情绪控制不良、价值观偏差、不爱读书、成绩不良、上课不遵守秩序、霸凌同学和逃学等），且只着重处置不让服务对象有中辍偏差行为。

⇥ 病理观点对个人生活适应需求的分析，常无视环境因素（如经济政策错误导致失业问题、有利于雇主的劳动政策、福利资源配置与教育制度不公和社会组织运作失序问题等）对个人和家庭的剥夺所带来的影响。

- 这种思维逻辑是：失业是个人内在心理因素（懦弱、懒惰、依赖、缺乏羞耻感和价值偏差）所致；人只要愿意工作，就能够找到工作，就不会失业。

反思病理观点的社会工作服务

⇥ 人与环境关系密切，不仅是环境对人产生限制，个人也有影响环境的能力。

⇥ 如果保护行为（社会工作者处遇）只是把资源给（work for）恶劣环境中的弱势家庭和他们的下一代时：

- 他们的生活能力会不会变得更加脆弱，无法独立适应（adaptation）环境？
- 想要他们有存款，只需带他们到就业服务站找工作，就可以改变他们和他们的下一代对外在协助的依赖，而能独立成长、觅食？
- 还是环境中缺乏支持性的资源或制度使人不想工作？
    - ❖ “贫穷”是资源稀少，还是不会存款？或是不想和不会善用资源？
    - ❖ 到就业服务站登记寻找就业机会，就会去工作？

❖ “有意愿工作”就等于是“有工作能力”？

- 病理观点再加上现今社会福利政策求“效果”的趋势，使得社会工作常窄化为只是想要解决特定问题，例如：失业就去求职、经济困难就给钱，或是没人照顾就提供居家服务。这种头痛医头、脚痛医脚的做法，其实忽略了对个人生活问题与环境制度间交互作用的了解。

【案例反思与讨论】

应该将案例二中小晴爸爸的行为看作形成生活问题的原因？还是应该将之视为对抗生活环境压迫的能力？

案例三

服务对象林先生（轻度肢体障碍）与外籍配偶结婚五年，生了三岁和四岁的两个儿子，租朋友房子居住。目前接受某机构提供的身障者就业和社区服务。林先生依法前往就业服务站申请协助就业，但工作一两天后，即声称无法适应而离职。虽然离职，但林先生符合法规可以申请社会救助。林先生申领社会救助期间，社会工作者怀疑他在朋友处打工。不过，社会工作者跟踪过服务对象行踪，却没找到他具体的打工证据。林先生以太太需要照顾孩子为由不让妻子工作，社会工作者却发现林先生让两个孩子上私立幼儿园，说是要让孩子跟一般家庭一样，但是学费却占家庭开支的三分之一。社会工作者认为林先生不应该这样用钱，不但没有善用补助经费，也怀疑其配偶隐瞒打工的事情，以便全家符合社会救助条件。

日前，林先生因为申请交通工具补助没有达到他的期望，与社会工作者发生冲突，而向市长和社会救助司申诉，使社会工作者疲于应付。社会工作者认为林先生对争取自己权益相当计较，但是常拖延找寻工作，使社会福利与劳政单位、提供服务的民间非营利组织颇感头痛，被视为一个麻烦的“福利依赖者”。

【案例反思与讨论】

如果社会工作者用病理观点或优势观点来评估服务对象的需求与问题，会有何种结果？有什么不同？

‖ 案例中的服务对象有何缺陷和损害，或服务对象有何优势和复原力因子？

‖ 是社会制度使人不想工作，还是有些人天生就想要当一个“社会福利依赖者”？

- 从病理观点来看案例三，社会工作者常态下的处遇目标是要改变林先生的“认知”，并且增强其就业“动机”，甚至是要“面质”或“澄清”他金钱分配的做法。在这样的思维逻辑下，社会工作者与服务对象的关系是紧张且欠缺信任的。然而，若从生态观点来看，面对现有的社会救助政策、身心障碍就业、相关部门运作规范与社会环境价值系统等宏观环境系统，林先生只是做了充分主张个人福利权益和价值信念的行为。如果社会工作专业期望人可以带给自己和家人有尊严的生活，那么就应该回归到环境条件究竟带给个人何种限制上去思考。
- 当前社会工作提供专业服务之知识观点，对人的行为表现和需求的分析视角乃是以人在环境中（person in environment）为主，而不是人在情境中（person in the situation）。
  - “情境因素”只是将人的行为表现窄化到立即可见的因素中，忽视文化、制度、法律、政策等社会文化脉络对行为的间接影响。
  - 人与环境的交流和适应（adaption）是一个过程；人可以影响环境，亦被环境影响，所以不能忽视环境因素对人类生活适应的重要作用。
  - 不认为服务对象是无法改变的天生问题者。
  - 人有可能因为环境条件限制而发展不好。
  - 人适应不良，大多因人有需求而非天生有问题。
- 环境中每个人都有其特质和优点，要关注是否环境中的资源能够协助个人正常成长和实现理想。
- Rapp（1998）认为病理观点是一种责备受害者（blame the victims）的压迫性社会工作，社会工作应该采取生态观点理解人与环境交流中的角色、地位与资源，有何优势和劣势，及如何协助个人与家庭转换成适应社会的力量。

三、生态系统观点与复原力

- 1960 年代以后，心理治疗取向开始被充权观点的社会工作所取代。
- 1960 年 Bertalanffy 和 Gordon 建构一般系统理论。
    - 强调社会工作者实务模型应重视个人所在的各个系统之封闭或开放、互惠性关系，对生态系统观点中有关人与环境系统概念有直接影响。
- 1979 年 Bronfenbrenner 发表《人类发展生态学》。
    - 提出生态交流（ecological transition）、互惠性活动（reciprocal activity）和环境阶层与巢穴结构系统（hierarchical and nested structures constituting of the environment）三组概念，说明人类行为的发展其实是个人和其立即性所在场域（immediate settings）间一种持续性、互惠性与历时性的互动过程（引自郑丽珍，2010）。
    - 生态系统观点假设，个人与环境系统中的阶层与巢穴结构栖息地交流，必须是互惠性（reciprocal）的；在其成长的过程中，要获得足够的环境滋养，才能使各方面生活适应历程进行顺利。
    - 为了维系生存与延续生命，人会扮演各种角色与其栖息环境交流，以应对各种压力和挑战，建立和维持适当的调和度，以达成顺利的适应。
- Bronfenbrenner（1995）为了强调影响人类行为发展多元因素之动态历程，建构一个更具有命题意涵的理论模型，提出**历程—个人—环境脉络—时间模型**（Process-Person-Context-Time Model，简称 PPCT）。
    - PPCT 主张，人的生活适应是一个变动历程，强调生物环境系统、中心系统机制与时间序列变项之间的关系，且提出应特别关注对个人发展有关键性影响的事件、时间点和影响效应。
- 人与环境是微观到宏观系统的一个交流和适应过程，而不是人在情境中（person in the situation）。人可以影响环境，亦被环境影响，所以不能忽视环境因素的重要性。当个人栖息地缺乏资源或有很多限制存在时，个人进行社会适应的利基点较为不利，常被迫扮演不当的角色，使个人无法胜任社会期待。

- 如果缺乏社会支持，将影响成功交流。人的能力有可能因为环境条件限制而面对更大挑战，但基本上人是有发展和积极面对困境的潜能的（郑丽珍，2008）。

从生态系统观点看弱势少年

（曾华源、李仰慈，2012）

- 在弱势少年的生命周期中，幼年生活的生态环境所提供的发展资源不佳，个人或家庭生活品质降低，他们在社会、经济、教育等方面缺乏机会，面临失亲、失学、缺乏社会参与，使他们日后在身心发展上都会因此而受阻碍或限制。
- 因此，当弱势少年社会支持与机会不足，则缺乏多元生命经验，在逆境中如何对抗不良的生态环境？
- 从弱势者身上看到较少的希望、自尊低落、情绪和智力的发展落后或停滞、人际关系和沟通表达能力较弱等，甚至与社会偏差者接触，学习到不良的解决问题方法，这应该能被理解。
  - ❖ Sampson 与 Laub(1993)研究发现，发生偏差行为的主要影响因素与家庭和学校社会化过程有关。
  - ❖ Compas(1987)指出，少年在生理与心理发展过程中正处于改变与转变时期，因缺乏合适因应的技巧而发展成不良适应行为形态。
  - ❖ 杜静怡(2004)回顾中国台湾近五十年来的少年犯罪情况，发现家庭因素占第一位，其次是社会因素。显然家庭养育与支持功能对少年健康成长有很大影响，整体服务输送规划应理解并处理少年偏差行为，必须重视环境中的危险因子。
  - ❖ Wolin(1993)认为，以往心理学较重视少年的认同、分类、标签和疾病问题，较少从维持健康的关注上着手，导致被贴上负面标签的少年仍然表现偏差行为，甚至可能加重偏差行为。
- 因此，只针对少年偏差行为进行“治疗或矫正”服务，限制各种机会，都属于无视偏差行为发生的外在社会环境系统对家庭系统的影响因素。

- 这是一种“指责受害者”(blame the victims)的社会偏见意识形态。在这种意识形态的主导下，容易忽视社会结构和政策对弱势少年所产生的“消权”(disempowerment)。

1990 年代，生态论(ecology theory)更成为协助经济社会处境弱势者的主要策略。

- 生态系统论(ecosystem theory)可作为整合社会工作模式的基础。
- 其核心概念为“人在环境中”。在社会工作干预上，其重视服务对象间的交流关系，认为服务对象具有主动性和对抗劣势环境的条件，强调服务过程要有服务对象的参与。

运用在社会工作的实施方面，为使个人主动适应环境的具体动力与机制历程更为明确，而引进充权(empowerment)、复原力和优势(strengths)等概念。

- Brower(1988)提议加入有关社会认知(social cognition)的知识体系，以加强生态系统观点中有关个人主动适应、形塑其与环境间的交流活动。
- 生态系统观点纳入充权取向的理论观点，强调社会工作者与服务对象应建立互惠性的权利关系，为服务对象进行倡导辩护。
- 生活周期模型(life-cycle model)除了沿用过去生态系统的基本概念架构外，也加入了部分优势观点的概念，形成社会工作主要知识体系(Wakefield, 1996)。例如引入优势、复原力、生命周期(life course)与多元组织体系(multi-system)等中立价值的概念，来说明人与环境间的交流活动(Germain & Gitterman, 2008)。

社会工作国际联盟(International Federation of Social Workers，简称 IFSW)对社会工作所下的定义也与过去大为不同，强调社会工作任务为提倡社会改变，以及通过增权及权利平等化使人类追求更好的福利(IFSW, 2000)。至于 2008 年美国社会工作专业教育课程政策与审定标准(Educational Policy and Accreditation Standards, 简称 EPAS)提及的社会工作专业目的，改变为“通过追求社会性及经济性的平等，预防那些限制人类权利的条件，消除贫穷，提升所有人类的生活品质”。

- 从上述定义可以了解到：目前国际社会工作专业发展更重视环境因素对

个人生活适应的影响，因而处置角度也从个人人格缺陷等病理因素，改为重视调整制度环境，希望能提供更多有助于个人适应的社会支持资源与专业服务，使每一个人的生活品质更好，更有幸福感。

四、优势观点与复原力

问题与病理观点导致社会工作成为压迫服务对象的一员，且可能使得服务对象产生更为负向的适应结果。

- Rapp(1998)指出，过去社会工作者对精神障碍者习惯提供连续性的照顾与转衔服务，但此等服务设计其实是以病理观点来看待服务对象的。
- 在这样的服务观点下，社工往往以评估服务对象的问题与环境限制为核心，期望通过提供连续性的照顾和转衔服务来减少精神障碍者的生活适应"问题"。
- 正因为此种观点忽视了个人与环境中长期存在的各种潜能与资源，社会工作者可能反而因此成为压迫与责备受害者中的一员(见图 1－3)。

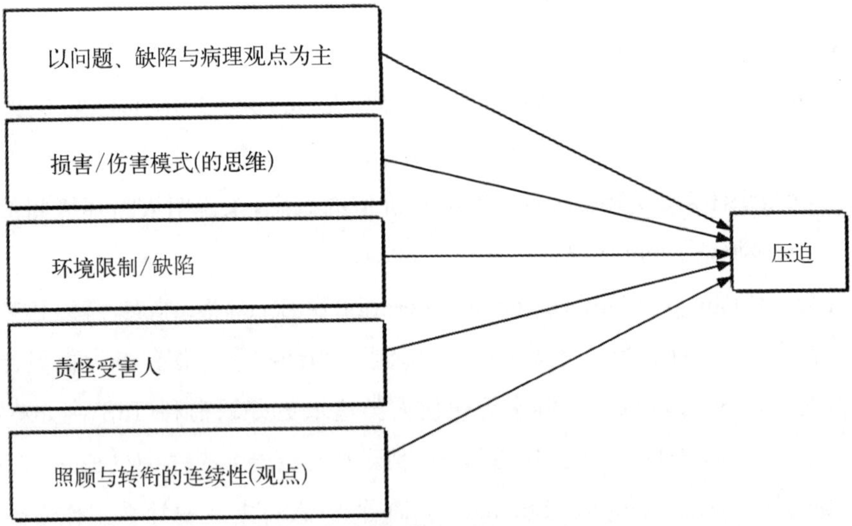

图 1－3　形成压迫的社会与实务历程

资料来源：Rapp，C. A. (1998). The strengths model: Case management with people suffering from severe and persistent mental illness, pp. 2. New York: Oxford University Press.

⊡ 创造个人与环境优势，可以为个人与家庭带来期望的正向结果。

- Rapp(1998)认为，若要充权服务对象，就必须采用社会整合(social integration)、复原力与生态观点，通过培育服务对象的复原力、发掘环境中的优势与资源、激发个人的希望感等方式，方能达到真正的充权(见图 1－4)。

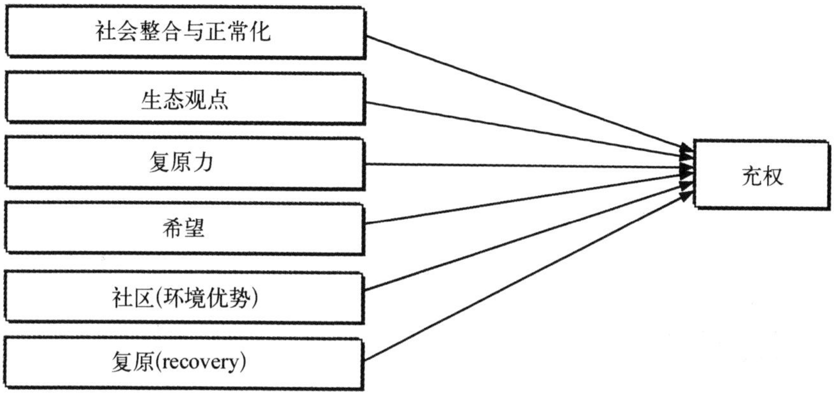

图 1－4　充权与优势的概念模型

资料来源：Rapp，C. A. (1998). The strengths model: Case management with people suffering from severe and persistent mental illness，pp. 13. New York: Oxford University Press.

- 社会整合是指每个不同社会成员都能拥有公平的资源、选项(options)、机会、选择(choices)与生活区域(location)，也不会因其生活区域不同而有差异。
- 希望感(hope)是指心理能力(mental willpower)加上目标路径能力(waypower for goals)，路径(pathways)指的是达成目标的策略或能力(waypower)，也是当个体面临困境时能灵活选用完成目标的不同路径(Snyder，1995，2002)。
- Snyder(1994)归纳相关研究后指出，拥有高度希望感的个人，会设定较多和难度较高的目标，有较好的因应技巧，比较能够达成其所设定的目标；而且有较高的幸福感和较少的烦恼，从疾病伤害中恢复的程度较好，较少发生工作耗竭……
- 即使将个人智力、乐观度、动机与情绪状态等变项加以控制后，其结果亦然。

■ 以个人与环境优势为介入角度。

- 对个人特质、资源、机会与社会关系之评估不同，显现个人之利基(niches)与角色不同，社会适应结果也不同。
- Rapp(1998)结合生态观点的相关概念，提出个人的利基是个人优势与环境优势两者交互影响的结果(见图1-5)。

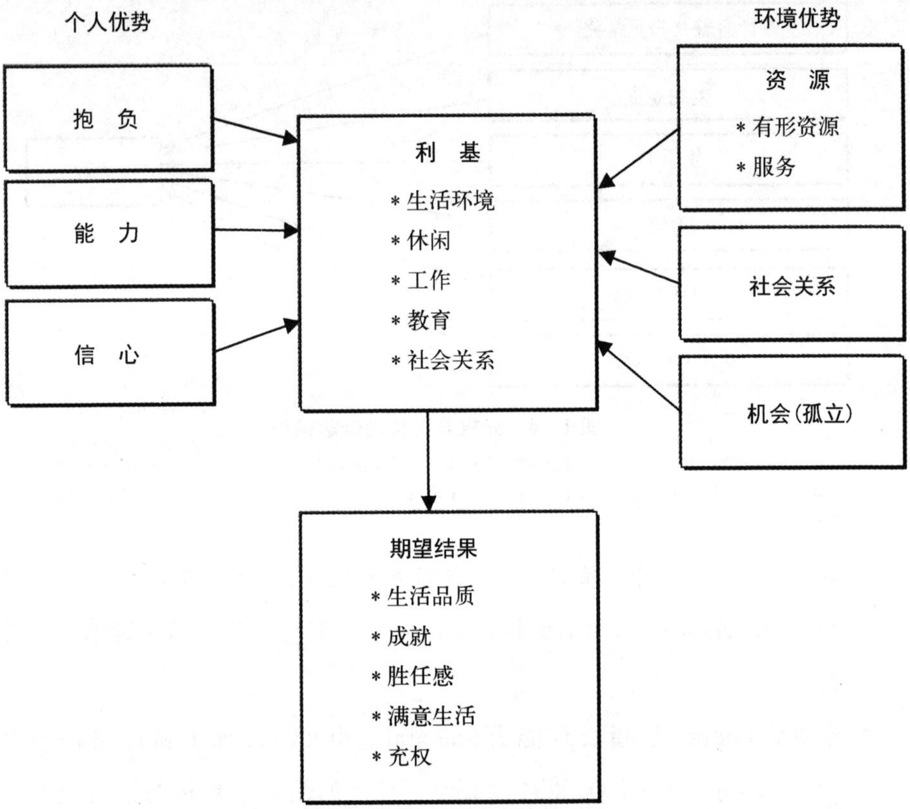

图1-5 优势观点的生态要素

资料来源：Rapp, C. A. (1998). The strengths model: Case management with people suffering from severe and persistent mental illness, pp. 39. New York: Oxford University Press.

- 个人能否成功获得所需资源、机会和有意义的社会关系，受到个人抱负、能力、信心，以及环境资源、社会关系与机会等因素的影响。
- 从图1-6与图1-7可以知道，处在受压迫与被充权处境下的精神障碍者，其生活处境各不相同。

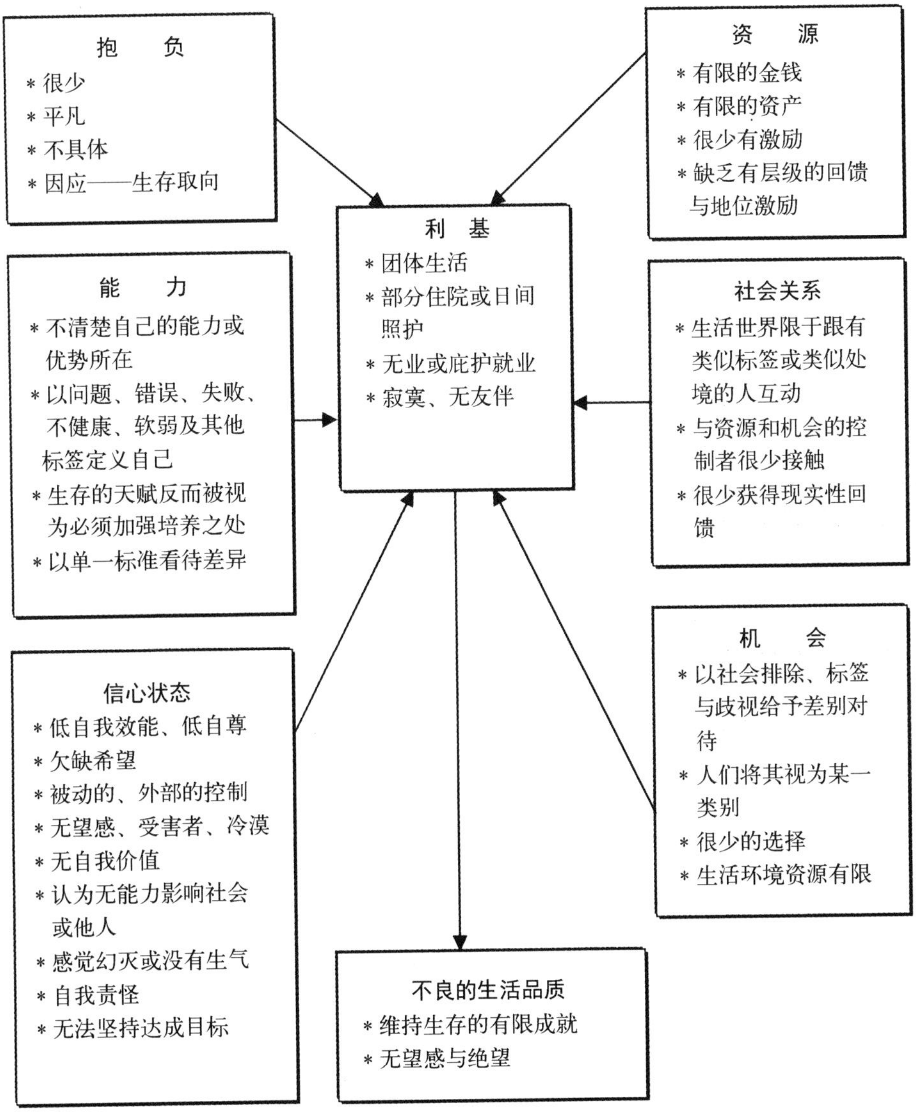

图 1－6　压迫取向的生态特性

资料来源：Rapp，C. A.（1998）. The strengths model：Case management with people suffering from severe and persistent mental illness，pp. 41. New York：Oxford University Press.

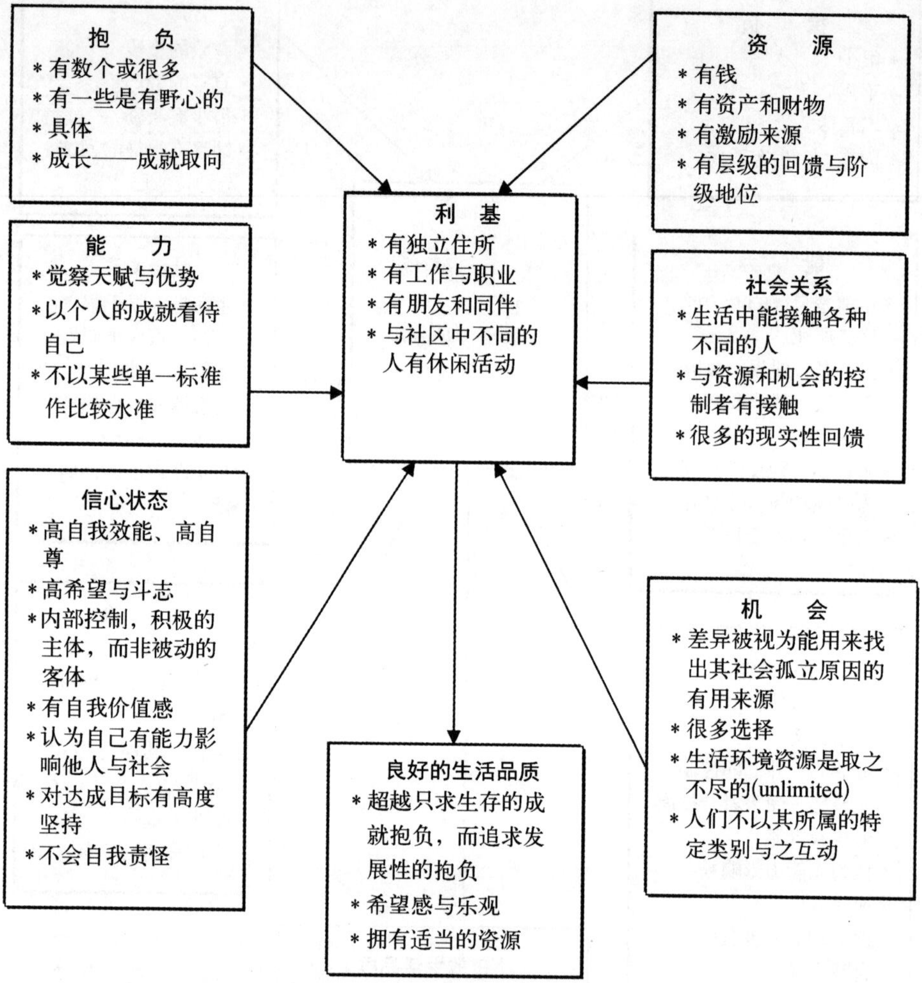

图 1－7　充权取向的生态特性

资料来源：Rapp，C. A.（1998）. The strengths model：Case management with people suffering from severe and persistent mental illness，pp. 42. New York：Oxford University Press.

第二章 何谓复原力

——基础概念与不同取向

一、复原力的意涵
二、复原力核心概念
三、复原力的理论演变与不同取向之比较

学前暖身

- 复原力概念中，主要要素应包括哪几项？哪几项要素最重要？
- 为何是这几项？有无优先顺序？
- 您认为可以从成长经验中培育复原力吗？
- 如果可以，要给予哪些经验或机会？以便“出淤泥而不染”“不畏艰难，努力不懈”？

一、复原力的意涵

- 复原力(resilience)的意涵。
  - resilience一词源自拉丁文,是指跳跃(jump)或回弹(bounce back)的状态,也有指受挫折后恢复原状之意(Bowman, 2013)。
  - 事实上,各个国家和文化中,复原力的概念、意义和价值会有所调整(Walsh, 2006):
    - 日本:复原力就像柳树的意向——牢牢扎根在土地上,但是能够顺应风势随风摇摆。
    - 韩国:韩语中的“han”是指经历深刻的痛苦,但仍然怀抱希望。
    - 至于我国闽南语中的“韧”和“志气”,也是形容一个人能够在艰困的环境中保有个人的气节和永不放弃的弹性。
- 复原(resiliency)的意义。
  - 是指尽管个人处在明显具有威胁性的情境脉络中,但仍能表现出超乎预料的功能或行为结果,而成功适应并获得发展(Masten, Best & Garmezy, 1990)。
  - 是指从困境中站起来,而且变得更强壮、更有资源运用能力(resourceful);是一种面对风险与挑战时,忍耐、自我修正与成长的积极过程(Walsh, 2006)。
  - 拥有复原力的人,即使处在不利发展的劣势环境中,仍能持续运用其所拥有的内在或外在资源,突破自身所处的困境,使人从逆境中获得恢复的力量,并持续在生命旅程中往前走。不仅不受环境影响而受伤,反而会让生活有更多的拓展。所以,复原力是一个动态的过程,是一种良好的适应,是一种个人力量的恢复。
  - 复原力不是“强悍”“不求人”或是“能够轻松度过风险”,反而是通过开放的经验,以及与其他人的互相扶持来达成。
  - 具有复原力的个人不是天生的“英雄”或“天才”,反而是在每一次的困境中淬炼出来的能力。

- 某些研究认为，具有复原力的个人能够在困境中维持稳定的能力或效率(Bonanno, 2004)，但是大部分的研究却不是如此(Walsh, 2006)。
- 复原力关于如何“好好奋斗”(struggling well)方面，亦同时体验到受苦与勇气，无论是在内在还是在人际层面上，都能有效克服困境(Higgins, 1994)。
- 施教裕(2009)认为复原力即是一种复原(recovery)，是个人超越与提升自己生命本体的整体或部分的任何一切结构形式或功能运作。
- Henley(2010)将保护因子分为复原行动(resilient actions)与复原态度(resilient attitudes)两类。复原行动偏向问题处理之实际行为表现，而复原态度则属于信心、希望、勇气等正向社会认知。

反思问题	复原力与一般生活压力因应(coping)不同，必须在逆境(adversity)中展现，那么哪些情境才算是逆境呢?

二、复原力核心概念
——逆境、风险因子与保护因子

复原力理论概念中的逆境(或称威胁性环境)、风险因子与保护因子等内涵，多根据其研究主题或领域不同而各有差异。以下整理了有关复原力三个核心概念的主要内涵。

逆境

逆境(adversity)是指对一个系统造成功能或生存的障碍，或是对适应或发展造成威胁的经验，例如贫穷、无家可归、儿童虐待、政治冲突、灾难事件等等(Goldstein & Brooks, 2013)，以及重大创伤经验、个人长期的身心行为困境和环境长期的压迫困难等。

- 许多复原力相关研究聚焦的逆境，多被界定为特定的生命风险或重大创伤事件、高风险行为或身心疾病。但某些学者主张，逆境应以环境中风险因子(risk factors)的数量与威胁程度为评判依据。

根据研究主题或领域不同，其所研究的逆境类型各有差异，逆境常见的类型可以概分为三种：

- （1）重大创伤事件的经验，如受暴力攻击（Salami，2010；Zahradnik，Stewart，O'Connor，Stevens，Ungar & Wekerle，2010；Jaffee，Caspib，Moffitt，Polo-Tomásd & Taylor，2007）、身心虐待、生活意外风险、死亡或失落、灾难等（Banyard & Cantor，2004；Blocker & Copeland，1994）。
- （2）个人长期的身心行为困境，如身心疾病（蔡宜玲，2002；Steiner，Kwan，Shaffer，Walker，Miller，Sagar & Lock，2003；Dumont & Provost，1999）、学业困难或低成就（Cappella & Weinstein，2001）、涉入高风险行为（颜郁心，2002；Taylor，Karchner，Kelly & Valescu，2003；Carr & Vandiver，2001；Carbonell，Reinherz，& Giaconia，1998）。
- （3）环境长期压迫造成的困难，如阶级、种族、身份、社区贫困、政策不公平（Bowman，2013）等。
- Rönnau-Böse 与 Fröhlich-Gildhoff（2009）认为，多数儿童少年看起来虽然生活平顺，却必须管理每日生活中的困难，故威胁性环境应包括其每日生活中需克服的风险、重任等经验。因此，儿童少年每日面对的各种生活责任与压力事件亦可界定为逆境。例如：对接受安置的少年来说，必须同时面对克服过去创伤事件，以及新的生活环境与成长发展之挑战。
- Newman 与 Blackburn（2002）则认为，对于离开长期安置系统的少年来说，其在迈向独立生活的转换阶段的逆境应分为短期急性（acuity）逆境和长期慢性（chronicity）逆境两类。
  - ① 短期急性逆境，是指那些在自立生活期间的重大生活事件，如转学、转换工作、转换居所、离婚、失业等。
  - ② 长期慢性逆境，则是指那些每日与同侪、亲友或其他重要人际关系的冲突或紧张、经常性的身心问题、不利的生活环境限制等。例如：经常发生的小冲突或口角、因行动受限而失去社会支持网络、必须烦恼的巨大债务或生活必要支出的来源等。
  - 短期急性逆境虽然可能导致身心影响，但长期慢性的逆境与风险状态的关联却更为深远。

风险因子

- 风险(risk)的意涵。
  - 风险与风险因子不同：风险是指不期望结果发生的可能性评估。例如：双亲罹患精神分裂症的子女，其出现发展困难的可能性高于双亲没有罹患精神分裂症者(Goldstein & Brooks，2013)。
- 风险因子(risk factor)的概念。
  - 风险因子指特定的个人、群体或其所处情境中，那些可被预测的、会产生特定负面结果的指标。多数研究所界定的威胁性环境与身心虐待、身心疾病、生活挑战与风险等有关(Goldstein & Brooks，2013)。
  - Fraser、Richman 与 Galinski(1999)认为，在社会工作领域中，风险因子的意涵多与行为、态度及情境等有关的特征，包括个人、家庭与家族(extra familial)等生态脉络有关。

保护因子

- 个人的复原力必须在逆境(具有威胁性的处境)中通过保护因子(protective factors)的作用达到复原的结果。当然，个人的生活环境中也同时存在风险因子。但复原力理论认为，相对于风险因子，保护因子应更为社会工作实务者所重视。
- 保护因子是复原能力展现最重要的面向之一。个人持续接触保护因子，能够抵销或缓冲新的或持续存在的压力、创伤或逆境所带来的负面影响(Henley，2010)。
- 保护因子常用来指涉那些能减缓、调节或修补风险之能力，并能用以预测未来发展结果之要素(Rutter，1987)。
  - 有人认为保护因子偏重个人人格特质或能力，有人则主张应关注社会环境，另有提出个人特质与环境并重者。
- 保护因子并非风险因子的相对概念，而是两个独立的概念。不同学者根据对象与逆境特质不同，提出不同的保护因子内涵。
  - 美国国家教育、障碍与少年矫正中心(The National Center on Education, Disability and Juvenile Justice，简称 EDJJ，2006)指出，复原因子

(resiliency factors)可以克服风险因子(risk factors),使少年避免发生偏差,且更有能力。

Fraser、Richman与Galinski(1999)指出,保护因子可以分为(1) 补偿性、(2) 缓冲性(buffering)、(3) 累加性(cumulative)等三类保护效应(protective effects)。

- (1) 补偿性保护因子:是指那些能够直接降低问题或疾病的因子,亦即那些可以直接帮助个人改变未来负面发展结果的补偿性因子;故其经常被视为主要效应。
  - 补偿性保护因子虽然不能直接降低危机事件本身,却能够直接对问题或疾病做出回应,故在相关研究统计上被视为主要效果。
  - Resnick、Harris与Blum(1993)针对明尼苏达州36 000名七至十二年级儿童少年的调查研究发现,家庭、学校和宗教间的联结度越高,且经历贫穷、父母失业、父母物质滥用及家庭暴力等因素越少,越能对儿童少年的偏差行为产生抵制作用。
  - Wolin(1995)则提出七个可以帮助儿童回应疏忽、批评、家庭暴力和其他危机的"复原性"(resiliences),包括:① 洞察力、② 独立、③ 满意的关系(fulfilling relationships)、④ 主动性(initiative)、⑤ 创造性、⑥ 幽默、⑦ 辨别好坏的能力。
- (2) 缓冲性保护因子:
  - Rutter(1987)主张,保护因子除了具有补偿效应外,还具有交互作用效应(interaction effects);交互作用效应可能更为重要,关键是应视其对风险的调节程度(moderating degree)而论。
  - 缓冲效应并不否认补偿效应的存在,在不同危机状态下,不同的保护因子会有不同程度的作用(Dubow, Roecker & D'Imperio, 1997)。
  - 例如,智力对所有儿童来说都是补偿性保护因子,但在不同危机状态下可能会产生交互作用进而产生缓冲效应,使其避免更大的危机。
  - 不过,要在统计方法上明确区分补偿效应与缓冲效应并不容易。
- (3) 累加性保护因子:
  - 累加性保护因子能够抑制和缓冲多种社会和健康问题、风险。

  - ❖ Jessor 等(1997)针对 2 410 位七到九年级的学生进行纵贯性追踪发现,随着时间变化,累加性保护因子可以显著降低问题行为的严重程度;但与此同时,危机状态并没有随着时间的改变而变化。
  - ❖ 由此可见,加入时间效应观察,保护因子具有维持问题不再恶化的累加效果,而非对问题或危机事件本身产生抑制(Runyan et al.,1998)。
- ● 总的来说,保护因子可分为外在保护因子与内在保护因子两大类,外在保护因子强调的是资源,而内在保护因子着重个人发展出的能力。
  - ❖ ① 外在保护因子——资源:指那些能为个人所用,来对抗逆境、困境和风险的各种社会支持与机会。
  - ❖ ② 内在保护因子——发展出的能力:以个人心理社会观点为出发点,强调复原力是一种个人内在的保护机制,可用来有效地因应压力环境或潜在创伤性事件,是个人在成长过程中发展出的能力,包括勇气、希望、问题解决能力等。

⇥ 目前国内外对不同人群的保护因子与服务方案已累积相当多的实证研究经验和做法,该部分将在下一章作更为详细的介绍。

三、复原力的理论演变与不同取向之比较

复原力概念内涵的演变与面向

⇥ 近年来,复原力的概念已从最早单一压力源和单一问题结果的线性观点,转变为多元因素与相关因素间交流互动的动态过程观点(Egeland, Carlson & Sroufe, 1993; Kaplan, 1995)。

⇥ 心理脉络(psychological context)观点强调个人的复原能力特质。

- ● Benard(1991)认为个人的复原力包括社会能力、问题解决能力、自主能力、对未来的目的感。
- ● Brooks 和 Goldstein(2003)认为个人的复原力包括对自己的生活有掌控感、知道如何增强抗压性、具有同理心与同情心、沟通与问题解决能力良

好、认为自己是特殊的个体等。

- 生态脉络(ecological context)观点认为复原力受环境因素的影响(Mrazek & Mrazek, 1987)。
  - Luthar 与 Cicchetti(2000)指出,复原力反映出个体身处困境时的正向适应历程。这种正向适应可能来自个体的内在因素、外在环境因素,或是两者相互作用后产生的结果。
  - 要培育儿童少年的复原力,有赖于与成人建立正向关系、表达对儿童少年的高度期望、活动参与、利他奉献(contribution)的机会、持续的成人支持(Youth Development Institue, YDI, 2009)。
- 交流动态过程(transactional process)观点认为复原力是一种变动的状态,其并非固定不变或绝对的能力,而是随着个人与环境互动的结果而改变复原力的作用(Egeland, Carlson & Sroufe, 1993; Kaplan, 1995)。
  - 由于个体与环境和情境因素会有交互作用,随着时间和生活情境变化,保护因子用来抗拒压力的能力会相对变化,而非静止不变。因此,单向线性关系无法解释复原力的复杂性和变异性。
  - Rutter(1993)认为,拥有复原力并非代表个人就能抗拒压力,复原力也不一定能够适用于所有的压力情境。复原力的改变或增加与否,需视个人与环境的互动结果而定。
  - 当个人同时面对过重或过多的逆境时,也可能使个人原有保护因子无法因应,必须看个人如何运用环境资源因应挑战。

不同复原力的取向之比较——优势观点,充权观点与发展观点

- 总的来说,使服务对象具有复原力的做法,大致可以分为(1) 发展、(2) 优势、(3) 充权三种不同观点取向(Guo & Tsui, 2010)。
  - (1) 发展观点取向的复原力培育(foster)服务。
    - 发展观点(developmental approach)认为,人的生命周期中,任何时期都可能遭遇各种不同的逆境或风险,亦即个人的各周期阶段特质而有一些特定的、短期的、意外的逆境。
    - 培育复原力可以帮助个人在遇到逆境挫折时去对抗种种困难。故复

原力培育不是在处理问题，而是在强化个人保护性因子，这也是一种心理的和教育属性的做法，协助个人有能力面对生命周期中各种适应生活需求和提高危机因应能力。

- (2) 优势观点取向的复原力增强(enhancement)方案。
  - ❖ 优势为本取向(strengths-based approach)的社会工作基于生态系统与充权理论。
  - ❖ 前已述及，优势为本的社会工作实务是批判当时主流的疾病为本(disease-based)的心理治疗模式(psychotherapeutic model)社会工作。
  - ❖ 由 Saleebey(2006)所提出，用来提供儿童福利、物质滥用、家庭福利与老人服务；最近，则用于处在弱势情境的无权力者、新移民、低收入团体、慢性疾病患者等。
  - ❖ 优势为本取向的社会工作：
    - — 与充权不同，其关注服务对象的优势与能力(capacities)；认为所有的服务对象都有其优势，不论其问题或不利环境是什么。
    - — 强调应转变社会工作的专业关系，从不平等的专家关系，到平等的协同伙伴关系来解决问题。
    - — 协助服务对象发现、增强服务对象的潜能与能力，以帮助服务对象从逆境中复原(recovery)。
  - ❖ 与心理治疗工作模式不同，不认为服务对象是有缺陷或有疾病的；也与权能增强取向不同，因为它们并没有把服务对象视为一开始就是没有权力的。
  - ❖ 复原力增强方案(resilience enhancement programs)即是运用优势观点社会工作(Norman, 2000)，包含 11 种正向的复原力指标，这些指标分为两类。
    - — ① 个人层次：自我效能、现实性评估及环境社会问题解决、方向或使命感、同理心、幽默、超越性别角色的固定特质。
    - — ② 人际层次：有正向的关怀关系、有正向的家庭环境、其他亲密的环境形式、有充分高度的期望。
  - ❖ Norman(2000)认为保护因子应包括个人因素、家庭因素、同辈因素、学校因素等环境保护因子。

❖ 对优势观点复原力取向的反思——复原力增强方案能够了解服务对象的逆境生活吗？真能充权弱势者吗？

- 优势观点着重于复原力的增强方案，比较着重寻求人们在恶劣情境中的优点与能力。
- 复原力增强方案没有考虑无权力者面对的挑战，没有足够的认识贫穷文化的见解(notion)。

● (3) 充权取向的复原力服务。

❖ 充权(empowerment approach)在于协助弱势者恢复潜能与优势，以便他们能够克服日常生活中所遇到的困难。

❖ 充权取向使用个人、人际、环境等干预方法提供服务。

❖ 2005 年国际社会工作者联盟(International Federation of Social Workers)将充权正式加入社会工作的定义中。

- 社会工作专业推动社会变迁、解决人类关系问题、充权与自由，以提升人们的幸福感。

❖ 如果我们没有改变我们与服务对象的关系本质，而仅仅是转移焦点，从失功能、无权力到优势上，我们就能协助他们从逆境中复原吗？

- 这样的论点有其明确有力之处，但也可能过度简化。
- 因为不同团体面对逆境的情况可能不同，社会并未提供给每个人一个完全自由、自主与开放空间过他所选择的生活。
- 因此，充权取向强调权力关系对逆境的影响。
- 抵抗和反抗仍然是处于草根层次者的重要生活策略。

➡ Scott(1985)提出处于易受伤害情境者有他们抵抗压迫和剥削的武器。

● 在面对宰制团体且极度不平等的情况下，为避免集体反叛，人们在易受伤害的情况下，会采取个人性和间接的抵抗，而非明显的对组织的反叛性行为。

● 弱势者常采取间接对抗方式，如放慢动作、阳奉阴违、开小差、错误顺从、偷窃、装蒜、故意出错等，而这也是他们有效的武器。

● Scott(1985)特别提到，无权力团体采取间接方式的抵抗(即不合作)具有正面效果，长期下来是很有效果的。

- 社会工作者的使命是对易受伤害者纾解、充权和使能，他必须承认这些间接对抗行为可以催化正义。
  - 社会工作者要支持这些有企图的人，借由抵抗来提升其优势，甚至推翻权力关系，以取代强迫他们根据中产阶级价值和行为来进行的“复健”或“矫治”。
- 要能反思性地理解个人的生活逆境，以及其对抗逆境的做法，可以从以下几个问题开始思考（Guo & Tsui，2010）。
  - 服务对象的行为和主流阶级（dominant class）的行为有何不同？
  - 服务对象的“习性”（habitus）和其所处的社会位置有何关联性？是否有其他方式可以处理（proceeding）？
  - 处在不利境况中的人们，有何种资源，如社会资本、个人资本、象征资本（symbolic capital），可以改变其生活形态？
  - 处在不利境况中的人们，采取何种策略促进其利益和对抗剥削？
- Ungar（2005）从社会结构的观点分析，认为许多接受服务者常常必须面对现存结构的不公平性，必须去配合环境结构的规定。
  - 以当前社会工作的服务领域来说，服务对象大都是被动接受服务，他们必须要学习如何应对服务提供者与服务的规定。
  - 社会工作者必须注意环境中所存在的负面因素，因而能够比较有弹性地做出个人化的服务，亦即服务客制化。
  - 从结构的观点来看，复原力是个人处于社会结构的结果，包括个人的能力和社会文化政治的资产。因此，充权即是调整或改变资源使用结构（制度与规定等），使服务对象能够在更符合他们需要的处境下，使问题获得有效处理。
- 充权观点复原力服务的基本原则（Ungar，2005）。
  - 让服务对象自在地接受服务。
    - 让服务对象去接触社区资源。
    - 联合提供服务，而非让他们到处碰壁。
    - 可以保留被服务资格，正视他们在生活中的遭遇及需要，能随时恢复资格来运用服务，特别是在服务的转换期间。

- 让服务对象成功地与环境协商。
  - ❖ 基本上，社会工作者协助越少，意味着服务对象有越多的独立。
  - ❖ 社会工作者面对服务对象与需求时，因为双方在社会文化脉络与生活经验上的差异，故必须保持未知，但不是不可知的。
  - ❖ 鼓励服务对象“不平则鸣”，鼓励他们勇敢地说出受到的不平等待遇，并协助服务对象积极争取应有的权益。

优势观点、充权观点与发展观点复原力培育的比较

➡ 发展观点取向

- 协助对象：普遍的社会大众，不分年龄层或阶层。
- 逆境特质：生命周期中，每个人都可能遭遇逆境，成功因应后，可能会有新的、不同的逆境在下一个生命阶段中出现。
- 复原力培育目标：以个人为主体，并且以培育个人保护因子为主要目标。

➡ 优势观点取向

- 协助对象：主要是处于弱势状态或弱势地位者，如儿童保护、物质滥用、新移民、低收入者、慢性疾病者等。
- 逆境特质：面对的逆境是长期性、阶级性的。
- 复原力增进目标：激发个人既有的潜能、能力和权力，协助个人复原；每个人都有其优势。

➡ 充权观点取向

- 协助对象：受阶级或结构性不公平压迫者，如底层劳工、性工作者、妇女或同性恋者、新移民等。
- 逆境特质：面对的逆境是长期性、阶级性的。
- 复原力促进目标：社会工作者要了解受压迫者的处境，了解行动背后的实质意义；协助个人运用自己的能力去对抗环境的不平等。
- 重要主张：要谨慎运用复原力，避免使其成为合理化社会支持的紧缩或延续不公平。

➡ 针对以上三种不同的观点，实务社会工作者应根据组织目标与服务对象的处境特性，来调整服务设计的比重(见图 2－1)。此外，就服务人群来说，应

加入生态系统"时间"的变数，考量个人在不同生命阶段面对的困难与需求，以此调整服务取向。

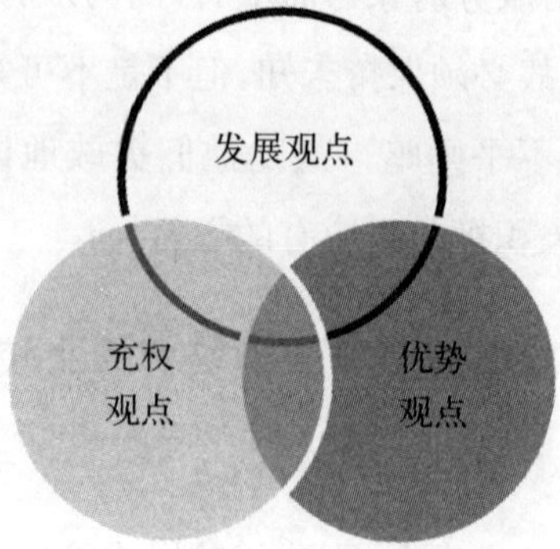

图 2-1　复原力的三种观点

第三章 复原力的来源

——保护因子及其作用

一、核心保护因子——实证研究发现
二、保护因子的作用模式与历程

学前暖身

- 作为一名服务提供者，你可以提供什么样的复原力保护因子给被服务者？
- 对于你的服务对象来说，你认为哪些保护因子最重要？
- 在你的生活中，你具有哪些保护因子可以帮助你面对生活中的考验和困难？

案例四

有位“国中”一年级的男生从小父母车祸双亡，由年事较高的爷爷奶奶照顾。每月只能依靠老人津贴和社会救助的费用勉强过日子。回家后，男生要帮忙进行资源回收，以变卖为收入，还要帮忙种菜、洗碗、整理家务，之后才能做功课。但是这位懂事的“国中”一年级学生和他“国小”五年级妹妹都是班上的第一名。新闻见报后，很多人觉得他们的表现令人疼惜，想捐赠金钱和物资帮助他们。但是他和爷爷都拒绝了，不以他和妹妹的目前生活为苦。相关部门工作人员要社会工作者访视服务对象家庭，希望能劝说服务对象接受社会大众的好意。

反思问题 社会工作者要不要说服他们接受社会的各种捐赠？为什么？如果从复原力的观点看，应决定提供何种协助？

一、核心保护因子

——实证研究发现

- 简要来说，保护因子可以分为个人性保护因子与环境性保护因子两大类。
  - （1）个人性保护因子：包括个人的社会能力、问题解决能力、自主能力与目的感等。
  - （2）环境性保护因子：包括正向的成人关系、正向的同侪关系、社会参与的机会及利社会行为的机会等。
- 心理脉络者较偏重个人人格特质与能力的保护因子。
  - Wolin（1995）提出，七项可协助儿童适应负面与家庭暴力环境的复原因子：（1）洞察力（insight）、（2）独立性、（3）能实现个人抱负的关系（fulfilling relationships）、（4）进取性（initiative）、（5）创造力（creativity）、（6）幽默（humor）、（7）分辨是非的能力。
  - Bernard（1991）则指出，具有复原力的儿童应拥有四种能力：
    - ① 社会能力，即能够引起他人的积极性反应，能与同侪及成人建立积极性关系的能力；

❖ ② 问题解决能力，包括自我控制及寻求他人协助的能力；

❖ ③ 自主能力，具有自我认同感，独立且能够掌控环境；

❖ ④ 对未来具有目的感，包括有生活目标、教育期望、坚持力、希望感及未来感。

● Brooks 与 Goldstein(2003)主张，保护因子应包括对生活有掌控感、知道如何增强抗压性、具有同理心、沟通与问题解决能力良好、认为自己是特别的。

社会环境与个人特质应并重的保护因子。

● Henley(2010)根据过去文献整理出四大类保护因子。

❖ ① 与重要成人之正向依附关系：要与父母或其他亲密家庭成员之间形成温暖、健康的成人依附关系，如果没有，则至少要与一个无亲属关系的成人有此等关系。

❖ ② 与同侪之间健康的依附关系：能够信任所交往的朋友和同事，以获得多元的互惠交换关系的机会，包括提供相互鼓励和情绪支持、给予适当行为的务实回馈。

❖ ③ 社区参与及利社会行为：通过参与正式及非正式活动，组织机构与所处社区互动，以提供个人投资(investment)社区公共网络(common goods)的机会。

❖ ④ 问题解决技巧：前述三项社会关系能够协助个人发展多样的内在问题解决技巧，促进个人执行功能性的因应与适应策略。此等问题解决技巧与策略包括：

— (a) 学习运用解决问题为焦点的因应形态；

— (b) 发展行动前先思考的能力；

— (c) 在特定情况下能察觉到不同的选择与可能的替代方案；

— (d) 能独立执行任务，但同时也能在必要时求助；

— (e) 对探索环境保持好奇和兴趣以获得新知；

— (f) 积极的玩乐，并参与文化性活动；

— (g) 学习有效地适应环境；

— (h) 能够协助有相同处境的人。

- Konrad 与 Bronson(1997)则是归纳 Anthony(1987)、Garmezy(1985)、Rutter(1985)与 Werner(1986,1996)一致的保护因子,包括(1) 与父母良好关系、(2) 自我价值感、(3) 合作能力、(4) 有非正式社会支持网络、(5) 能延宕需求、(6) 具有内控人格、(7) 问题解决能力、(8) 思考的能力、(9) 幽默感。
- 也有人主张保护因子是来自(1) 社区支持、(2) 家庭关系、(3) 个人特质三个方面(Cowen et al., 1997;Fregusson et al., 1994; Fregusson & Lynsky, 1996)。

➡ Werner 与 Smith(1982,1992,2001)在夏威夷卡威岛所做的四十年贯时性追踪研究。

- 针对 1955 年出生者,分别在其 1、2、10、18 与 32 岁时接受追踪调查。
- 受试对象共 505 位儿童,其中 201 位儿童被归为高风险脆弱群组,包括那些因怀孕或生产过程产生并发症、失功能家庭或贫穷家庭、父母罹患精神疾病或酗酒者。
- 研究结果发现,有三分之一的高风险群组儿童长大后成为有能力的成人,他们表现出愉悦的气质、拥有健康的人际和社会关系、发展了稳定的工作,虽具易受伤害性,但不屈不挠(vulnerable but invincible)。
- Werner 与 Smith 认为,这些儿童因为具有保护性因子,包括良好的同辈友谊、与亲戚有健康的依附关系、与无亲属关系的成人(如教师、教练、管理者等)有健康的依附关系。此外,他们积极参与社区的各种活动,尤其是利他的行为,并发展出对他人关怀的情操。
- 就像是许多运动教练帮助失依"国中"学生,或社区对高风险少年的协助。

➡ Werner(1993)指出,支持性的人际关系是提升个人自尊与自我效能的最重要因素。

- 夏威夷岛的研究发现,所有具有复原力的儿童,都"在生命中至少有一个人能无条件地接纳他们,不管他们是否会闹脾气,在外表或智力上是否吸引人"(p. 512)。
- 当儿童能够在家庭或社会中接触到至少一位关爱他的亲人(包括父母、照顾者或其他的成年人)时,他们面对困境的复原力会较好。

- 儿童、少年需要知道有一个人可以依靠,需要一个人滋养并激发出他们的努力、能力与自我价值感。
- 通过与一个导师的联结,他们会得到鼓励、协助,并让他们发展出特殊的兴趣或技能,进一步加强其能力、自信与控制。

➡ Schoon(2006)针对 30 000 名儿童期到成人期的个人进行了追踪研究。

- 检视 30 000 名从儿童期到成人期的个人,焦点在他们的学术表现、成就、行为适应、健康与心理幸福感,以及适应模式的稳定性。
- 结果发现,复原力是克服逆境的主要因素。

➡ Werner(1996);Fraser、Richman 与 Galinski(1999)提出五类保护因子。

- (1) 随和且稳重审慎的性格气质(temperate):可对个人、社会与学校关系发挥正向作用;
- (2) 积极的技能与价值观:可为个人在不利与限制性的环境脉络中创造最大机会;
- (3) 家庭支持与结构:特别是能够促进自我效能的亲职教养形态;
- (4) 广泛的支持网络:广大的成人网络与扩大家庭成员,特别是能够使其坚持不懈地致力于问题解决,或在人生转折点提供指引者;
- (5) 多元机会结构之相关因素:包括补充性教育、军队训练、社区大学、职业训练及其他机构服务方案等。

➡ Felsman 与 Vaillant(1987)针对 75 位高风险的都市成年男性进行追踪研究。

- 这些研究对象长期成长于贫困家庭,没有社会地位,家庭生活充斥毒品、心理疾病、犯罪与暴力。
- 虽然有许多人永久保有过去的经验印记,生活中有多重因素阻挠他们,但仍然有能力掌控生命,积极主动塑造自己的生活。
- 研究对象保持着这样的信念:“我们生命中出错的事情,不会永远诅咒我们。”(1987,p. 238)

➡ 总括说来,主要的保护因子,大抵可以归纳为两类。

- (1) 个人性保护因子:指个人所拥有足以对抗逆境的各种能力。
  - ❖ 问题解决能力:抗压性、策略性的思考与计划能力、获取资源的能力。
  - ❖ 坚持力:决心、面对逆境的持续力与耐力。

- ❖ 毅力：是指在难以承受的逆境中，能够好好奋斗并努力不懈的能力。
- ❖ 自我效能：正向的自我评价与自省能力、自我规划与自我控制的能力。
- ❖ 希望感：有希望、信念与抱负目标。
  - — 习得乐观的态度。
  - — 正向幻觉。
  - — 积极主动与毅力。
  - — 勇气与鼓励。
- ❖ 人际能力：社会能力、沟通能力、同理心、合作能力、幽默感。
- ❖ 利社会行为。

● (2) 环境性保护因子：指环境中的正向支持性关系与机会资源。

- ❖ 多元社区参与机会：多元的课余活动、利社会行为参与机会。
- ❖ 与重要成人之正向依附关系：亲密感、信赖感、归属感与可敬的角色模范。
- ❖ 与同侪之间健康的依附关系：能拥有同侪及获得同侪的支持。
- ❖ 正向的非正式支持网络：学校系统、原生家庭系统与其他社区系统等支持网络。

二、保护因子的作用模式与历程

⇥ 从前述的说明可以知道，保护因子可能存在于个体人格的前置因素中，或是在发展过程中通过交互作用而产生复原力。

- 复原力不仅具有预防性的功能，同时也具有事后疗愈的复原性质，是可以通过某些特定的保护机制或因子的建立，加以激发和培育成长的一种力量。
- 复原能力展现最重要的面向之一，即是个人持续接触保护因子，以抵销或缓冲新的或持续存在的压力、创伤或逆境所带来的负面影响。

⇥ 拥有越多保护因子与越少的风险因子，则复原概率越高(Pollard, Hawkins & Arthur, 1999)。

- Kirby与Fraser(1997)指出，科学研究结果发现，风险因子增加问题行为出现的可能，保护因子降低问题行为出现的可能。

➡ 风险因子与压力反应的作用历程。

- 对于个人生活中风险因子影响其生活负面事件的发生，已经由个别特定的风险因素转变为一个累积的连锁性过程或机制的论述。过去，许多研究将风险(risk)视为单一事件，如丧亲、留级等。但事实上，这些事件经常成为引发个人往后数年生命发展路径差异的开端或转折点(Fraser, Richman & Galinski, 1999)。
- 举例来说，丧亲对儿童来说不仅仅是失去父母的看护照顾，更重要的是后续的家庭资源、居住条件、家族亲友间关系，以及日常作业的监督、生活教育等，都会发生变化。个人在状况初期的反应，会影响到周遭他人的回应，之后再回来影响个人如何回应。这一连串回应机制，也影响环境为其提供何种机会。
- Fraser、Richman 及 Galinski(1999)指出，当个人生活出现重大风险事件时，事件会引发消极效应(passive effects)(像是逐渐被同侪孤立或拒绝)、反应效应(reactive effects)(像是想寻找与自己有相同经历的人做朋友)与反身效应(reflexive effects)(像是对事件和生活意义的思考和定义)。上述三种效应经过交互作用和累积，将持续影响后续个人生活机会(像是进入合法或是非法的就业市场、遇到不同的角色模范等)。
- 任何逆境事件或长期生活问题都是一种压力。压力对个人来说，可能会走向正面或负面的结果(见图 3-1)。
- 长期生活在逆境中，对个人与家庭都产生各种不同程度的风险因子。个人内在可能有某些特质有利于对抗风险，而环境中有某些资源有利于个人与家庭对抗。
- 在人的一生中，有各种角色与变化，个人如何能拥有复原力，是社会工作助人的重要考量。

➡ 问题解决策略在强化因应能力上，其重要性并不显著，反而是他们在恶劣的环境中对未来有正向的信任与希望显得尤为重要。

- 显然对长期处在恶劣环境中的儿童来说，其问题解决能力不一定不好，但其缺乏对未来的希望，自我实现预言是非常强的，因此激发希望与信心变

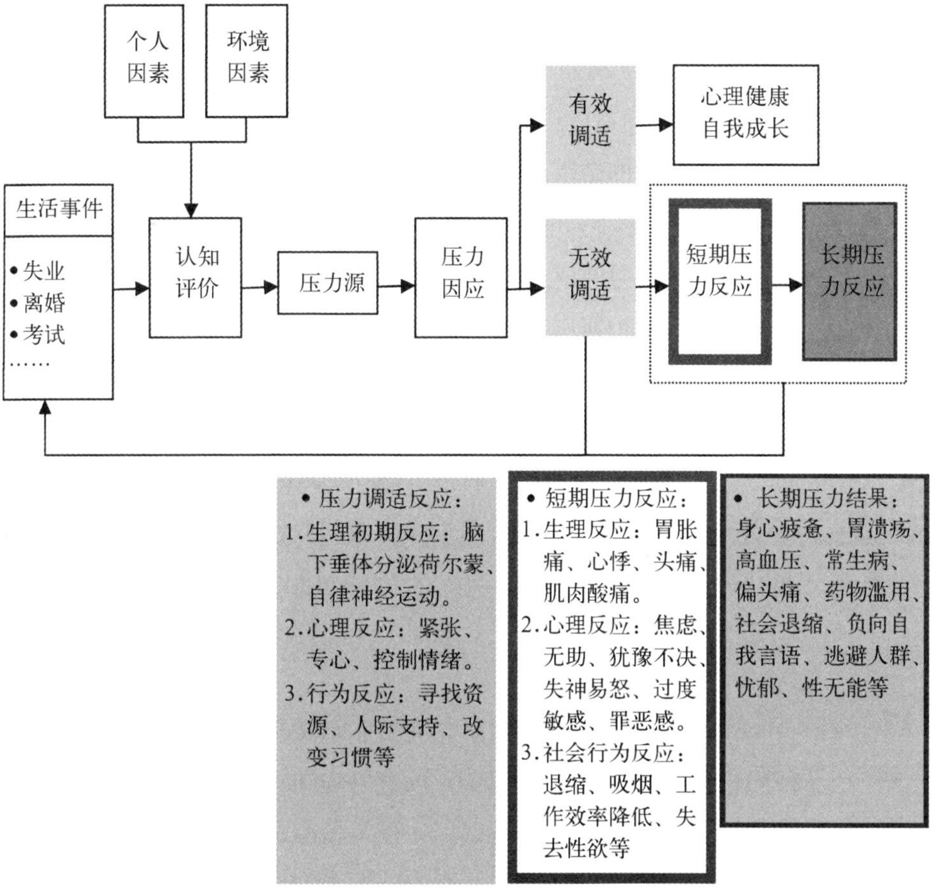

图 3－1　压力适应过程

得很重要。

- 个人处于高社会排除的环境中，希望和信念(hope and believe)成为最核心与优先的复原力因子。
- 在研究中，结构性的游乐与非正式的学校活动，具有重要的保护性功能，可提供他们安全、稳定、可预测的环境。
- 正向方案提供资源，可看到其表现为：利社会行为增加、重要他人表现出更多的支持、陈述更多的希望、社会行为问题减少。
- Rutter(1993)指出，拥有复原力并非代表个人就能对抗压力，也无法适用在所有的压力情境。复原力的改变或增加与否，需视个人与环境的互动结果而定。

- 复原力保护因子的机制是如何作用的。
  - Luthar 与 Cicchetti(2000)指出,复原力反映出个体身处困境时的正向适应历程,而这种正向适应可能来自个体的内在因素、外在环境因素,或是两者相互作用产生的结果。
  - Sandler(2001)则强调,环境性保护因子具有多重阶层特性,认为通过减少接触风险因子的时间或频率、对个人动机与能力减少冲击、提升个人动机与能力而达成保护作用。
- 然而,保护因子并非与生俱来或固定不变的,而是个人与环境保护因子交互作用的过程,此即复原力保护机制(protective mechanism)之运作。
- Bowman(2013)归纳相关实证研究后指出,复原力在解释个人压力适应心理(psychosocial strain-adaptation)上有两个主要的假设。
  - 其一是社会心理压力假说(psychosocial strain hypothesis)。
    - 其主张慢性的环境风险因子会增加个人的脆弱性,因而减少了心理幸福感与复原结果。
    - 与社会心理相关压力有关的研究结果证实,因个人身处系统中的角色慢性压力而增加的心理症状,远高于短期生活事件带来的伤害(Kahn, Wolfe, Quinn, Snoek & Rosenthal, 1964; Kaplan, 1996; Kessler, 1979; Pearlin, 1983; Pearlin, Menaghan, Lieberman & Mullan; 1981)。
  - 其二是社会心理适应假说(psychosocial adaptation hypothesis)。
    - 其主张尽管个人身处慢性环境的风险和限制,但保护性的社会文化因子可以增强个人优势能力,因而促进了复原结果(Bowman, 1989, 2006, 2011; Bronfenbrenner, 1979, 1996; Masten, 1994; Pearlin & Schooler, 1978)。
    - 此一假设特别强调以优势为本的复原力取向对少数族群的重要性。
- Bowman(2013)将压力来源加上了社会阶层不公平带来的慢性压力,同时从角色压力、因应策略与生命周期的观点,更为具体地说明复原力的保护因子与社会工作干预在个人压力因应过程中的相互关系(见图 3-2)。

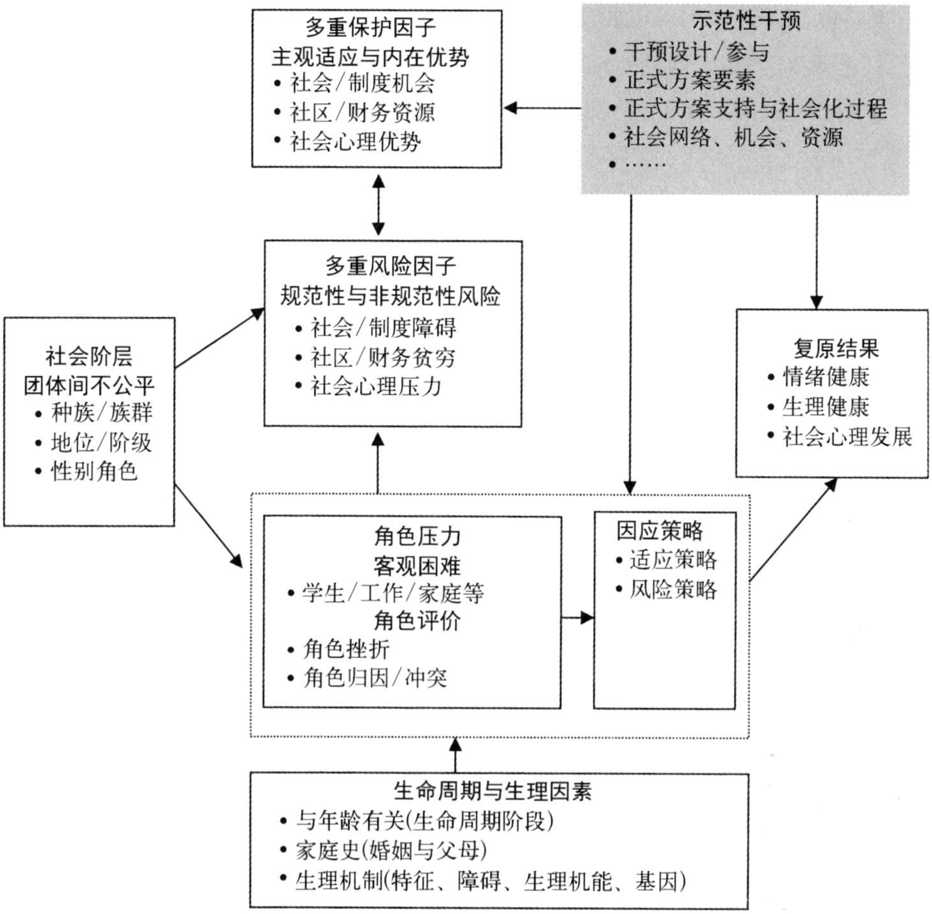

图 3－2　复原力的作用过程

资料来源：修改自 Bowman，P. J.（2006）. A strengths-based role strain and adaptation model：toward a comprehensive social psychological approach to resiliency. In Prince-Embury，Sandra，Saklofske，Donald H.（Eds.）（2013）. Resilience in Children，Adolescents，and Adults：Translating Research into Practice.

Rutter(1990)认为，保护机制(protective mechanism)的运作历程，可分为四个阶段(见图 3－3)：

图 3－3　保护机制的运作历程

- 第一，风险事件或风险因子的冲击出现时，保护因子可以在初期减缓风险因子的影响程度。

- 第二,保护因子可以将风险因子带来的负向连锁反应减缓,减少风险事件扩大对个人生活的负面影响。
- 第三,协助个体在自我能力上的激发或展现,包括个人的自我效能、自尊,以及能够对生命意义赋予正向的解释等。
- 第四,保护因子可以帮助个人获得环境机会的扩展,以协助个人长期的生活适应。

Henley(2010)强调,复原力是一个动态性的适应过程。

- 个人复原力可以有不同的方法在不同的时间、以不同的方式来因应压力与情境,所以必须要考虑行动者对环境可能带来的影响。
- 不能将环境压力当成具正当性和不变的因素,认为个人就必须要接受环境的现实面,而不去考量结构性因素的不正义。
  - 如:学校升学制度、教师的教学方法与态度等。
- 所以面对创伤经验,环境中他人的态度和提供支持的方式与内容,会影响复原(recovery)。

Garmezy(1985)与Rutter(1987)提出易受伤害与保护机制模式(models of vulnerability and protective mechanisms)。

- 在每一个发展阶段,导致脆弱的压力事件与强化复原力的保护机制之间存在动态的平衡。
- 此模式提出三种保护性机制,能调整压力与能力之间的关系。
  - ① 提供保护作用的免疫模式(immunity model)。
    - 保护因素被视为“疫苗”,用以对抗压力状态下造成的功能衰退,以及降低压力经验造成的潜在伤害效果。
  - ② 压力缓冲作用的补偿模式(compensatory model)。
    - 个人特质与环境资源能对抗压力的负面影响,例如年龄增长虽然带来体力衰退或短期记忆衰退,但可以因为生命经验所带来的智慧与观点而有所弥补。
  - ③ 逆境中发展潜能的挑战模式(challenge model)。
    - 压力有可能提升个人的能力与韧力,但压力不可过高;风险可能使我们磨炼技能、发展新资源。
- 这三种机制可能同时运作,或接替运作,主要根据不同的因应方式与发展阶段而定(Werner, 1993)。

- 因此,要能够弹性地提供服务。服务输送体制的弹性和修正之行政配合十分必要。
- 究竟要如何在实务工作中培育出服务对象的复原力,除了涉及实务操作情境的系统性设计外,更需仰赖专业团队的共同行动。同时,更需要依靠专业知识研判个人价值的转变,才能在根本上改变对服务对象行为的认知——从病理观点改为培育复原力。

随手笔记…………

第四章 复原力社会工作的专业关系

一、信任性专业关系建立的障碍
二、复原力专业关系特质与做法
三、复原力取向的专业关系意涵
四、复原力关系的界限议题

学前暖身

- 如果要你采取复原力充权取向做法,你的内心有没有顾忌?或自己觉得有没有自我限制?
- 你认为运用复原力取向在直接服务上,与服务对象的关系会是什么样子的?

社会关系是复原力培育的基础保护因子，社会工作者与服务对象的关系也是一种社会关系。对某些专业来讲，良好人际关系不见得是必要的，但是社会工作是要能与服务对象一起（work with）处理需求满足的。所以社会工作要有服务效能，良好的专业关系绝对是必要的先决条件（Chu & Tsui, 2010）。

由于服务对象的社会关系网络大多破裂或稀薄，因而缺乏社会支持。社会工作专业要想培育服务对象的复原力，如果仍维持过去的病理观点，视服务对象有人格弱点，如毒瘾、施暴者等，而非先接纳和理解其环境栖息地所提供给他的资源和他发展面对的困境，使他不得不采取这种行为或扮演此种角色来对抗环境的压力（Guo & Tsui, 2010），终将还是会变成社会所“厌恶”的人。从病理观点来看，服务对象问题多，而社会工作者常认为要维持严谨的关系界限，服务对象在缺乏足够的关怀、接纳和协助下，被强烈要求改变以符合社会的期待。

个人生活环境中的保护因子有助于培育个人复原力。社会工作者协助生活在逆境中或面对困境的个人或家庭时，社会工作者本身究竟是不是服务对象生活环境中的保护因子相当重要。社会工作者不仅要提供社会支持，而且应与服务对象建立和维持何种专业关系，对服务对象是否会信任社会工作者，改变拒绝态度与行为，和社会工作者共同合作处理生活适应的问题，有重要影响力。因此，社会工作者如何看待服务对象，是否反身思考自己的行为和内在信念与态度表现，是与服务对象建立关系的重要影响因素，也是培育服务对象复原力的至为关键的因素。

一、信任性专业关系建立的障碍

- 社会工作者内在心理的价值和社会认知，影响着对被服务者的态度表现与反应。简言之，社会工作者认为服务对象是一个什么样的人，以及应如何对待他们较为适当，将影响社会工作者沟通态度与行为，并提供何种资源方案给服务对象。因此，专业关系建立的障碍，首先来自社会工作者的态度与自我觉知，社会工作者需改变对服务对象不适当的认知和态度反应。

- 社会工作者反思和自我觉知自己在提供服务时，是否仍然对服务对象需求持有负面的社会认知，相当重要。
- 社会工作者在处理服务对象需求时，有两个负向惯性反应。
  - 其一，倾向以“问题导向”为工作取向。
    - 其重点在于辅导服务对象如何面对自己的“个人问题”、改善“个人行为”或克服“个人困境”，却忽视这种取向容易把服务对象的困境流于个人归因，而忽略社会性和结构性的原因对服务对象的消权影响(Dalrymple & Burke，1997)。
      - 例如青少年一旦有偏差发生，常被视为个人能力、学习或适应方面出了问题。在学校，他们被认定为无心学习(而非无力学习)、不守规矩和不自爱的“坏学生”，是学校的“垃圾”和头痛人物，常被惩罚或拒绝到校上学；在社会，他们被视为社会的“毒瘤”、滋事分子，是警方的头痛人物。忽视他们处境的结果就是常使处于资源匮乏和社会边缘的青少年，更容易沦为社会问题的代罪羔羊。
      - 这种狭隘的认知只会把青少年问题个人化，最终把问题成因归咎于受害者，并把解决问题的责任全都推卸在青少年身上。
      - 保护工作：对家庭的评估也需针对家庭成员负面的关系和风险因子。如失业、酗酒、逃学、吸毒、冲突婚姻关系、不良管教和疏离的亲子关系等。
    - 过去在“指责受害者”(blame the victims)的社会偏见意识形态下，社会工作服务对象面对不断的指责、挫败和无奈，渐渐地学会“认命”，进而采取更为消极和抵抗的态度作为自保。
  - 其二，社会工作者视自己为专家，常常会告诉服务对象该如何做才对。
    - 社会工作者是拥有专业知识、技能和资源的人，能做出对服务对象正确的需要/行为评估、诊断和介入(Chiu & Chan，1997)。
    - 这些惯性反应倾向低估服务对象的自助能力和环境中的危险因素，而忽略服务对象在整个服务过程中的积极参与角色和优势，这对发展较为平等的态度和温暖关系服务的提供造成了极大障碍(Hasenfeld，1987)。

社会工作者对病理观点服务取向的反思

> “……如果现在能够与若干年前那个逞强、叛逆的自己相遇，会怎么看待这个男孩？会觉得这个青少年很讨厌吗？”萧敬腾笑了，几乎不假思索地回答：“不，我想我会觉得他很可爱……少辅组的志工不是，他们不是来教育你、矫正你的，他们只是来陪伴你、亲近你，跟你讲话、给你温暖，不知不觉中引导你。我后来，是自己主动走进少辅单位的。因为我觉得那里有温暖，那种温暖让我想变成一个好一点的人……”
>
> （亲子天下，46 期，2013. 06，萧敬腾专访）

二、复原力专业关系特质与做法

Henley(2010)指出，首要的保护因子是滋养性的友善依附关系。

- “依附”(attachment)是指个体与重要特定他人之间所建立的强烈且持久的情感联结(Bowlby，1971)。依附关系可视为个人对特定对象的亲近意向所产生的关系，这种关系是一种情感的联结及动态系统反应，具有独特性、强烈性、持久性。
- 图 4－1 显示，成人回应儿童的行为将影响正向或负向依附关系的建立。
- 个人从正向依附关系中可获得其在生理、心理需求及安全感上的满足，这也是个人日后正向发展自我概念、社会能力、情绪和行为模式的重要依据(Bowlby，1971；Masten & Obradović，2008)。因此，与父母或其他亲密家庭成员有温暖、关怀、信任的健康依附关系是个人面对逆境的重要保护因子。
    - 前研究已述及，对没有双亲或亲密家人的儿童青少年来说，至少要与一位无亲属关系(如家族亲戚、年纪较大的受敬重朋友、教师、教练、导师、牧师、咨询师、社区领袖等)的成人有关怀的关系(caring relationship)(Henley，2010)。

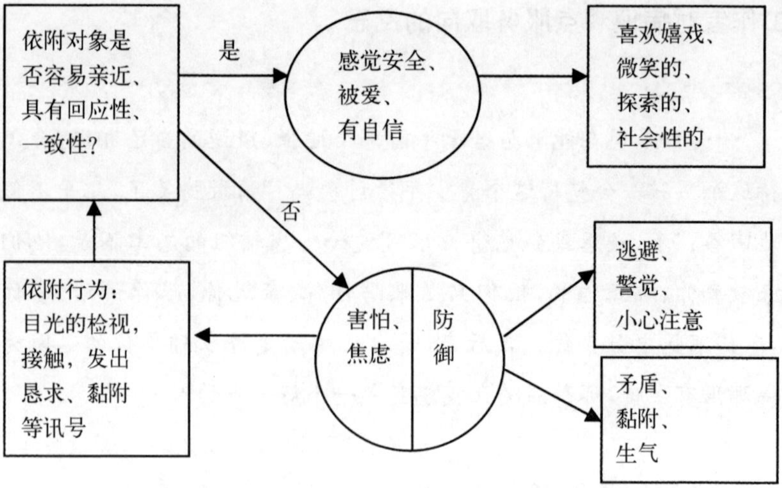

图 4-1　依附行为系统

资料来源：Homles，J. (1993). John Bowley and attachment theory. New York：Routledge.

- 相关研究均证实，与无亲属关系的成人（不论是什么年龄）建立健康的依附关系是个人成功克服灾难、冲突环境负面影响的关键因素（Almedom & Glandon，2007；Masten & Obradović，2008）。

复原力取向的专业关系的意涵（见图 4-2）

“关系”是什么意思——他是谁？你们有什么关系？关系怎样？好不好？

- 关系是指双方之间存在的相互依赖程度或相互影响力。也就是彼此相互依赖程度越高，对对方影响力越大；彼此会在意或考量对方可能的反应或接受程度。因此，两人关系中，即有权力的议题。
  - 如果有一方需要对方的程度越高，则在意对方反应的程度越高，那么被对方影响的可能性就越大。因此，权力就越小。如果社会工作者心里担心服务对象拒绝服务、会谈或互动，就会担心服务对象生气或关系破坏，则被服务对象影响或掌控的潜在性就越高。
- 互动双方的沟通表达行为方式，不仅有社会制度和文化规范对双方角色权利义务与表现方式的规定，而且将影响彼此内在心理的认知和情绪感受，而决定关系的持续、开放和互相依赖程度。所以关系有社会面向的意义和心理面向的意义两种。

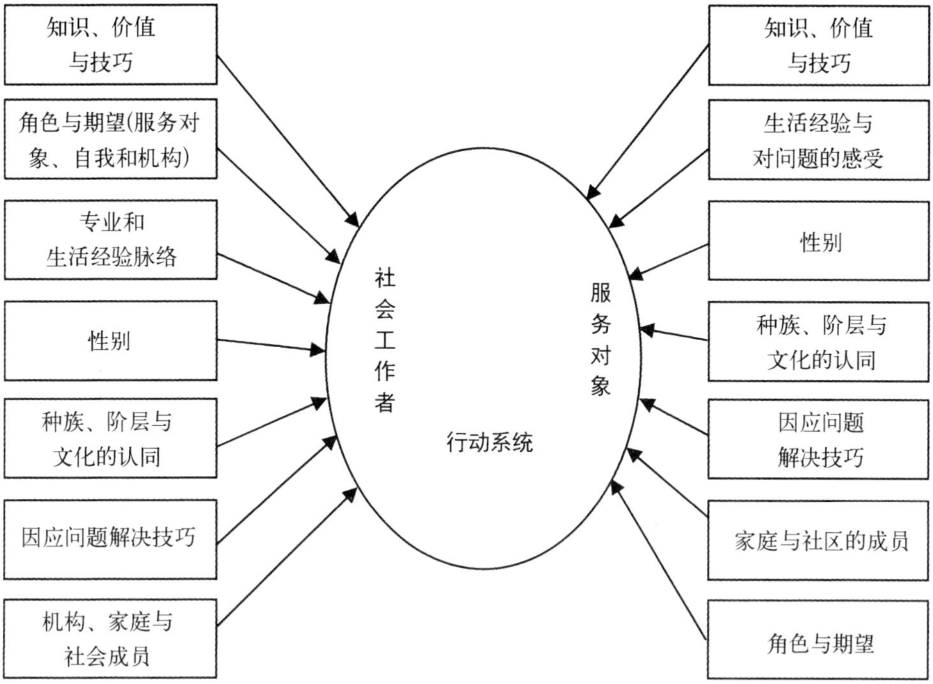

图4-2　社会工作专业关系

资料来源：修改自Johnson，1983；Brammer，1979；曾华源，1985。

◈ ① 关系的社会面向意义——这是问“他是谁?”的问题。

— 关系的社会面向是指因角色连带(role bond)或角色组(role set)而存在的一组相互关联，这是指双方有什么关系存在。例如教师角色相对于学生角色，而有师生关系存在。

— 角色本身即带有权利与义务，因此有行为的社会规范和期望的性质存在(Biddle，1979)。当有人跟你介绍一位陌生人是你师母或同学妹妹时，你的沟通内容与互动行为方式是会不一样的。所以关系中，即有行为应该如何表现的议题。

— 关系的性质及互动行为的表现方式是特殊化或一般化，可以明确和加以预测。例如，当老师和学生过于熟悉，而和学生勾肩搭背或讲黄色笑话时，社会可能会批评“老师没有老师的样子”。

— 当角色行为超出社会之规范或期望时，将使双方的角色关系发生变化或中断。如果角色行为违背规范中所规定的互动禁忌，将会遭到法律与社会道德规范的惩罚。所以社会不能接受社会工作者向服务对象借贷的行为。

❖ ② 关系的心理面向意义——这是问“你跟他关系怎样?”的问题。

- 关系是与对方互动时所产生的一种感受或情绪。如舒服、紧张、不安、愤怒等正面与负面心理感受。所以关系也可以指人与人之间情绪上相关联的感受(Perlman, 1979; Kadushin, 1972; Compton & Galaway, 1975);或双方之间对对方内在情绪反应或感受好不好。如“他是我老板,但我对他很不爽”。
- 情绪上的各种感受,受互动时间的长短、分享的内容、互动的方式、双方的个性、个人过去的经验、价值观、认知能力、社会文化、个人的生理状况及当时个人所处的情境等因素的影响。
- 随着互动时间增加,彼此分享个人性资讯、交换互惠行为越多,双方角色内容也不断转换,沟通表达将越直接,情绪控制越不容易,双方冲突与满意次数增加,对对方正负向感受也越多,使彼此关系复杂度增加。彼此要能有效处理冲突和增加关系满意度,关系才能继续维持下去。

● 当社会工作者与服务对象互动时,并非是两个独立个体的互动,而是双方立足于各自的个人价值、经验、技巧、知识和自己的社会文化脉络下生态栖息地的互动。因此,当双方交流时,常常是站在自己的生态位置上,以个人习惯的社会认知和偏见来进行互动。

● 社会工作者必须理解服务对象的社会文化脉络与行为反应特质,否则容易导致沟通阻碍。

三、复原力取向的专业关系意涵

➡ 社会工作者要成为服务对象的重要他人。社会工作者是服务对象社会支持的重要来源之一。因此,传统冰冷、理性和界限严明的专业关系(O'Leary, Tsui & Ruch, 2013)必须跨越。复原力取向的社会工作者不仅需把案主视为服务对象或服务使用者,更要能和服务对象建立亲切温暖和可以沟通的关系。

- 如果只是将焦点从问题移到优势/资源/能力，却没有改变专业关系的权力本质，或没有真正地从服务对象的生活脉络出发理解其行为，就不可能充权服务对象，也不可能培育其复原力(Guo & Tsui, 2010)。
- 复原力专业关系的本质将不脱离人性化、文化性和目的性。
  - (1) 人性化：意指社会工作者与服务对象的互动关系必须是温暖、关怀和亲切的，而非高高在上的权威者，使服务对象感受到被尊重和可以信任对方。
  - (2) 文化性：意指社会工作者与服务对象的互动行为不能脱离社会文化脉络的互动规范。符合文化，互动行为才会自然，彼此谈话才会感到“投机”，才能让服务对象有投缘(rapport)的感受。
  - (3) 目的性：互动双方内心认为“你到底想干什么或是为什么?”是影响关系本质的关键因素。如果社会工作者被认为另有目的，任何沟通技巧将被扭曲为另有目的或虚假。

复原力专业关系的核心：信任

- 存在两人关系之间最为重要的就是对对方的信任。然而，对人的信任不是凭空产生的。社会工作者一方面代表社会控制者，另一方面要成为协助者，必须妥善扮演两种矛盾的角色。
- 要获得他人信任，彼此对对方角色认知(即目的)和行为表现相当重要，其中社会工作者的行为表现(即接纳)是关键因素。

信任的专业关系主要要素：关系的目的和接纳(见图 4－3)

- 关系的“目的性”——“你想干什么?”
  - 任何关系的形成都不是一方的认知所能够决定的，另一方内在心理的认知更是接受与否的关键。所以服务对象内心认为“你到底想干什么?”才是影响关系本质的关键因素。
  - 社会工作者与服务对象产生关系是一种具有目的性的互动，以整个专业的目的和价值观为基础，主要是协助服务对象因应生活压力。关系是经由社会工作者意识性和计划性而逐渐建构的，并非毫无目的、随意发展或偏离，也不是无期限的。

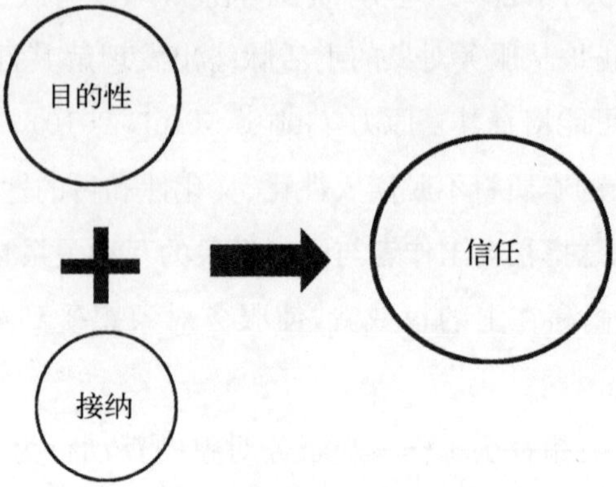

图 4－3　专业关系中信任之核心要素

- 目的的了解，将有助于规范的明确，使人知道如何行动，并与他人建立和发展何种关系。
- 如果服务对象认为对方非善意，或是另有目的：如认为社会工作者只是“领薪水、同情你、怕被媒体批评……”因而才表现善意或关怀，那么不论社会工作者怎么表现真诚、接纳、倾听、关怀等温暖与尊重行为，都将被服务对象认知为虚假或另有用意。
- 服务对象必须理解和接受专业目的与价值，否则社会工作者不易与服务对象建立助人关系（Comptom & Galaway，1975）。如果服务对象认为社会工作者是以管制为目的，社会工作者怕服务对象乱申请补助、闹事，认为服务对象只要乖乖听话就好，那服务对象是不可能与社会工作者建立起可以沟通的信任关系的。

反思问题：如何称呼你的服务对象?

称呼不但是关系亲密程度、权力关系的一种表现，同时也具有社会文化意涵。过去，社会工作专业受到精神分析学派与西方心理治疗专业等的影响，强调应以正式的称呼来界定彼此之间的关系，如吴医师、李博士、陈心理师、王咨询师等。然而，此种称呼适用于深度治疗与会谈室内的关系形态，一旦运用到社会工作与社区咨询等专业关系中，反而容易阻碍关系建立。要求服务对象以正式职务做称呼，在心理上象征明确的权力关系，虽界限清楚，但在社会距离上也较远。对于那些必须在自然生活情境中互动，而非会谈室内建立关系的服务领域（如安置机构、社区居家照护等）来说，此种称呼反而会使服务对象对社会工作者有难以亲近、高高在上的感觉。

也有人质疑，让服务对象称呼社会工作者的名字是可以接受的，但若是称呼“阿姨、叔叔、哥哥、姐姐”等，恐怕会使服务对象混淆工作关系，会有双重关系的疑虑。

事实上，服务对象是否清楚专业关系，并不只是从称呼上着手，而应该视社会工作者与服务对象之间能否真正开放坦诚的讨论其所欲处理的问题。因此，即使彼此能够采用自然亲切的称呼，但是却不能够具有讨论核心问题与共同设定处遇目标的信赖度，再自然的称呼也是无用。相反，如果采用正式称呼，但双方能够建立信赖感，也不会影响工作进展。因此，社会工作者必须能在服务对象的生活脉络中，采用服务对象能够接受的称呼文化，自然地与服务对象建立疏通（rapport）关系，弹性灵活地运用关系建立技巧，而不是死守某些伦理教条。

（进一步阅读文献：O'Leary P.，Tsui Ming-Sum，Ruch G.（2013）. The Boundaries of the Social Work Relationship Revisited：Towards a Connected，Inclusive and Dynamic Conceptualisation. British Jorrnal of Social Work，2013，43（1）：135－153.）

专业关系的“接纳”：

- 接纳是一种非评断态度的沟通，也是建立人际关系能力之基础。
  - 接纳因对一个人处境的真正理解而来（Biesteck，1961）。因此，接纳是基于一种对人价值的肯定和尊重的信念，以及对人的成长过程了解而来的。
  - 缺乏生活经验将不容易接纳别人，反而容易以个人生活经验来批判对方。例如真正生过和照顾过小孩的父母，一定对小孩教养的困难容易理解而不会骤下论断。一个从小就没吃过苦的人，是不容易了解人为何会处于困境的。因此，内心是会有疑虑，并和对方之间会出现社会距离（social distance），尤其是保护性教养方式下成长的人。

- ❖ 任何人在成长的过程中，难免因能力不足、判断力不成熟、资源的缺乏、机会被剥夺等而影响到个人的成长，甚至使他一时或长久处于不良的生态环境中。
- ❖ 互助关系中能给人安全感、温暖和自由，不仅可以获得对方的信任感，而且可以协助一个人恢复与重获生活上和行为上的信心。通过社会工作者对服务对象的接纳和了解，会激发服务对象的自我开放和自我探索，使服务对象接纳自己、肯定自己的价值，进而做出有效的自我协助。

反思问题	社会工作者提供何种社会支持？心理性、实质性、资讯性或社会性的支持？

- 社会工作者除了对服务对象的接纳外，也要对服务对象有期望，期望其能改变不合适的行为和态度表现。
  - ❖ 就像父母对子女，除了接纳外，也会期望子女的成长。在社会工作者的期望下，服务对象才能认清他行为的问题，并愿意改善（Perlman，1971）。
- Compton 与 Galaway（1975）认为社会工作者的接纳中，有三个基本要素：
  - ❖ ① 认识（knowing）
    - 行为有其独特的原因和目的，所以社会工作者必须积极地去了解服务对象，如果能了解其行为目的，才有可能真正了解服务对象，而非简单地去评断其对错或好坏。
  - ❖ ② 个别化（individualization）
    - 人作为独特的个体，有其独特的遗传生理特质、感受、想法、经验、价值观和处境。
  - ❖ ③ 信任和期望
    - 指持有一种信念和期望，即每一个人都有自我决定和自我引导的能力。每个人都有权利和责任对他的生活做最大的自我决定。
- 非评断的尊重、礼貌、温暖、兴趣、关怀、个别化、敏感性、成长的期望和了解，均属于接纳的本质之一。

- 表达接纳的最好方式之一，是专注与倾听，先尝试理解服务对象的问题叙述，并对服务对象做同理化反应，试图了解服务对象的处境和感受。必要时，让服务对象自行对行为和态度的结果做自我评量。
  - ❖ 社会工作者在表现接纳上，会遇到一些困难，因为社会工作者也是人，有他独特的生活经验和价值观念，对服务对象的行为事实有时难免以对或错、好或坏、该或不该来透视或衡量，并引发社会工作者的情绪。
  - ❖ 影响社会工作者表现接纳的主要障碍：
    - — 人类行为知识与经验的不足。
    - — 无法掌握自己的偏见和情绪感受之关系。
    - — 缺乏对自我的觉察和了解，包括个人的价值观与信念，偏见和情绪反应等。

信任的专业关系次要要素：(1) 同理心、(2) 真诚、(3) 关心。

- (1) 同理心：
  - ❖ 同理心是把自己放在对方的感觉和内在参考架构(internal frame of reference)之中，同时又能保持客观性。
  - ❖ 有意愿去了解服务对象，但无法表达真正了解服务对象的情绪和感受，会使服务对象怀疑社会工作者的能力和协助意愿，而逐渐失去对社会工作者的信任和接受协助的意愿。
  - ❖ 同理心是一种态度的表现，而非一种技巧。必须是通过尊重对方，才能尝试进入他的内心世界。
    - — 有同理心的人不会尝试去分析对方，不会想寻找方法去解决他的问题，也不会让对方觉得自己不应该这样或那样。他会允许对方有属于自己的想法和感觉，同时又会尝试去了解他。
    - — 就像是一个能够了解我们的知己朋友一样，同理心会使得两个人的情感紧密地结合在一起，形成稳固的关系，并促使个人对自己的想法和感受做开放的表达与分享，从而使个人能够把精力放在自由探索自己的内在世界上。
    - — 对处于问题情境的服务对象而言，其内心充满许多冲突和矛盾。如果社会工作者以温暖的态度、专注的倾听，不对服务对象的言行做评断，让服务对象感受到被接纳，以及对服务对象的忍受做正确的同理心反应，将会使服务对象感受到安全和信心，从而有助于专业关系的形成和发展。

- 正确的同理心反应，不仅有助于专业关系的建立，并能协助服务对象纾解被压抑的情绪，增进服务对象的自我了解和解决问题的能力。

❖ 初学者的客观性常以冷淡的态度和完全中立的方式表现，使他们常处于一种困难的情境中。要温暖地针对服务对象的主观经验和感受做同理心反应，而又要他们能随时随地回到专业助人者的角色上。因此，在培养社会工作者的过程中，专业自我与自我觉知能力的养成，是相当重要的(Perlman, 1979)。

❖ 接纳与同理心是协助服务对象与有关人员的有效方法(means)，可降低抗拒和冲突，并促使服务对象做出有效的成长和改变。

- 太多的同理心，会使得服务对象沉醉在这种享受中，而变成长久的依赖和不成熟。
- 关系尚未完全建立时，太深入的同理心会使服务对象感到威胁而退缩。有时如果社会工作者进入服务对象内在参考架构太多且太快，也有可能会失去客观性和方向感，变得过分认同服务对象，使得同情心多于同理心(Brammer, 1979)。

● (2) 真诚：

❖ 真诚是指真正地表达自己内心的感受和想法，而没有让人感觉做作、虚假、欺骗他人、使用策略，并且口语和非口语的表达须是一致的，要给人一种整体的感受。

- 例如当服务对象欺骗社会工作者、强辩他没有再偷别人的东西时，社会工作者会感到愤怒，虽然极力想控制，但是非语言的讯息，让服务对象察觉到，并且询问社会工作者是否在生气？如果社会工作者否认，那么社会工作者是不真诚的，服务对象也不会相信，甚至不再信任社会工作者。
- 许多学者和专家均认为，要能促使有效专业关系的形成和发展，真诚和一致性的态度与行为表现是必备要素之一(Egan, 1978; Perlman, 1979; Northen, 1982)。

❖ 真诚并非是我们告诉自己要对人真诚就能做到，因为真诚的人是了解自己价值观，能觉察自己的感受和行为表现，并且能接纳自己而不欺骗自己，能表现出口语和非口语一致性的人。

- ❖ 真诚除了不欺骗他人和言行一致外，尤其重要的是真诚地表露，是能控制或避免负向或防卫性反应，以不伤害人的方式来表露自己的感受和想法。
  - — 真诚不是把自己的感受和问题以直接的方式向他人坦露或表白，例如“是，我非常生气，并且心里在想，要不是我是社会工作者，根本不想跟你谈话。”
- ❖ 社会工作者面对服务对象的欺骗行为时，可用“我—讯息”的方式来表露自己的感受和期望。例如“当我听到你告诉我自己没有偷东西，而我在早上却收到舍监的通知，我感到被欺骗而有生气的感觉。如果你能对这件事做清楚的解释，我想我心里会感到好过一些。”

● (3) 关心：

- ❖ 关心是因为在乎他，所以想了解他到底怎么了，发生何事，并很愿意协助服务对象去解决问题。
  - — 关心是社会工作者基于无条件肯定服务对象的生活和需要之信念下而产生的。
- ❖ 关心过度会使情绪涉入太多。
  - — 因为有太密切及融入太深的情绪，会使我们更包容服务对象，希望能看到困难离开他，甚至要为他解决困难，反而变得比服务对象更积极和着急。
  - — 当社会工作者关心过度时，会将服务对象的问题视为自己的问题，不仅会让自己感到痛苦，也常因对服务对象期望过高，让服务对象会感到过大的压力，或干预服务对象行动、催促服务对象解决问题，而使服务对象产生抗拒。
  - — 例如过分关心子女的父母，常被子女视为啰唆，并使子女感到不自由和不尊重，反而更容易做出与期望相反的行为。
- ❖ 传达关心的主要方式。
  - — 社会工作者以真诚一致的非语言行为，温暖和尊重他人的态度，专注地倾听服务对象对问题的叙述。

— 社会工作者必须内心真正同意个人有其价值和潜能，采取不评价服务对象的态度，主动寻求和了解服务对象所传达问题的意义和感受并适时、合理表达关心。

* 例如准时和服务对象会谈，事先约定访视时间；查看会谈室内的布置和使用状况；会谈前，事先翻阅上次会谈记录、适时主动询问服务对象的情况和感受，主动进行结案后的追踪等。

反思问题 我们如何知道生活在周遭的人是在关心我们？你有过被人关心的经历吗？那是何种情况？对方说和做了什么？

专业关系缺乏信任，则彼此是无法共同合作的。

- 信任关系的主要要素是目的与接纳，必须要服务对象清楚社会工作者助人行为和语言的目的，并且理解“我”的处境而不批判“我”。有了接纳和理解的前提，次要要素的同理心、真诚和关心才能让服务对象更有意愿接受(见图 4－4)。
- 如果社会工作者不能接纳服务对象和理解彼此关系的目的，则同理心、真诚和关心都将成为虚假和另有目的的行为，无法建立信任的专业关系。

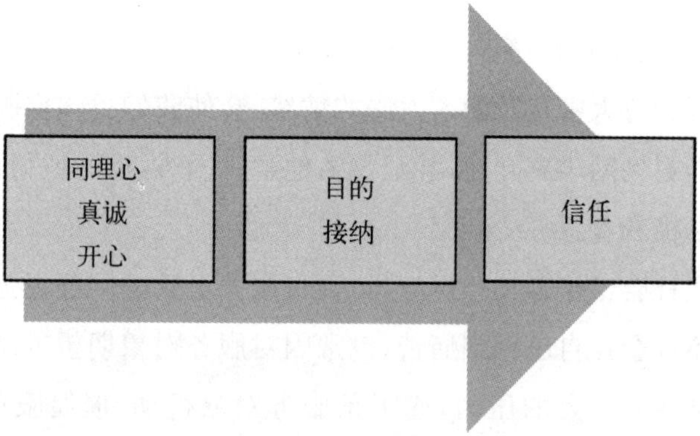

图 4－4　专业关系中信任的主要要素和次要要素之关系

四、复原力关系的界限议题

人与人之间会因为彼此身份角色的不同，而有适度的关系界限。复原力所强调的信任的专业关系，会不会使双方关系有跨越和侵犯专业界限之疑虑？

专业界限(professional boundaries)是期望专业人员在关系界限中，提供有效和适当的服务。界限被用来防止利益冲突、侵犯和伤害服务对象。

- 界限是用来保护双方的。如果互动行为影响或伤害到服务对象，则是界限侵犯(boundary violation)。
- 传统上，病理治疗认为社会工作者应该与案主关系维持明显界限。社会工作者必须在意识上维持专业角色(及专业自我)，在整个服务过程中，只能透露有限的私人性资讯(感受、意见和想法等)，要维持专业距离，这样才能保持理性和客观(O'Leary, Tsui & Ruch, 2013)。所以服务对象只能回答问题，所问的问题只能与个人有关。
- 社会工作者和服务对象之间也有专业的关系界限。社会工作者可以做服务对象的朋友(O'Leary, Tsui & Ruch, 2013)，但不是像家人那么亲密的关系，不是开放许多个人性资料、表达各种情绪和意见，互惠交换(借贷)或以社交性质为主的亲密朋友(见表4-1)。
- 专业界限会让社会工作者和服务对象清楚他们之间的关系；社会工作者可以帮助服务对象处理问题，社会工作者表达同理、关心等沟通行为是为了提供服务，目的是助人而不是社交关系的反映。

表4-1　传统专业关系和亲密的朋友关系之比较

专业关系	朋友关系(亲密的)
有目的关系	关系即目的
有限的个人性坦露 合作关系(情感性与工具性)	随个人意愿而坦露个人资讯与感受 情感性关系
不平等与非互助	平等与互助
关系暂时性	关系永久性或暂时性
涉及机构	涉及个人

资料来源：修改自曾华源(1985)，社会个案工作的专业关系；黄维宪、曾华源、王慧君，社会个案工作，pp. 105-156，台北：五南图书出版公司。

跨越专业界限(boundary crossing)：是指社会工作者对服务对象发生另外一种关系时，没有伤害服务对象利益，没有欺骗和操纵等行为。

- 有时，跨越关系界限有助于双方信任关系的建立，如适当开放某些个人性资料、接受服务对象亲自做的小纪念品等代表对服务对象的接纳和信任。

- 违反专业界限：就是因侵害服务对象利益和违反公平正义而造成伤害。这是一种不专业的行为，如利用、欺骗等操纵性行为。
  - 不论是服务对象要求或是强迫服务对象，社会工作者与服务对象和与服务对象有亲密关系的人有性方面的接触。
  - 社会工作者不应该利用服务对象或其他途径取得对自己或他人有利的利益。如社会工作者说是帮助服务对象就业，却让服务对象成为自己直销的下线成员。

反思与讨论

- 社会工作发展至今，服务模式可概分为治疗模式、发展模式和倡导模式。这三种模式的专业关系形态是只有一种或是需要因为不同工作模式，而有可能是治疗性、政治性和参与性关系？也就是不同取向应有不同关系？
- 社会工作者与服务对象之间的正向依附关系可以是朋友关系吗？
- 社会工作者与服务对象之间的正向依附关系中有权威或权力吗？
- 专业关系中的依附形式可以像是父母对子女或亲人的互动关系吗？
- 你认为专业的正向依附关系应该有的要素是什么？
- 后现代社会工作认为现代观的社会工作者和服务对象之间有不平等的权力关系，社会工作者对服务对象扮演社会控制和标签服务对象的角色，你同意吗？
  - 如果后现代社会工作认为社会工作者与服务对象之间是伙伴关系，这种伙伴关系之意涵是什么？应有的关系要素有哪些？社会工作者应表现出的行为与态度是什么？这种伙伴关系的界限是什么？
    - 当服务对象一个人生病在家，打电话给你哭诉无人协助时，是否要立即带他去看医生？如果无人照顾时，可以煮饭或买东西给他吃吗？可以拥抱给予他安慰吗？可以带他回家，让他在家里睡一个晚上吗？

- 当服务对象在安置机构不断逃跑、打架挑衅、挑战组织制度或政策，社会工作者应该做什么反应？可以生气吗？可以说不要再理他了吗？
- 如果服务对象开自助早餐店，社会工作者一定不能前往消费？
- 服务对象因经济需要而“招会”，社会工作者可以参加吗？
- 服务对象如果告诉社会工作者你的活动人太少了，我可以帮你邀约一些人来参加，社会工作者应如何面对？
- 社会工作者可以买一杯咖啡请服务对象，然后坐在树下谈事情吗？下次服务对象多买一杯，社会工作者可以接受吗？

反思与讨论

- 如何与服务对象建立健康的依附关系，此种关系有哪些特质？
- 社会工作者服务不是只在会谈室内的专业服务，应进入服务对象的社会生活领域。服务对象所习惯的社会文化规范的互动模式，常常会影响双方的互动方式与关系内涵。因此，要建构服务对象和社会工作者之间的依附关系，其专业界限在哪里？
    - 关怀与信任的表达，社会工作者的行为表现一定要符合文化规范，以便让服务对象感受到被接纳和真诚。
    - 以服务对象习惯的沟通方式开始进行互动，如自然地打招呼；以对方的日常用语说话，切忌咬文嚼字。

充权的专业关系其目的性要素：

- 增进互动对象的能力和其对自我能力的觉知；
- 增进互动对象的选项和其对选项的觉知；
- 增进互动对象做选择和行动的机会和信心。

优势观点专业关系的应有做法(Rapp，1998)。

- 协助服务对象达成自己设定的目标。
- 服务对象是协助关系中的指导者。

    - ❖ 由他(她)们决定内容、步调、地点、资源与目标等。
- 社会工作者将协助服务对象确定机会、选项与所需资源。
- 社会工作者将与服务对象一起工作,以确保服务对象的权益是被增进的。
- 尽管每天遭遇各种生活挑战,社会工作者仍会想要了解以何种方式才能对服务对象的生活有帮助。

⊡ 优势观点的专业关系做法(Rapp, 1998;施教裕、宋丽玉,2008)。

- 与服务对象一起讨论且在共同同意下,订出会面的时间和地点(大多数情况下,一周最少应接触一次)。
- 个案管理者和服务对象一起从事一项休闲活动,以作为增进彼此了解的背景活动(例如一起喝咖啡、投篮、散步等)。
- 个案管理者以对话的方式与服务对象接触,探索其一般的兴趣和经验。
- 个案管理者应使用同理、增强的对话内容,包括口语和非口语的。
- 与服务对象讨论个案管理和互动经验的目的,且聚焦如何逐步撤出关系。
- 个案管理者运用每个确认个人和环境优势的机会。
- 若有与服务对象接触的困难(被服务对象拒绝三次以后),个案管理者应在团体督导中做检视;这样的检视必须以服务对象具体的观点去形成新的想法。

II
第二篇

社会工作任务中心取向实务指南

前　言

- 任务中心社会工作是一种有效的工作方法。当社会工作者与服务对象彼此能合作完成问题处理或需要满足时，对于如何进行的事项和行动必须清楚。过于含糊笼统的概念无助于服务对象采取行动，而且也容易成为借口。
- 任务中心社会工作模式对服务对象人性假设具有普遍性，而且需商定如何有效克服，使服务对象因理解任务的可行性和帮助性而有更积极的行动。
- 由于任务中心社会工作必须尊重服务对象意愿和具体可行，行动后果易于评估，成效也相当明显，因此，其应用范围越来越大，许多领域也采取此工作模式来提供服务。
- 复原力在实务工作中如何操作相当重要，否则将沦为概念上的理解。本篇重点说明任务中心的主要概念和实务上的操作原则，并配合案例进行说明，以作为第四篇复原力方案与操作案例之基础。

第五章 任务中心社会工作

一、任务中心的基本概念
二、任务中心取向的基本假设
三、服务对象“问题解决”行为的假设

一、任务中心的基本概念

任务中心取向的源起与发展概况

- 传统社会工作的主要观点与服务方式。
  - 在1960年代之前，社会工作专业服务运用精神分析与自我理论作为提供服务的主要理论依据，服务对象的抗拒行为被视为具有重大意义。
  - 社会工作者为了能让服务对象改变或解决问题，就必须深入了解服务对象为保持原状所做的反应性行为，如无意识的抗拒迟滞、害怕未知以及在协助关系上的变化。
    - 开放性的(open-ended)、长期的介入(long-term interventions)是处理个人与人际间问题的最常见模式。
- 基于对服务对象长期采用心理动力个案取向的协助不满，许多人开始倡议改变。
  - 1965年Masserman才提出服务对象的抗拒是对不良处置技巧的一种正常反应。
  - Wolber于1965年批评长期治疗会让服务对象一直产生抗拒，并混乱地走过治疗全程(许临高主编，1999)。
- 任务中心模式的起源：
  - 1972年芝加哥大学Reid与Epstein提出社会工作任务中心取向(task-centered approach)。他们整合了短期治疗、问题解决学派、功能学派及危机干预法。
    - 此一取向排斥社会工作者与服务对象经由顿悟及支持性的治疗方式，长期投入处理内在肇因，而是把力量集中在立即处理问题上。
  - 任务中心取向初期发展出来之后，被引用到团体工作(Garvin，Reid & Epstein，1976)、寄养家庭服务(Rooney，1981)和工业社会工作上(Weissman，1977)。在英美地区自获得基金会支持开始进行实证研究，而后取得技术学上的发展和教法上的实验。

- Wodarski、Saffir 与 Frazier(1982)评估此派工作有效。
- 1990 年以后,有更多人投入任务中心取向的研发。
  - Gibbons 和他的同仁(1978;1992)在英国发展新模式运用在新的问题领域中,尤其是家庭与团体工作上。
  - Reid(1992)转职到纽约后做了更进一步的研究,将该模式运用在非自愿性服务对象身上,对任务中心取向工作方法做了更精细的修正。
  - Epstein(1992)整合短期治疗(brief therapy)和任务中心取向,建构出更具体的实施模式。

任务中心取向已经是当前许多社会工作领域中临床服务的主要实施模式。

- 除了上述领域外,已扩大运用到观护少年、慢性精神疾病、自杀未遂和保护性等领域中。

任务中心取向的核心理念

任务中心取向的工作模式、主要知识体系和实务操作方式很特殊。

- 首先,认识人如何看待问题和处理问题的态度。了解服务对象自己对自己问题的意义,并确认要解决的问题,才能使服务对象有意愿和社会工作者一起处理问题。
- 其次,再将服务对象欲处理的标的问题转化为他可以了解,并愿意采取行动处理的目标。
- 最后将目标转化为可行的行动任务(task),服务对象才真正知道他要做什么才能解决问题,也可以评估问题是否能解决。

任务中心取向对"服务对象"处理问题态度的基本假设。

- 由于人有适应问题的本能,人会想办法调和生活上的问题。
- 尤其是一旦问题成为他们所熟悉的样子时,他们改变的驱动力就会减弱。
- 当服务对象寻求协助时,通常指向的是问题的减除,而非有效的根本改变。
- 社会工作者不要认为服务对象会对问题作根本解决。
- 建议针对部分问题做处理。不仅可以有效率地恢复服务对象的平衡,也会使服务对象对进一步的改变产生兴趣,否则可能影响其承认自己有严重问题。

任务中心取向提供服务时,对服务对象的看法。

- 任务中心取向认为服务对象是有自己想法的人，他不会让我们做得太多。
- 服务对象自己应负有找出自己要处理问题的责任。
- 尊重服务对象的看法并重视服务对象的自决。
  - ❖ 主张社会工作者与服务对象是建立在一种合作关系上，强调要解决的问题是服务对象自己认知到的问题。

对服务对象问题的看法。

- 任务中心取向对服务对象问题的认知是多面性的。
- 认为人的问题是个人生活中内在的心理因素及外在环境因素的交互作用，应把问题处理的重点放在问题剖析与设定处理的行动上。

任务中心取向的中心理念

服务对象必须自己认知与界定问题，唯有通过服务对象对问题有清楚的认知，具备解决的动机，才能协助服务对象采取解决问题的行动，并累积正向的问题解决技巧。

学习单	你对“人”的认识是什么？

	请根据你的想法在右栏打“√”	非常同意	同意	不同意	非常不同意
1	人会想把问题彻底解决。				
2	人会主动处理问题。				
3	人会接受别人的建议来处理问题。				
4	人在等到不得不的时候，才会赶快去处理问题。				
5	人会承认问题与自己有关，而不会有借口。				
6	人是有意愿解决问题的。				
7	人在处理问题时，会只解决到一个程度就好了。				
8	人比较会依照自己的想法来表现行为。				
9	人总有动机去解决自己的问题的。				
10	一旦我们对问题有所了解时……				
(1)	会自己想出处理问题的方法。				

（续 表）

请根据你的想法在右栏打“√”		非常同意	同意	不同意	非常不同意
(2)	会愿意采取行动处理问题。				
(3)	会克服处理问题过程中所遇到的障碍。				
(4)	会拟订计划处理问题，不需要别人帮助来处理问题。				

> 做完上述练习后，你对人的看法和人的问题解决与内在动机之关系的看法为何？

社会工作者在协助服务对象问题处置上常见的障碍

标的问题不明确。

- 对问题的分析缺乏系统性和清晰度，则标的问题的指认不明确，结果是不知道究竟是要处理什么问题。
- Reid(1972)认为，如果社会工作者制订了太一般性的目标，则会导致“不合理的期待及方向的经常变换”(p. 145)。
- Wood(1978)认为，如果订立模糊或不合理的高目标，会使服务对象较容易体验到残酷并得到失败的经验，如失望、挫折及对自己能力、自信的受损。

【例如】

仅仅指出问题是“准备考试的压力”，但是却没有具体指认出究竟是“无法有效率、有计划性地完成读书计划”，或者是“不清楚该考试对生涯发展的影响性”之问题。

究竟“无法有效率、有计划性的完成读书计划”之原因(标的问题)为何？或者是“个人生涯发展选择价值认知不清”之原因为何？

不直接建议或指派服务对象要做什么。

- 人对自己的问题都有看法，对想要解决什么问题和如何解决问题，也会有自己的看法，所以过早地建议或强迫服务对象做出改变行为，是无法达到效果的。

【例如】

父母、师长、主管甚至是社工经常会说："我就告诉他要好好准备，静下心来，考上就是你的了……"

但是，我们均接收过别人给我们建议，你认为效果如何？

缺乏处置目标与契约之协商与形成。

- Wood(1978)检阅了许多直接服务的结果进行研究，发现许多报告的负面成果均是没有签订契约，而正向成果是签订契约。
- Wood(1978)也发现许多目标没有事先与服务对象协商的情况，在这些情况里，负向的结果可能源于社会工作者与服务对象各自有不同的目的，也就是双方动机不一致。
- Reid 和 Hanrahan(1982)也提出有签订合同而较成功的结果，其均是与服务对象的动机一致。动机一致指的是服务对象的动机与社会工作者想提供的服务是协调的。

【例如】

在个案工作记录中的处置目标曾见"服务对象是在不很确定的情形下与友人一起结伙抢劫，所以一直很不甘心法院的判决，故将尽量在法律上就'共犯'加以解释说明，让其释怀，以使其能准备好进入某机构安置"或"引发服务对象思索'生命'的议题、稳定服务对象情绪，以减少其用美工刀割腕的自残行为""提升服务对象就学及学习成就感，让服务对象不再旷课"等写法，这些目标具体吗？不清楚这些目标是否曾与服务对象清楚讨论协商过？或仅是工作者的个人想法？

对于处置目标的执行顺序为何？

- 处置期间为何？在执行处置目标时，又有哪些参与者？……这些问题是否都曾与服务对象协商讨论?

- 服务对象是在处置过程中最主要的行动者,如果服务对象不清楚改变的方向,是否可能达成社会工作者对处置目标的“期望”?

确立目标和形成任务之技巧是否不足?

【例如】

在个案记录中常见的处置目标与处置计划,如“提供服务对象课后照顾的服务”“了解案主家庭是否有申请某资源的意愿,并协助申请之”“通过多元资源连结,改善案主家庭生活环境卫生,加强家庭整体照顾和亲职功能及增进案主家庭社会资源”等。

任务中心取向的特征

任务中心社会工作有两个重要的特征(廖荣利,1987;Reid & Epstein,1972)。

- (1) 简短性(brief):与服务对象共同界定标的问题,使目标明确后,即规划任务(task)与系统化地执行。
  - 针对具体问题规划出数个相关任务,让服务对象能自己掌控问题的解决方向和步骤。
- (2) 时限性(time-limited):任务中心是有系统的、有明确时限的短期社会工作处置。
  - 主要目的为试图以“有计划的短期治疗”取代传统长期治疗,处理幼年生活经验对个人所遭遇的社会适应问题(Payne, 1991,周玟琪等译,1995)。
    - 一般说来,在1~3个月内进行8~12次会谈,时间限制是在3~4个月内完成。
    - 这是强调时间的效率与节约经济资源,以有效协助服务对象达成目标。
    - 时间限制并非摒除提供长期服务给那些短期处置已经结束,并有动机继续接受服务的服务对象。

- 许多研究显示，此模式比长期且焦点模糊的助人工作取向更加有效（Epstein，1995）。

二、任务中心取向的基本假设

人的社会生活适应行为

练习 1	探索个人日常生活行为

你在生活中，是否有一些令你感到困扰、但却迟迟没有改善的问题？（可以是不知道如何解决、也可以是不想去解决的）。

例如：

- 一堆工作老是做不完；
- 想要考社工师或再进修研究所却觉得犹豫；
- 想要减重或运动，却总是只停留在嘴上说说；
- 家里小孩跟朋友一讲电话就是两个小时，却总是讲也不听……

请你……

1. 列出两项类似的问题。

   (1) ______________________________

   (2) ______________________________

2. 使得这些问题无法解决的因素有哪些？（请勾选出来或写下来）

   □ 没有时间　　□ 不知该从何着手　　□ 担心不会成功

   □ 也不是那么重要　　□ 觉得丢脸　　□ 总是提不起劲去做

   □ 没有可使用的资源（包含：人、事物或相关资讯）

   □ 是制度结构问题不可能改善

   □ 其他，请说明：______________________________

3. 在什么情况或条件下，你比较愿意去处理或解决？

(1) ______________________________

(2) ______________________________

练习 2 反思服务对象对问题处置的行为

回想一个你在实务工作经验中的案例。这个案例必须是“你清楚评估到服务对象的问题是什么，但是服务对象却有各种不同借口迟迟不愿意去处理”。

请你……

1. 写下至少两项服务对象的借口：

(1) ______________________________

(2) ______________________________

2. 你能接受(或认同)这些借口吗？为什么？

□ 可以接受(或认同)，原因是：______________________________

____

□ 不能接受(或认同)，原因是：______________________________

____

3. 当时你用何种方法去试着改变他呢？______________________________

____

____

4. 上述你所采取的方法，成效如何？______________________________

____

____

练习 3 社工对服务对象行为归因与反应

回想一个你在实务工作经验中的案例。这个案例必须是“你和服务对象都清楚问题是什么，但是你却难以介入或难以促成服务对象的改变”。

请你……

1. 写下至少两项服务对象的借口：

（1）____

____

（2）____

____

2. 针对上述原因，你是否进行了处理？

____

____

____

3. 如果没有，为什么？如果有，你又是如何处理的？

____

____

____

三、服务对象“问题解决”行为的假设

人在“问题解决”上的惯性

【案例】

少年王小花的某考试要到了，可是她总是静不下心来读书。上课时，看到台上的老师也觉得很讨厌，因为这些人老是说着“这个阶段某考试是很重要的……”等大道理。有的时候小花心里甚至会质疑，“就算考上，又有什么用！”“谁跟谁常来找我，我的事情很多呢！我哪有时间读书？老师上课也不知道在讲什么？考什么考！”

反思问题

- 我们如何知道生活周遭的人是在关心我们？你有过被人关心的经历吗？那是何种情况？对方说和做了什么？
- 人在"问题解决"的惯性上，我们与服务对象是一样的？

想一想

- "某考试"可以泛指哪些考试呢？
- 你认为王小花面临的问题是什么呢？
- 你认为形成这个问题的原因又是什么呢？
- 你认为该用什么方法才能协助她呢？

任务中心对"人"与对"人的问题来源"的假设

对人的假设：

- 人不受潜意识控制，也不完全受环境左右，而是有心灵（mind）和意志（will）的；人是健康、常态、有自主性、理性和有问题解决能力的，有其想法和意志对外界做出反应。
- 人之所以会有问题发生，并不是缺乏解决问题的能力，也不是人格病态所导致。所以人本身就具有适应与解决问题的能力，只是能力暂时受限制无法处理，才会陷入问题困境。

当个人面对问题时（压力因应反应）：

- 不做任何事，由时间处理，或是借口逃避，或被问题击倒；
- 采取面对问题的方式，以冀求纾解问题所带来的痛苦。

对人的问题来源之假设。

- 人的问题是个人生活中内在的心理因素和外在环境因素的交互作用，不是病理性或是环境受害者。
- 许多问题都是存于更大系统脉络之中的相关因素，服务对象只是这些多元系统中的一部分。
- 探究问题要以整体脉络（context）为主，包括彼此间相互影响因素、问题解决之阻碍（blocks）和能用来处理问题之资源（Reid，1985）。

任务中心对人“处理问题”之假设

➡ 对人处理“问题目标”的假设。

- 人有自动处理问题的能力(capacities),人会想办法调和生活上的问题。
- 服务对象的需求来自问题无法有效解决,但是服务对象具有解决问题的能力。
- 社会工作者必须和服务对象一起厘清问题,协助服务对象认清问题,经由服务对象自我觉察而后自我决定,以解决问题、满足需求(廖荣利,1987;Reid & Epstein, 1972)
- 当人陷入困境时,会有改变的动力,但人也有顺应问题的本能。
- 人会想办法调和生活上的问题。但是在寻求协助时,心里只想减轻困难,一旦问题成为他们所熟悉的样子时,改变的驱动力就会减弱。
- 其减缓之程度到能容忍为止,往后就会降低改变的可能。
- 任务中心取向的基本观点不是要处理问题的根源,而是想处理目前阻碍解决问题的障碍,或催化问题处理之资源。
- 长期累积下来,问题常常会复杂化,使他难以决定真正想要的协助是什么。
- 任务中心取向强调只要针对服务对象想要处理的某一小部分问题即可。
- 要将注意力集中在所欲解决的问题,可以让服务对象有系统且实际地去解决问题。
- 这种协助取向,不仅可以有效地恢复服务对象的平衡,也会使他对进一步改变产生兴趣。结果可能会影响个人承认他有严重问题,并愿意继续处理其他问题。

➡ 对人在解决问题的行动假设。

- 人有动机才有可能采取行动,所以问题由服务对象个人知觉性动机所决定。
- 必须是服务对象没有却想要的。
- 服务对象的行动来自个人与外在世界的复杂信念,服务对象会评价这些系统对他的反映而修正行为,问题处置的计划和行动就要包括社会环境系统。
- 为能有效处理问题,服务对象应负有找出自己要处理问题的责任。

➡ 对有效问题处理的假设。

- 要重视服务对象的意愿;改变的机制在服务对象。故应负有找出自己要处理问题的责任。

- 集中在所欲解决的问题上。以服务对象所定义和希望(hope)解决的事务为主。
- 服务对象在寻求协助时,只想将问题所带来的不平衡降到可以忍受的地步为止,而非做出根本改变。
- 工作者的服务重点是界定问题和理出服务对象所想要处理的问题,以及如何去做,并且能使服务对象肯定地说"这就是我愿意尝试的任务。"

对服务对象问题属性的看法

⊡ 人类生活中的任何一部分问题,彼此都是连动反应的(chain reaction)。

- 问题并非静止不动,而是一直在变化。
- 对个人来说,问题改变与问题消除是相似的方向。
- 大部分问题的改变常发生在相当简短的时间内,而非在数个月内。

⊡ 服务对象带到机构的问题是复杂的。

- 由于问题不只具有主客观性,而且有可能互为问题的导因,不论服务对象带到机构的问题为何,必然是好几个问题连在一起的和复杂的。
- 虽然问题容易被分析了解,但是服务对象的问题具有多面性、动态性和复杂纠葛一起的特性,使要解决哪一个问题,以及问题解决到什么程度才会令人满意,都会成为需与服务对象一起探讨的重要课题。

⊡ 解决问题的焦点必须放在服务对象想要解决的问题是什么上。

- 因为个人对外在问题的反应是复杂的,因此,解决问题的焦点必须放在服务对象的需求和想要(want)解决的问题是什么上。
- 应该要问服务对象最重要和最能够去解决的问题是什么,即服务对象知觉未被满足之欲求。
- 此欲求必须是服务对象想要改变的情况,而非机构认定服务对象之需求(need),而且能被清楚定义和采取行动加以解决的(Payne,1991;周玟琪等,1995)。
  - ❖ 例如"父子之间有亲子关系的困扰和冲突"是一般性问题陈述,而"父亲和孩子为了使用车子而争吵"则属于较明确的问题,"父亲不放心孩子周末约会时使用车子而发生争吵"是更为明确的问题。

- 要分割问题(partialized)使问题成为服务对象可以采取行动的任务。
  - 为了保护服务对象免于一直处于开放无止境的问题处置过程和关系过度涉入,必须由服务对象和社会工作者一起把问题的解决分割为几个可行的任务。
    - ※ 如解决上班老是迟到的问题,需准时上班,那就要准时上床、设定闹钟、睡前准备好明天一早的公事包等。而要准时上床,则又要改变不看连续剧……
  - 在解决问题上,实际行动应该是部分的、有焦点的,以及一个一个进行的。(请见本篇第四章)
  - 必须把力量集中在可达成的目标上,才能够更有计划地运用时间,刺激双方更加努力,并且在一定时间内能看到预期成果。整个问题脉络应包括相互影响之因素,以及能用在处置问题的资源和解决问题的阻碍。

想一想

- 看完任务中心对"人"及"人处理问题"的假设后,你是否同意呢?
- 你是否有什么不同的想法?
- 我们在处理自己的问题时,任务中心对"人"及"人处理问题"的假设是不是也适用呢?
- 你认为该用什么方法才能协助他呢?

任务中心社会工作处置问题适用范畴

Reid(1985)认为,任务中心社会工作适合采用的心理社会问题有八类。

- 1. 人际冲突:是指个人与个人之间互动时所引起的不协调。通常人际冲突是在两个人发生互动时所引起的。
  - 当其中一个人与另一个人的行为不协调或无法接受他人的行为时,更容易产生人际互动的难题。
    - ※ 人际冲突可视为两个人互动的产物,并且是一种负面的互动。
- 2. 社会关系中的不满:指服务对象不满意与他人的关系深度,属于互动双方中某个人的问题。如服务对象说我没有朋友。
  - 若非表现得太过积极或太过退缩,此现象常发生在个人本身而非两个人之间。

- 3. 与正式组织有关的问题：个人与特定组织或机构间的问题，如医院、学校、照护机构之间的问题。例如学校人员不让我回校就读。
- 4. 角色执行困难：个人在执行承续角色(ascribed role)(如父母、配偶、学生、员工等)及获得满足上有困难。例如“我需要学习如何掌控我完成学校作业的时限”。
  - 可能的原因之一，“他如何正确执行他的角色”与“他比较有可能去执行的角色”两者之间产生差距。
- 5. 决策问题：要决定从一种社会情境或角色转变至另一个社会地位或角色，如我要不要继续读书或是退学。
  - 一种是人们对于潜在的改变常处于进退两难的情境中，例如要不要完成剩下的学业？
  - 第二种社会角色转变的问题常在环境有了改变之后才发生，例如一个受保护管束的少年要如何进入职场等。
- 6. 反应性情绪压力：指个人问题是由某一事件或情境促发，例如即将被安置到外地机构，而产生焦虑、沮丧、紧张或挫折等情绪，其中的原因往往不只是他对突发事件不知所措，而且是这种突发事件在他的能力控制之外。其主要的亚型(subtype)为忧郁和焦虑。
- 7. 资源不足的问题：金钱、食物、交通、照护、工作或其他实质资源不足。
- 8. 未被归类的心理及行为问题，但符合此模型对问题的一般定义。

随手笔记................

▶▶ 第六章

任务中心个案工作的问题处置基本原则与流程

一、个案工作问题处置基本原则
二、个案工作问题处置流程
三、研判与指认标的问题
四、任务执行过程中障碍的移除

一、个案工作问题处置基本原则

问题处置五原则

- 任务中心取向的个案工作的基本前提为针对服务对象的心理暨社会问题，探究可能的阻碍和可以催化改变的部分，并协助服务对象界定当前想要和可以解决的问题为何，并采取实际行动来解决问题。
- 任务中心取向认为人是健康的、有潜能的，能力只是暂时性中断(breakdown)，而非把遭遇问题的人视为病态性的，不去探究服务对象问题的历史根源，也不改变服务对象的人格特质、态度与行为。
- 任务中心取向认为改变的主要媒介在服务对象本人身上。所以在协助处理问题时，必须把握以下五项基本原则。
  - (1) 与服务对象建立合作关系。
    - 任务中心取向强调要解决的问题是服务对象自己承认的问题，故要重视服务对象的自决，尊重服务对象的看法。
    - 主张社会工作者与服务对象建立在一种合作关系上，处置问题是在一种短期性的、有组织的、有计划的、有实务性的基础上进行的。
    - 以“服务对象中心”而非“专家中心”，它不但符合社会工作专业的基本假设，并且在社会工作者普遍个案量大的压力下也备受欢迎，也被用来作为家庭处置的引导方法。
  - (2) 必须让服务对象认定改变对他们是有利的和可行的。
    - 服务对象才可以改变他们的行为或采取新的行为，所以服务对象自己应负有找出自己要处理问题之责任。
    - 这一取向之基本精神是真正落实协助服务对象(work with client)，而非替服务对象做事(work for client)。
      - 社会工作者的角色只是让服务对象有改变自己的愿望(wish)和有意愿(will)处理问题(Reid，1985)。
  - (3) 协助服务对象自觉与自决。
    - 任务中心取向重视服务对象对问题的认知与解决问题的动机，要服务对象对自己想要做的事情或想解决的问题有清楚的概念。因此,社会工作者的处置策略就是协助服务对象自觉与自决。

- ❈ 让服务对象清楚觉知自己的问题,并决定自己的目标、策略和行动。由于服务对象有明确的处理方向,社会工作者只要从旁协助即可。
- ❈ 依循社会工作尊重、自决和参与的基本价值,通过协助服务对象探索问题与决定问题处置之任务,使服务对象自决与自我负责。

● (4) 必须清楚定义服务对象的欲求并能采取行动解决。

- ❈ 任务中心取向强调的是——改变的媒介是服务对象,而不是社会工作者(周玟琪等,1995;Reid & Epstein, 1972)。
- ❈ 此一取向要弄清服务对象最重要和最能够去解决的问题是什么,以便能对服务对象的欲求(desires)定义清楚并采取解决行动。

【例如】

◆ **一般性问题陈述**

“有亲子关系困扰和冲突”

◆ **较明确问题陈述**

“和父亲为了使用电脑打电动游戏而争吵”

“父亲不放心少年长时间上网,使考试成绩下降而发生争吵”

● (5) 协助服务对象建构简单且有系统结构的问题解决行动。

- ❈ 协助的主要服务焦点,应该放在采取一种简单而又有一定系统结构的问题解决行动,在短期内应与服务对象共同厘清问题类型,以决定解决方法,使服务对象学习有效解决问题的新方法和技巧,并内化问题处理模式,实现与履行其自身约定的任务,进而解决其问题,增进服务对象日后面对与解决问题的能力(Reid & Epstein, 1972;周玟琪等,1995;廖荣利,1987)。

社会工作者运用任务中心取向之职责

任务中心的协助方式与传统病理模式差异很大,社会工作者必须要把握自己的工作原则:

● 能与服务对象之间有良好的沟通,要使问题的处理更切合实际和可行;

- 研究服务对象的问题、可负担的任务及与任务相关的行动；
- 形成可以共同合作的处置关系；
- 协助服务对象克服困难，以完成任务；
- 鼓励服务对象采取与任务有关的行动；
- 为服务对象提供完成任务可能与可行的方法。

二、个案工作问题处置流程

■ 基本处置步骤（见图 6－1）

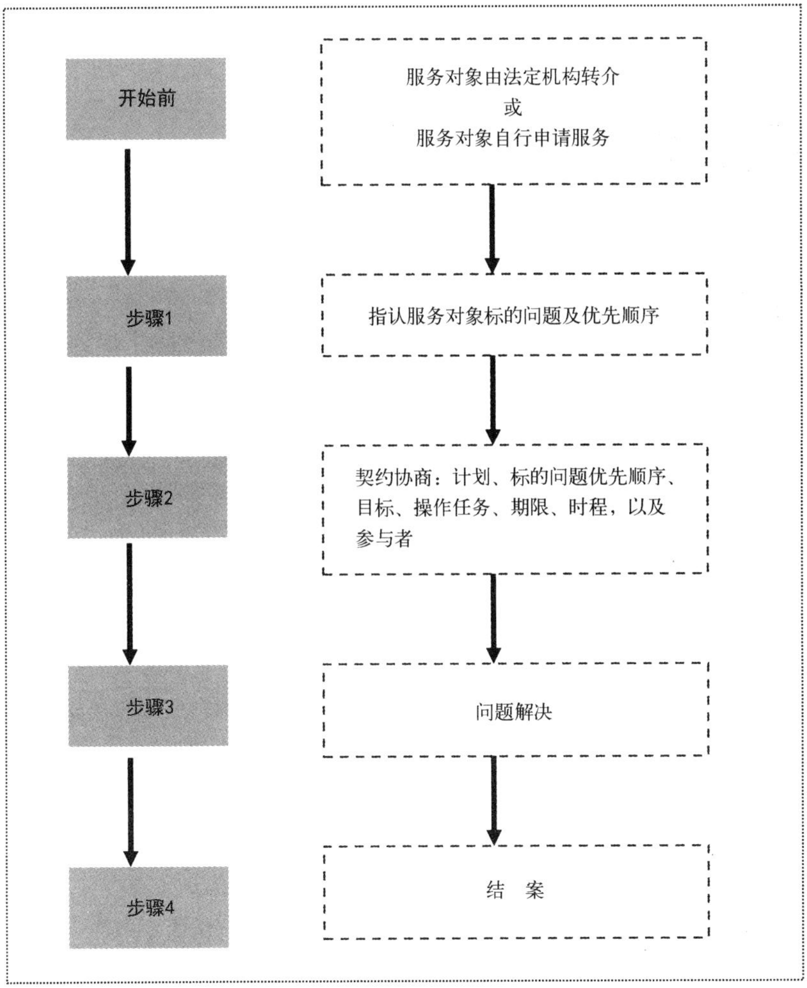

图 6－1　个案工作问题处置流程

■ 各处置步骤之工作内容(见表6-1)

表6-1 任务中心各处置步骤之工作内容

开始前	服务对象由法定机构转介	服务对象自行申请
	找出:转介机构期待目标 协商: ◎ 机构特定目标 ◎ 机构资源可达成性目标	◎ 不需要
步骤1	服务对象对标的问题之定义	
	找出: ◎ 服务对象对问题的定义 ◎ 服务对象对问题的优先顺序(以三个为原则) ◎ 转介机构优先权(被托管或法院强制的问题) ◎ 预备性短暂初期评估——设定所欲处理问题的可行性	
步骤2	契 约	
	涵盖范围: ◎ 标的问题的优先顺序(最多三个) ◎ 服务对象特定目标(可被专业人员接受) ◎ 服务对象一般性任务 ◎ 专业人员一般性任务 ◎ 干预行动持续期间(时间限制) ◎ 会谈进度表 ◎ 干预进度表 ◎ 会牵涉到哪些人	
步骤3	问题解决、任务达成、问题减少 依据需要做选择	
	◎ 清楚具体的标的问题(最多三个) ◎ 重述并指明问题(特定的情况与被改变的行为) ◎ 预估(联结标的问题与目标) ※ 标的问题 ◎ 多常发生 ◎ 在哪里发生(地点) ◎ 和谁发生(参与者) ◎ 什么结果(影响) ◎ 什么意义(重要) ※ 社会脉络(社会地位且发生持续性的问题) ◎ 工作—学校环境 ◎ 经济地位 ◎ 家庭系统 ◎ 同侪系统 ◎ 居住环境 ◎ 文化/种族背景 ※ 认知情绪脉络	

（续　表）

步骤 3	问题解决、任务达成、问题减少 依据需要做选择
	◎ 服务对象特质 ◎ 功能状态 ◎ 个人资源 ◎ 其他评估 ※ 产生替代选择 ◎ 找出且定义问题解决可能性的行动范围 ※ 与支持及合作行动的人和机构进行协商 ※ 决策（确认目标、选择将做什么、对干预策略做细部规划） ◎ 再确认内容与目标 ◎ 确认基础干预 ◎ 规划时间与空间 ◎ 选择参与者 ◎ 获得服务对象同意及了解 ◎ 获得其他人同意与了解 ※ 执行（找出策略） ※ 发展任务 ◎ 明确任务 ● 服务对象同意与了解任务 ● 服务对象了解任务原理原则与奖励 ● 服务对象任务执行的构想计划 ◎ 概述任务 ● 思考预期阻碍 ● 拟出服务对象任务执行的计划 ◎ 摘述任务 ● 拟出服务对象任务执行的计划 ※ 支持任务执行 ◎ 检查未完成的时段 ◎ 取得及使用资源 ◎ 找出资源供给的阻碍 ◎ 获得知识 ◎ 获得指导 ◎ 模拟操作 ◎ 角色扮演、模拟操作、实务指导 ◎ 陪伴服务对象塑造模型及倡导 ◎ 其他 ◎ 找出任务执行中的阻碍 ● 社会环境：资源匮乏、困境、压迫、结构问题 ● 人际互动：疏离、冲突、缺乏合作 ● 心理状态：害怕、怀疑、知识匮乏 ◎ 移开、减少、改变阻碍的行动计划 ◎ 减除任务执行实务阻碍：如：缺乏技巧、合作及其他人的支持

（续　表）

步骤 3	问题解决、任务达成、问题减少 依据需要做选择
	◎ 缓解任务执行认知阻碍：讨论害怕、怀疑、知识匮乏、敌对信念 ◎ 规划与陈述执行者的任务：让服务对象知道执行者的任务、检讨执行者的任务及问题状况 ※ 核对（确认、检测、证明、证实干预可能的影响） ※ 监察（定期记录问题状况——使用结构性符号、数字、图表加以简要叙述说明） ※ 修正契约（或修正部分契约） ◎ 对进行过程不满意 ◎ 进行过程超出预期 ◎ 新的问题产生 ◎ 问题出现不同的症状 ◎ 任务没有执行，缺乏执行 ◎ 支持资源没有起作用 ◎ 执行者任务执行无效或没有执行
步骤 4	结　　案
	结案；延长（依据服务对象承诺）；监管（依据法令规定、法院指定、正式机构要求）

资料来源：修改自 Epstein(1992). Brief task-centered practice. pp. 314.

三、研判与指认标的问题

研判标的问题

- 标的问题（target problem）：指服务对象在社会工作者的协助下，有意愿采取某些适当的行动，以缓和其问题的严重性。
  - 标的问题是服务对象能自己直接表现出来的行为或采取的行动，或是间接通过工作者来处理的事情。例如：
    - ◈ 少年到学校向老师请教第三题数学；
    - ◈ 母亲每周二晚上和孩子一起共进晚餐；
    - ◈ 服务对象到就业辅导站登记就业辅导。
- 由于任务中心假设当服务对象清楚他自己的处置目标、策略和应有的行动时，服务对象自然会有明确的方向，社会工作者协助其处理问题即可。

- 故社会工作者之处置策略为协助服务对象完成其所应进行的行动。
- 与服务对象一起研判（assessment）其所设定问题有无处理的可能性，或是服务对象改变方向之可能性。

➡ 指认（identified）标的问题的第一步，就是尽快做早期研判工作（Epstein，1995）。研判的要点如下：

- 问题多常发生、在哪里发生（地点）、和谁发生（参与者）、什么先决条件（先兆）、什么结果（影响）和什么意义（重要）；
- 社会脉络（社会地位且发生持续性的问题）和认知情绪脉络；
- 社会工作者要评估服务对象所设定的欲处理问题的可行性如何，或是改变服务对象处理问题和方向的可能性如何。

➡ 社会工作者主要工作的关键要素如下（Epstein，1995）：

- 社会工作者必须表现出直接且有反应的态度，以催化信任的会谈气氛；
- 就当下会谈情境中的观察与印象，抓住评估所需要的重要资讯和假设；
- 资讯搜集的范围限定在目前状况和标的问题；
- 就现有资料，选择性地探索与评估服务对象个人特质中的长处与弱点、当前环境下特殊文化种族因素、家庭与同辈关系以及工作与学校状况等；
- 就上述资料，整体描绘服务对象人际关系、态度和沟通行为的整体印象。

指认标的问题的六大重要原则

➡ 原则一：标的问题必须是服务对象确认的，并表示愿意加以处理的问题。

- 所处理之问题一定是服务对象所说的问题。
  - ❖ 如果服务对象所提出的问题并非能处理，或不合伦理等情况时，可以先接纳服务对象的想法和欲求，再挑战那些不可解决或令人无法接受的问题定义。
  - ❖ 服务对象不合理的要求，如要求被遗弃的配偶回来，或服务对象要求配偶先登报道歉后再讨论如何复合。
- 先接纳服务对象对优先事件的界定，而后提出额外的问题，以呈现不被服务对象接受或了解的问题。
  - ❖ 必要时要求他人参与，以便能对服务对象如何认知其主要问题形成初步的共识。

- 协助服务对象界定问题类型，并将问题具体化，以便后续问题的处置。
  - ❖ 了解问题何时、何地发生等细节，对问题类型的界定非常重要。
- 若社会工作者(或机构)判断问题并不足以成立，服务对象可借由社会工作者的协助，以认清其困难所在；即经由协助而认清自身的"标的问题"。
  - ❖ 不过，这并不表示我们所欲处理的问题，一定是服务对象所说的和他所想要处理的问题。
- 服务对象和社会工作者对所欲处置的标的问题应该一致。
  - ❖ 我们应范定社会工作者的观点，对服务对象想改变的问题进行连接，并提出专业观点，协助服务对象澄清有无不易执行之处。
  - ❖ 服务对象和社会工作者对所欲处置的标的问题看法应该一致(congruence)，社会工作者不要同意自己内心有异议的目标。
- 当服务对象的权力、自主及自决与社会工作者专业的伦理道德信念有冲突时，你可决定是否继续服务你的服务对象。
  - ❖ 如果涉及伦理和法律责任之间的决议，你会面对紧张的关系。
  - ❖ 服务对象的目标可能与你的价值观互为矛盾，而当服务对象因未分享你的价值观，以致对目标持有异议时，会影响与服务对象间的委任关系。
  - ❖ 伦理与法律两者，可能会影响目标的可行性。有时选择遵守法律会造成你对服务对象的伦理义务过失(Kutchins, 1991; Reamer, 2005)。
- 服务对象和社会工作者要注意避免出现双重进程(double agenda)。
  - ❖ 双重进程就是服务对象和社会工作者彼此都有各自想要处理的问题，这会造成服务对象出现抗拒或逃避行为。
  - ❖ 协助服务对象用自己的方式叙述问题，以确认潜在问题，而后摘要并测试社会工作者对问题的知觉是否正确。
  - ❖ 在此步骤中，最重要的便是协助服务对象界定问题类型并将问题具体化，以便后续问题的处置，了解问题何时、何地发生等细节。
- 对于问题类型的界定，社会工作者可以运用根据任务中心模式所界定的八大类型问题所设计的问题类型表(表 6 - 2)(Judith and O'Byrne, 1998)，可由服务对象自行勾选，再和社会工作者讨论。
  - ❖ 此一处置方式可以让服务对象充分思考自己的问题，而社会工作者也可以发挥协助者的角色。

表 6-2　任务中心模式八大问题类型评量表

问题类型	问题严重性				
	无	很低	一些	很多	严重
人际冲突					
社会关系中的不满					
正式组织的问题					
角色执行困难					
社会情况改变的问题					
反应性情绪压力					
不当的资源或资源不足问题					
其他问题					

资料来源：Judith M. & O'Byrne P. (1998). Assessment in Social Work. London: Macmillan Publishers Limited.

原则二：研判标的问题的属性和范围。

- 服务对象所指认的标的问题必须在双方现存的可利用资源与能力的范围内，才可以处理。
- 舒缓问题的关键在于服务对象身上。

【例如】

1. 服务对象同意问题在他身上，而不是在他的父母身上或他配偶身上。

2. 服务对象同意必须由他主动跟孩子沟通，而不是归因于自己没有时间。

3. 服务对象承认是他自己由于害怕没有朋友，因而没办法拒绝同辈的邀约。

- 掌握服务对象重要他人的期望。
  - 一定要清楚服务对象环境中重要他人对服务对象的期望，这将会影响对问题的界定。
  - 尤其是服务对象所面对的问题和他人共有的话，则更需要将服务对象重要他人的期望纳入考虑。如亲子教育问题中，指认要处理“孩子习惯性说谎的行为”。

原则三：标的问题必须是服务对象所能处理的，并且依序排列出处理顺序。

- 依关心的程度，与服务对象一起列出各个问题。
  - ❖ 当社会工作者要协助服务对象确定标的问题时，首先要依照服务对象显现的关心程度列出各问题。再依其问题和不同层次，帮助服务对象澄清其问题。然后对问题重要性程度的顺序加以排列，也可依服务对象自己的能力而定。
- 决定服务对象想要或法令要求改变的程度。
  - ❖ Hepworth 等人(2010)指出，参与决定明确目标和澄清期待后，接下来的步骤是明确定义它们，并决定服务对象想要或法令要求改变的程度。至于决定想要改变的程度，可用的讯息如下例。

【例如】

- ◆ 社会工作者：你说你想与太太有较好的关系，并且已试着开始不要警方介入。那么有哪些是你能明确做出的改变？
- ◆ 服务对象：当我太太激怒我时，我会走开，并避免打她。等到我们两个心情较好时，再一起来谈。

- 澄清服务对象的欲求与现实需要，使欲求切合实际。
  - ❖ 帮助服务对象依其问题和不同的层次，澄清其问题的心理欲求与现实性需要。服务对象愿意处理和想要处理的问题，不一定是合法的，更不一定是服务对象能够处理的。
  - ❖ 所以这并不表示我们所要处理的问题，一定是服务对象所说的问题。但是我们应范定我们所想要的改变与服务对象想要改变之间是能相连接的，并且与服务对象一起澄清和确认。
  - ❖ 社会工作者应该从服务对象外显行为来推论，然后再与服务对象核对，确定与服务对象的看法一致。
- 对于服务对象各个标的问题加以归类，以确定问题类型。
  - ❖ 此一步骤很重要，可作为选择任务和处置方式的依据。除此之外，还要对标的问题做更深入的探究，而且要对其特定性质详加说明，并尽可能缩小范围，以便易于处理。

原则四，标的问题必须“明确具体”。

- 标的问题要切合实际。
  - 标的问题要有一定的范围，而且要具体实际，才能有助于问题的解决。不能是抽象而又空洞的陈述。

【例如】

1. 夫妻间沟通的问题。
2. 夫妻对子女管教方式和态度不一致。
3. 甚至可以再更明确点说，夫妻两人对孩子几点钟上床有不一致的看法。
4. 少年与父母沟通有问题或少年与父母之间了解不够。
5. 少年与父母亲之间没有分享各自在学校和工作上情况的习惯。
6. 少年和父母亲之间对“几点钟回家才是安全的”有不一致看法。

与支持及合作行动的人和机构进行协商

原则五，标的问题必须具有可行性。

- Hepworth 等人(2010)指出，定义明确的标的问题可具体化想要改变的程度，而标的和改变的程度，则要符合服务对象的情况。只有这样，服务对象才能持续性地改变并无限成长。
- 在决定标的问题之前，要评估标的问题的可行性与相关的利益和危险。

【例如】

◆ **一般性问题陈述**

社会工作者：你说当太太激怒你时，你想要走开，避免打她。我相信你能坚定意志，因为你想改善你与太太的关系。但你想想看，有没有什么会妨碍你走开的可能？

服务对象：一开始要离开争吵的场面是有困难的，特别是她一直对着我吼叫，或是她跟着我出门、歇斯底里地喊叫，或是在众人面前让我失面子。我想假使这些事情发生了，我仍旧会走开，我不想打她，因为我不想再应付警察了。

请练习写下来……
少年不接受父母的管教方式
亲子之间没有沟通习惯

- 与支持及合作行动的人和机构进行协商，看他们对标的问题的看法，以及要如何处理。要特别注意是否能配合相关资源。

原则六，以正向方式陈述标的问题(见表 6 - 3)。

- 拟定标的问题时，应该尽量以正向方式来陈述。
- Hepworth 等(2010)指出，让服务对象清楚他被期待表现出何种行为，鼓励服务对象表现出正向行为，将有助于在回顾每个标的关系和结束阶段时，清楚地了解和确认目标的达成度。

表 6-3　负向与正向标的问题说明

负　　向	正　　向
服务对象缺乏独立生活能力	服务对象能够独自一个人在家里生活
消除或减少喝酒的次数	从一次只看一天清醒次数，达到逐渐增加日日清醒的次数
降低虐待行为的事件	从激动愤怒的情境中走开
增加情绪管控	自我对话是否达到目标

资料来源：修改 Hepworth et al.，(2010). Direct Social Work Practice: Theory and Skills. Belmont, CA: Brooks Cole, a Cengage Learning Company.

决定解决标的问题的目标（确认目标、选择将做什么、对干预策略做细致规划）。

- 再确认内容与目标。
- 确认基础干预。
- 规划时间与空间。
- 选择参与者。
- 获得服务对象同意及了解。
- 获得其他人同意与了解。

请练习标的问题的指认

四、任务执行过程中障碍的移除

服务对象处理问题上常见的障碍

想一想

- 人在缺乏任务完成的动机或决心时，会有哪些行为表现？会说什么？该如何判断？
- 当个人对于“以工作者为中心的任务”有负面情绪感受时，会有哪些行为表现？会说什么？该如何判断？
- 对于要完成的任务有误解或非理性恐惧时，个人会有哪些行为表现？会说什么？该如何判断？
- 当个人因为害怕自己跟别人接触而显现担心“社会技巧”不足时，会有哪些行为表现？会说什么？该如何判断？
- 你认为该用什么方法才能协助他呢？

- 在任务执行过程中，服务对象常见的障碍包括：
  - 对完成任务缺乏决心。
  - 对于以社会工作者为中心的任务有负面情绪。
  - 对处置有误解与有非理性恐惧等。
  - 社会技巧不足。

要适当处置服务对象的内在心理反应

- 接触的第一阶段，常要中性化服务对象难对付的情绪(untoward emotion)。
- 诱发并澄清服务对象心里的不安且理性分析。
- 随时对服务对象的非语言线索保有警觉性。
- 需要更注意服务对象在执行行动上的犹豫与不安。
- 如果这些反应出现时，应该进一步探讨可能未被觉察的障碍，才能够帮助服务对象处理，使服务对象有真正行动。

面对改变或完成任务的焦虑

1. 有时适度的紧张与焦虑具有正面的激励作用，可以激励服务对象采取新的冒险行为来完成任务。但是，过度的焦虑则会妨碍服务对象执行任务。

2. 如果服务对象提起任务未完成时，工作者就应该考虑所安排的行动任务可能不成熟，或仍有障碍存在。

请想一想，并将答案写下来……

服务对象的“非语言线索”会有哪些？非语言行为呈现何种讯息？

服务对象抗拒和障碍的移除

服务对象对完成任务有决心(commitment)是重要的因素。

- 服务对象的决心、动机(motivation)、意愿(willingness)与准备程度，是任务完成的必要要素。
- 决心是指改变的意愿。
- 准备程度则是因有障碍而导致的意愿缺乏。
- 当服务对象的决心不够时，遇到障碍就容易退却，所以必须跟服务对象说明他的不安与犹豫是自然的，尤其是要在尝试新的行为或完成任务时。
- 服务对象准备不足时，工作者也应运用支持性技术来协助服务对象。

请想一想，并将答案写下来……

要如何判断个人执行改变任务的决心？

当个人决心不足或决心很够时，会有哪些行为表现呢？

判断与增加服务对象改变决心或动机之技术

- 如何判断服务对象之决心。
    - 工作者可以让服务对象自己对准备程度(从1分到10分)给予一个量度。当服务对象给予较低的分数时,即代表决心不足。
    - 会抱怨是别人阻碍他。
    - 被动地等待别人采取行动。
- 增强判断服务对象决心的技术。
    - 必须仔细地澄清服务对象与他人之间的互动过程,以及存在于个人内在心理中的一些困难。
    - 检视目前的困境与服务对象行为之间的关系。
    - 指出完成任务可能带来的潜在好处,以增强处理问题的决心。
    - 采用面质的方式帮助个人了解其目前的处境与他个人之间的关系,或等待别人来做改变将会是什么处境。
    - 服务对象持续表示缺乏意愿处理问题时。
        - 直接质问服务对象改变的意愿,以及"若这样下去是否能让问题结束/解决吗?"
        - 可以鼓励服务对象,如果愿意持续行动的话,是有可能结束目前的处境的。
    - 其他增强动机的方法。
        - 可以通过提供诱因的方式增强动机。
        - 事先充分地预演问题处理的行为,以降低服务对象的不确定性感受。
        - 当服务对象处理问题时,应随时对表现较好之处给予较高的奖赏。
- 判断与处理服务对象的犹豫。
    - 有时服务对象明显犹豫不决,就必须进一步探讨他们为何保留。

【例如】

不看工作者,讲话、讨论任务时结巴,讨论任务时不热衷、改变话题、变换姿势、身体肌肉与面部表情紧绷等。

请想一想，并将答案写下来
当服务对象持续处于犹豫的状态时，该如何处理呢？

- 处理服务对象犹豫的技术。
  - 建议社会工作者接受服务对象的疑虑，并避免去说服服务对象再进行下去。
    - 评估服务对象的疑虑是现实的还是来自不合理的恐惧(如：父母犹豫对孩子设下限制，怕失去孩子的爱)。
    - 若碰到这些夸大的恐惧，社会工作者应帮助服务对象了解这些恐惧可能是问题中的一个重要动力，若让这些非现实的恐惧阻碍追寻一个有价值的目标是不幸的。而服务对象可能会选择先解决这些恐惧再谈目标。
  - 建议服务对象需要时间思考其决定。
    - 社会工作者需表达愿意与服务对象一起思考，谈服务对象的感觉与思虑，这将有助于澄清问题与解除疑虑。
    - 千万不要给服务对象一定要继续下去的压力。
  - 协商这样的中介目标减少了主要目标的威胁性，也加强了服务对象准备进入签订契约过程的动力。
- 提升服务对象的社会技巧。
  - 服务对象觉察需要改变，但不一定会去改变，可能是缺乏如何完成任务的技巧和经验。
    - 例如，服务对象害怕处理事情拙劣，出现可笑的结果，而使他们的自尊陷入冒险情境中。
- 提升服务对象社会技巧的技术。

- 示范：工作者必须先示范完成任务的必要技巧，并要服务对象试着在真实生活中面对问题时尝试使用这些技巧来处理问题，以便激励服务对象采取实际行动。

【例如】

服务对象“要能以适当方式拒绝朋友不当的请求”时……

◆ **演练**：可以让服务对象多次演练，以确保服务对象能够真正了解在现实的生活中妥善处理问题的重要性，并且有信心能够达成任务。

◆ **示范**：工作者必须要能够表现一个模范，能够适当来处理问题，再给服务对象机会讨论他的疑问。

第七章

任务中心个案工作目标设定及协商契约

一、目标的意涵、功能与种类
二、目标设定的技巧
三、目标协商的过程
四、拟定契约
五、任务中心取向个案工作契约拟定范例

Berg与Hopwood(1991)等人发现：目标在没有事先与服务对象协商的情况下会有负向结果。这源于社会工作者与服务对象各有不同的目的。

一、目标的意涵、功能与种类

目标是什么？（见表7-1）

- 明确指出服务对象要完成什么事情或表现什么行动。所以目标就像是地图一般，首先要完成的就像是出发点(starting point)，而结果(outcome)就是想到达的终点站。
- 目标必须阐明服务对象想要达成的期待。
- 目标显示服务对象想要的改变，其与服务对象期待和需要相符。
- 如果服务对象是非自愿的，目标就需包括如何满足法律条文等一些强制性要求。

目标的功能

- 确定社会工作者与服务对象有一致要完成的目标。
- 提供助人历程的方向与持续性，避免不必要的摸索。
- 协助发展与选择适当处置策略。
- 协助监控服务对象进步情形。
- 将评估处置方法的有效性作为处置结果的评断标准。
- 如果关注的特定标的(specific target)能有明确的执行标准，则将充分发挥目标的功能。

表7-1　预估、标的问题与目标

预估摘要	关注的标的问题	目标
服务对象83岁，出于安全考量，认为他无法待在家里。但是他想留在家里拥有独立性，而不愿意离开家。他知道他需要协助。如果丧失独自生活的能力，他将被强制送到安养机构中	服务对象有能独自在家生活的能力	● 在安全的环境中生活 ● 保有他的独立性

资料来源：修改Hepworth, et al.,(2010). Direct Social Work Practice: Theory and Skills. Belmont, CA: Brooks Cole, a Cengage Learning Company.

目标的种类

- 目标分为不连续目标和持续目标。
  - 持续目标是指多次的持续行动，其进展是逐渐累积的。
  - 不连续目标是指一次行动或改变即可解决或减轻的问题。如改变环境（换学校就读）。
- 决定目标种类的因素是包含哪些要改变的系统或次系统。对个别服务对象而言，其常关注个人内在次系统及其与社会环境的互动。
- 个人目标可改变个人内隐与外显的行为。例如认知、情绪或人际行为的改变。
- 在较大的系统中，目标可能是系统中成员所共同持有的（分享的目标），或是互相同意交换不同的行为（互惠的目标）。
- 改变目标在夫妇、家庭或团体中进行时，服务对象通常包含改变系统中的全体参与者。

二、目标设定的技巧

选择和范定目标的基本原则和技巧如下。

- 目标须与自愿服务对象所要的结果相关。
- 以服务对象所想要的方式来协商，并陈述目标。
- 为非自愿服务对象设定的目标，应尽可能与其动机相符合。
- 目标必须与机构的功能相符。
- 目标必须是可行的。
  - 服务对象希望达成的目标，在服务对象的生活中必须是可行的，而非无法达成的梦想。
  - 服务对象与所处的环境是一种互动的关系。改变往往需要由服务对象开始，而非期待他人改变。因为希望别人改变超过了服务对象控制的能力范围。
- 目标必须与社会工作者的价值、知识与技巧相一致。
  - 目标应用正向的语词叙述，并强调成长（见表 7－2）。

- 避免同意社会工作者心里并不太同意的目标。

表 7－2　负向与正向目标问题说明

负　　向	正　　向
减少家庭成员的批评	增多家庭成员觉察彼此优点的机会，并增加表达正向讯息的次数
排除家庭成员的冲突	立即指出成员之间的不一致，使用建设性方式处理
消除或减少喝酒的次数	从一次只看一天的清醒次数，到逐渐增加日日清醒的次数
消除对孩子的吼叫及体罚	运用新方法来影响并教养孩子，例如对自己和小孩运用“暂时中断”
消除次团体及团体成员中不参与的行为	联合团体成员，使大家能集体合作，并使每一成员都能参与

资料来源：修改 Hepworth，et al.，(2010). Direct Social Work Practice：Theory and Skills. Belmont，CA：Brooks Cole，a Cengage Learning Company.

目标应定义明确，使用和设定可测量的目标。

- 使用明确的语言定义，而非一般语言。

请思考以下的目标陈述语句，并改写为可测量的目标陈述。

- (1) 加强与家人的沟通。
  - ❖ 增加表达关心之行为，或每周一次一起外出共进晚餐。

▶可用的讨论语句

“当你更能面对自己已经是＊＊的事实时，你会做些什么？想些什么？和现在有什么不同？”

- (2) 加强服务对象的情绪管理。
  - ❖ 当服务对象生气时，能以平静的口气表达不满意。

设定外显改变的目标：可借由他人观察来精确测量

请思考以下每一组目标陈述语句，并思考它们的差异。

- (1) 协助服务对象找到工作。
  - ❖ 到就业服务中心收集三种就业资讯。
- (2) 能按时写功课。

❖ 每天晚上会在看电视之前把作业做完。

设定内隐改变的目标：仅能由服务对象自行测量

请思考以下每一组目标陈述语句，并思考它们的差异。

- (1) 改正容易自怨自艾的个性。
  - ❖ 减少对自己贬抑思考的次数。
- (2) 提升服务对象的自信心。
  - ❖ 增加对自己优点表现的觉察。

设定正向目标之原则

应着重在服务对象有利的改变或生命当中累积收获，并将服务对象的成长作为目标达成的指标。

设定正向叙述的目标

改善服务对象容易受他人影响的个性。

- 提升服务对象之判断力。
- 增加服务对象对自我想法的觉察。

改善服务对象负向悲观的想法。

减少对同辈的批评。

请想一想，并将答案写下来……
要如何判断个人是否准备好要协商目标？其会有哪些行为表现呢？

三、目标协商的过程

- 目标拟定是一个非线性过程。常会花比较多的时间在听服务对象述说故事上，还要去逐一讨论可能也有哪些选择、哪些要优先做。再者，社会工作者是具备专业知识、可以协助别人具体化问题和处理问题的专家，而服务对象是了解自己问题脉络的专家，而这两方都有可能有所坚持。
- 决定服务对象是否准备好要协商的目标的因素。
  - 追求目标始自服务对象表达的需求（need）或“想要（want）”，或服务对象（非自愿）因为他人的期待而要做什么。
  - 如果能让服务对象表达他所关注的是什么，而且支持他所想的改变，他会因为有参与感而被激励起动机。
  - 服务对象参与拟定目标不仅是一种“理所当然”，也可以使服务对象在处理问题时，感到被增权和有效能。
  - “服务对象参与”不仅是被服务对象视为处置程序有公正性的方式，而且是社会工作服务的基本原则。
  - 通过服务对象的参与，社会工作关注服务对象文化特质、社会正义和反压迫的本质得以实践。
- 解释选择和定义目标的目的。

▶可用的讨论语句

1. “选择目标确保我们都试着要完成同样的事情。而这也给了我们方向，让我们不会走弯路。”
2. “有目标，我们可以评估你的进步、了解我们的努力。”
3. “目标代表你最重要的改变。我对目标订立有些看法，可能与你的目标相同，也可能不同，我会与你一起分享和厘清哪些是你认为最重要的目标。”

- 从服务对象引导出目标，建议可能的目标，然后共同选择适当的目标。
- 若服务对象确认目标有困难，你可以提醒他们在探讨过程中所提的问题和需求，并建议他们针对问题提出想要的改变。

- 在服务对象定义目标时，社会工作者要做记录并向其解释目标的重要。当服务对象叙述目标时，社会工作者可以加入意见，以澄清或重新清楚说明其意义或增强它的明确性。但绝不要随意更改服务对象的目标，而应获取他们的同意后再来修改词句。

▶可用的说明语句

1. “你订了要守时的目标，是不是有障碍存在？”
2. “若你准时出席开会，那结果会是什么样的情形呢？”
3. “你订了要守时的目标，若你达到了目标，那会是什么样的情形呢？”
4. “你订了要完成这个学期学业的目标，若你达到了目标，那会是什么样的情形呢？”

- 当服务对象需要用心去完成目标且按照一般常理的速度改善时，服务对象较会有成就感，较易负起责任，也较容易提高服务对象的个人自尊。
- 明确地定义目标，并说明服务对象想要改变的程度。
- 决定标的目标的可行性。
  - 在决定目标前，必须要评估目标的可行性。
- 讨论标的目标潜在的利益与危险。
  - 讨论达到目标时可得的利益，会加强服务对象更努力去完成的动力。
  - （对服务对象）：“达到这个目标时你预期获得什么样的益处？”
    - 社会工作者有义务评量服务对象为达到目标可能要冒的风险。
    - 例如，向一个不公平的雇主争取应得的权利，服务对象可能会失去工作。
- 帮助服务对象选择他们要认同的特定目标。
  - 加强服务对象处理问题的决心，避免犹豫不决。
  - 当非自愿服务对象有强制法定委管的目标时，要确定他们有被告知“他们如不执行这些目标的后果”。
- 根据服务对象的优先顺序，决定目标顺序，并且将法律命令委管的目标列为优先。

▶可用的说明语句

“你已订了这些目标,但你还没决定它们的优先顺序。我建议你从最重要的目标开始,依次决定所有目标的顺序。”

- 此一步骤的目的在于确保改变的努力是针对服务对象最重要的目标的。
- 要使服务对象负更多的责任,加强其参与,并加强他们达成目标的动机。因为不可能同时向着所有的目标努力,其中有些目标会有比较明显或快速的结果。

四、拟定契约

在任务中心取向中,强调短期处置与问题解决。

- 社会工作者与服务对象共同界定处置期限与处置问题的程度,以协调双方彼此期待的差距。

拟定契约是共同确认所欲解决问题和采取行动的过程。

- 有时契约可以采用口头约定,有时可采取文字的方式订约,不过服务对象和社会工作者双方都要清楚到底要做什么。
- 如果服务对象无法缔约时,应由照顾者处理。最后要注意的是,契约随时可以修正。

契约的功能(Reid,1978;周玟琪等,1995):

- 提供服务对象与实务工作者一个清楚双方应该如何共同努力的借鉴,并通过契约达成他们期待要有的改变。

▶可用的说明语句

1. “你订了要戒烟的目标,若你达到了目标,那会是什么样的情形呢?”
2. “你订了要完成这个作业的目标,若你达到了目标,那会是什么样的情形呢?”

▶可用的讨论语句

1. “你可以预见有什么样的优势会加快你达到这个目标?”
2. “如果按照现在所订的目标去执行,可能会有怎样的好处呢?”

- 契约有哪些介入活动受以下因素的影响:
  - 计划的合适性(suitability);
  - 良好结果资讯的可信度(reliability);
  - 服务对象的偏好和隐性动机;
  - 机构的风格与要求;
  - 服务对象情境中的机会与限制。
- 契约的主要内容。
  - Epstein(1995)指出契约的主要内容包括以下几点。
    - 以服务对象角度陈述他同意的主要标的问题,可以一个或数个,最多三个。
    - 明确的目标:用认知或行为的词汇,从服务对象的角度列出界定干预所欲结果的优先顺序。
      - 目标是服务对象描述的期望结果,而且也是工作者想要达成的。
    - 服务对象的任务:以行为或认知词汇清楚地列出服务对象要做什么。
      - 任务可以包含好几部分,也可以是单一任务,并且在必要的时候可以做修正。
    - 服务对象任务完成的责任:服务对象在执行任务时所应担负的责任;记录未能完成任务的影响因素、完成后的奖赏,以及其他必要的要求或规则。
    - 工作者的任务:支持服务对象有效执行任务。
    - 干预期限:大约要持续的时间,通常在8至12次以内。
    - 会谈进度表或干预进度表:估算干预进行的方式与问题处置的顺序。
    - 参与者:有哪些人会参与。
    - 地点:每次会谈在哪里进行。
- 社会工作者在契约协商时的任务:

- 确保契约的执行；
- 协助服务对象获得所需资源；
- 教导服务对象社会技巧，使其有能力执行任务；
- 以良好态度和家庭成员及其他机构磋商；
- 回顾服务对象在问题解决上的进步情形；
- 安排结束工作、评估契约执行情况。

五、任务中心取向个案工作契约拟定范例

契约拟定范例及说明

⇥ 本范例以某位初入职场、担任助理工作的人为例，服务对象经常无法准时完成职场要求的工作，且错误很多。处置标的问题有二：

- （1）完成研究资料处理；
- （2）准时且正确完成报告初稿。

⇥ 撰写原则：从服务对象角度陈述他同意的主要标的问题，可以一个或数个，最多不超过三个。

一、目标

⇥ 撰写原则：

⇥ （1）用认知或行为的词汇，从服务对象的角度列出界定干预所欲结果的优先顺序。

⇥ （2）目标是服务对象描述的期望结果，而且也是工作者认同的。

- 例如：
  - ❖ ① 能够写出一份有顺序且能够操作的工作步骤清单；
  - ❖ ② 能够按照工作步骤清单的时间依序完成工作；
  - ❖ ③ 准时且独立完成资料分析工作……

二、任务

⇥ 撰写原则：

- （1）以行为或认知词汇清楚地列出服务对象要做什么。

● (2) 任务可以包含好几部分,也可以是单一任务,并且在必要的时候可以做修正(见表 7-3)。

表 7-3 目标与任务范例及练习

任 务	次任务(行动)
1. 问卷统计分析、表格制作正确且如期完成	1-1 思考并写下废卷挑选的标准 1-2 与主管讨论所拟定的废卷挑选标准 1-3 依据讨论定案的标准将废卷剔除 1-4 将有效问卷登录 SPSS 录入 1-5 用次数分配功能输出录入结果,并且印出来检查是否有误 1-6 修正录入错误处 1-7 完成描述性统计(包含次数分配、平均数、标准差),并将报表列印输出 1-8 检查描述性统计输出是否有错误处,并修正之 1-9 向主管递交输出结果 1-10 依据与主管的讨论结果修正 1-11 再次向主管递交修正后的输出结果 1-12 制作完成描述性统计表格 1-13 检查描述性表格数字填写的正确性 1-14 向主管递交描述性统计表格 1-15 思考并列出需分析的推论统计内容 1-16 与主管讨论确认所推论统计分析方法与内容 1-17 进行推论统计分析,并输出报表 1-18 检查推论性统计输出是否有错误 1-19 向主管递交输出结果 1-20 依据与主管讨论的结果修正 1-21 再次向主管递交修正后的输出结果 1-22 制作完成推论性统计表格 1-23 检查推论统计表格数字填写的正确性 1-24 向主管递变推论性统计表格
2. 访谈记录正确且如期完成	2-1 确认录音档存取完成,并存取档案复本避免遗失 2-2 参考过去记录方式,并写下一段访谈摘要(如: 每一句话都记,但不必记语助词……) 2-3 与主管讨论记录方式的正确性 2-4 确认三份访谈记录的时间长度,并预估需花费的时间 2-5 写下登打记录需花费的时间(如: 一小时的档案约需三小时记录) 2-6 规划记录完成期间所需进行的工作 2-7 执行访谈记录登打 2-8 每完成一份记录即列印出来,并检查记录语句通顺与错字 2-9 每完成一份记录即递交主管,并讨论记录正确性
3. 统整并比较量化统计资料与质性访谈资料	3-1 3-2 3-3

三、完成任务的责任

撰写原则：指服务对象在执行任务时所应担负的责任；记录下未能完成任务的影响因素、完成后的奖赏，以及其他必要的要求或规则。

例如：

- 要注意并写下每个步骤无法依照预估执行时间完成的原因；
- 按进度完成当日预定的工作时，需预留30～50分钟做一件自己喜欢的事情；
- 不知如何执行该项步骤时，应立即询问相关人员或主管，不可延后或跳至下一个步骤。

四、社工的任务

社工的任务以支持服务对象有效执行任务为主。

例如：

- 每日以电话联系服务对象，了解其执行情况；
- 确认所需资源，包含主管、同事、电脑相关软体等；
- 通过角色模拟演练，与服务对象练习呈报或询问相关问题的社会技巧；
- 与主管、同事说明服务对象改变的任务内容，并取得同意与支持；
- 每周定期与服务对象回顾在解决问题上的进步；
- 安排结束工作评估契约执行情况。

五、任务执行期程

指出大约要持续多长时间(通常是在8至12次以内)。

- 例如：依据报告递交期限(距离目标与任务协商2个月)，每周定期会面讨论1次，共计8次。

六、任务执行进度(干预之行程)

估算干预进行的方式与问题处置的顺序。

- 例如：在目标与任务协商后3周内完成第一项任务。

七、参与者

执行任务过程中，可能涉及的相关人士。

- 例如：主管、同事。

八、地点

是指任务执行过程中，可能涉及的会面地点、方式等。

- 例如：在任务执行过程中的联系方式、定期会面地点。

随手笔记................

第八章 明确拟定完成目标的各种单独、却有连接性的任务

一、拟定任务

二、任务执行

三、监察、评估与结案

一、拟 定 任 务

任务之本质与意义

- 人会采取各种实际行动来反映生活需要。
  - 每一个人在日常生活中都有许多事情要做。
  - 如何顺利完成而不出错，必须做好一连串相关的动作。
- 任务(task)是指“个人解决问题所需要的努力或行动表现，亦即特殊的问题解决行为(special problem-solving behavior)”。Bartleet(转引自 Reid & Epstein, 1972)指出“任务的概念是一种描述生活情境对人们的要求，同时也是服务对象所同意试图疏解的问题”。任务与日常生活经验有关，例如学校的学习、财务处理、分离情绪控制等。
- 任务指出要做什么，而目标(goal)是指任务完成后应有的情况。换言之，两者关系密切(见图 8-1)。
  - 目标是改变努力的最后结果，而任务是用来达成目标的策略(Reid, 1992)。

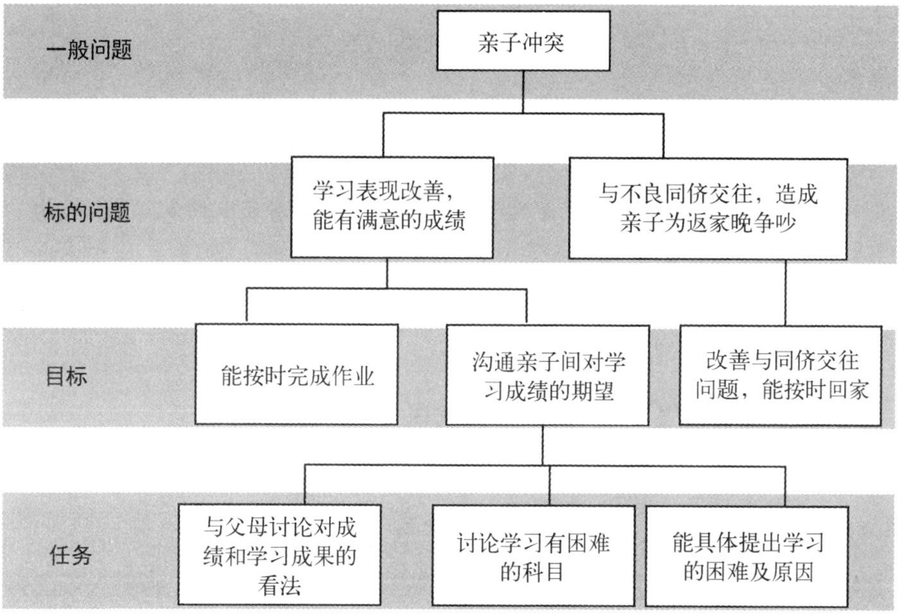

图 8-1　目标与任务的联结范例

❖ 如标的问题是想要达到准时上班的情况，目标则是准时到班打卡，而任务就是请提前准备好明天的公事包，设定闹钟或打电话请饭店柜台通知等。

- 在解决问题上，为避免流于空泛、无焦点，研拟行动的任务就显得尤为必要，将有助于问题处置(Reid, 1978)。
  - 任务中心取向在研拟任务的过程中，要看服务对象怎么分析这件事情和如何处理这件事情，即培养服务对象如何有效处理问题的媒介。
- 任务中心取向认为任务是服务对象的目标和行动，故任务为服务对象所同意试图疏解问题的行动。

【例如】

1. 陈先生想要更准确地了解他孩子的行为。
2. 林先生要找一份可以使他维持他与家庭生活的工作。
3. 许先生想要筹募缴纳医疗费用的经费。

- 因为标的问题是指服务对象能直接自己表现的行为，或间接通过社会工作者来处理的。
  - 服务对象对于目标、策略和自己的行动也是清楚的，所以服务对象有明确的行动方向，而社会工作者采取协助方式处理即可。

【例如】

1. 服务对象想要尽快离开安置机构返家，任务可以设定成“在机构半年内的表现能够取得安置机构社工与街道社工的信任，并在评估中被认为自我效能有提高”。

2. 服务对象想要获得高中学历，任务可以设定成“在考试前三个月内能够依照进度复习完考试范围内的课程内容”。

- 行动(action)指个人达成既定结果的作为。
  - 行动结果可以对意图性的行为表现提供回馈，这将直接影响个人信念，并间接影响欲望。

- 服务对象的行动为问题改变提供重要手段。
- 服务对象所要采取的行为是解决问题的最有效作为(Reid, 1978)。

【例如】

1. 要达成“减少牙痛”此一任务,其行动可能是“拔牙”,或“三餐饭后使用牙线、睡前以正确方式刷牙”等。

2. 要达成“交到男/女朋友”此一任务,其行动可能是“查询可以参加的户外社交活动”“选择并多参加符合个人兴趣的户外社交活动”“依据场合挑选适合自己的衣着”……

个人选择的解决问题的行动,不见得最适当。

请想一想,并将答案写下来……
要达成安置少年“在机构半年内的表现能够取得安置机构社工与街道社工的信任,并在评估中被认为自我效能有提高”此一任务,其可能的行动有哪些?
要达成少年“在考试前三个月内能够依照进度复习完考试范围内的课程内容”此一任务,其可能的行动有哪些?

请想一想，并将答案写下来……

如果少年告诉你“同学当面讲我坏话，觉得被误会，想要辩解又不知道该怎么说，让我心情很差。我不想让别人误会我，我想改变他们对我的看法”，你会如何设定任务及行动呢？

任　　务	行　　动
1.	1-1.
2.	2-1.
3.	3-1.

任务与处置目标的关系

- 任务与目标两者属于手段和结果之锁链（means-ends chain），或手段与结果一体之两面，全在于事件如何建构。

【例如】

1. 服务对象想离开母亲（婆婆），故立即性处置目标为离开家，而此又是疏解服务对象与母亲人际冲突问题的手段。

2. 若事件为未来努力期望的结果，则为目标，但也可视为达成未来状况的手段。

- 服务对象要采取解决问题的行动，可被视为问题本身（见表 8-1）。

- 标的问题与任务可界定在同一层次上，甚至任务要比标的问题更明确(Reid & Epstein, 1972)(见表8-2)。
  - 例如夫妻为财务问题起冲突时，他们的任务也许可以定为“一起处理预算”。
- 如果是人际上的冲突，那么一个标的问题可能有两个相互关联的任务。
  - 例如“父亲花更多时间与孩子相处，而孩子较少出现令人生气的行为”“先生避免与太太在管教孩子时表示不赞同，而太太则试图更肯定性地表现她的管教行为”。

表8-1 目标和一般任务

目 标	一 般 任 务
提升情绪的控制	减少发怒的次数与强度： 1. 辨认引发怒气的线索； 2. 用内在的对话平息怒气； 3. 运用放松的程序来对抗怒气
加强社会关系	主动找人开始对谈，并能妥善运用倾听技巧
增强与社会环境的互动	为老年人寻找一家老人中心，确定居住安排及是否提供社交活动
增强亲职品质	● 显示能胜任并有责任地保证持续的儿童照护 ● 能计划并准备营养餐点 ● 维持标准的卫生状况
增强团体中的社会参与	● 提出个人观点 ● 在团体中问问题
增强沟通技巧	当与他人互动时，专注倾听不插话
展现冲突极小化	学习冲突解决技巧
持续性参与计划的责任感	规律地到校上课，参与班上活动，上课不说话

资料来源：修改自 Hepworth D. H., Rooney R. H., Dewberry Rooney G., Strom-Gottfried K. & Larsen J. A. (2010). Direct Social Work Practice: Theory and Skills. Belmont, CA: Brooks Cole, a Cengage Learning Company.

表 8-2 目标与任务范例与练习

目 标	任 务	次任务(行动)
1. 提升控制愤怒情绪的能力	1-1 学会辨认引发怒气的线索	1-1-1 认识情绪产生的来源 1-1-2 讨论并列出过去三件印象深刻的外来讯息及认知归因 1-1-3 讨论并思考认知归因与负向情绪引发之间的关系
	1-2 学会内在对话的技巧,练习在发怒时运用出来	1-2-1 认识内在对话是什么,以及有哪些内容 1-2-2 通过情境模拟与角色演练,练习外来讯息出现时的内在对话 1-2-3 练习运用在生活中,并记录自己的内在反应
	1-3 学会肌肉放松技巧,练习在生气时放松身体的紧张反应	1-3-1
2. 加强与同侪的社会关系	2-1 学会倾听与观察互动对象的反应	2-1-1
	2-2 通过角色模拟练习,练习与他人互动的技巧	2-2-1
3. 提升自尊	3-1 讨论并具体列出个人擅长的事务(力量与正向特质)	3-1-1
	3-2 讨论并具体列出个人的理想自我概念	3-2-1
4. 提升沟通品质/深度	4-1 检查并讨论对所接收到讯息的认知归因	4-1-1
	4-2 增加正向讯息的传达次数	4-2-1
	4-3 减少批评与指责讯息传达次数	4-3-1
5. 能与喜欢的异性轻松相处	5-1 了解“被拒绝的恐惧”	5-1-1
	5-2 通过角色模拟,练习介绍自己	5-2-1
	5-3 增加参与两性交谊活动的频率	5-3-1

确定任务之工作指南

➡ 依循服务对象动机。

- 服务对象“想做的”和“想做多少”是代表他动机的一体两面，故任务的形成与修改是根据服务对象动机方向（direction）与长处（strength）而定的。
- 服务对象的动机是相互纠葛和复杂的，例如服务对象想要保有面子，又想要处理问题；想要拥有孩子，却又不想“被孩子绑住（负起教养的责任）”。
- 评估服务对象动机时，应考虑服务对象各种“想要（wants）”之间的关系（Reid，1978）。
- 如果服务对象的想法不切实际或无法执行，或社会工作者无法提供服务对象想要的资源时，社会工作者就要以其专业知识协助服务对象做出更有效的行动。
- 如果任务是由社会工作者提出的，则应确定服务对象是否了解、是否有意愿采取行动去完成，否则会成为问题解决的障碍。

➡ 确认任务具有可行性。

- 可行性是有关服务对象的问题，即“能做到吗？”的问题。
- 有动机不一定会去实践，也不一定能够实践。因为有可能某些改变是服务对象无法做到的，或社会生活中存在阻碍。
- 社会工作者要在问题探索中运用所搜集到的资料，研判在完成任务上是否有外在资源或服务对象能力之限制存在，如服务对象的分析思辨能力、计划与完成能力、情绪控制能力、与他人共事的态度和能力等。
- 社会经济地位与种族认同、身体是否有疾病、与家庭互动关系，也都是重要的影响因素。自我能力、现实感、异常特质等整个印象都必须考量，才能对整个行为有一个整体性的推论。这些都是完成操作性任务所必须关注的考量。

➡ 任务的可欲性。

- 可欲性（desirability）是问：“这是我想要的，或我应该去做的吗？”例如，如果让服务对象离开精神病院返家过周末，是会让服务对象的病情更好或更坏？可以让孩子离开安置寄养家庭，返回有酗酒记录的母亲身边吗？
- 社会工作者如何回答及如何做，不仅需依据专业知识和经验对某一行动结果进行研判或预估，也应视其将服务对象的权利放在何种价值观上。

- 任务的确定应具有催化任务执行力的功能，也是通过工作者帮助服务对象计划如何执行和建构执行任务的动机。社会工作者有义务对服务对象所提出的不适当任务加以批判，社会工作者应以前瞻性态度说明可能的结果，以及为何不赞同此任务的原因。
- 必要时要预演任务的执行，分析达成任务的阻碍。针对可行性问题，大多社会工作者是去协助服务对象修改任务，而非去阻止他追求社会工作者感到有问题的目标。
- 应乐观地看待服务对象的潜能，将焦点放在他建设性行动的力量上，而非他的限制与病态上。
- “让他试试看！”是此种模式的重要精神。

依序切割任务。

- 最简单的层次是一个标的问题只需要一个任务，许多情况下，单一的任务亦可再转变成许多次任务（sub-task）才能使服务对象减轻压力，因而需要采行联合任务。
- 任务可再分为并行性任务（concurrent task）与依序性任务的分项任务 Sequential sub-task(Reid & Epstein，1972)。
- 并行性任务是指服务对象将他要履行的任务分成几个部分并同时进行。例如一个人吃早餐，可以一边吃、一边看报纸、一边听音乐。
- 依序性任务是指履行一个任务之后，再执行下一个任务。
- 联合任务是当一个人有一个以上的标的问题（通常具有两种形式）时采取的行动。这种切割任务的做法，有助于社会工作者和服务对象在执行复杂任务中更好地组织他们的努力。社会工作者应对协助服务对象在有限范围内的生活问题感到满足，并且要相信服务对象有处理生活中其他问题的能力。

定出适当任务范围。

- 开放性任务（open task）是没有结束点的任务，如结交新朋友、倾听孩子说话等。封闭性任务（closed task）是有结束点的任务，如参加俱乐部、注册入学等。
- 任何任务都可以有时间性，社会工作者可通过与服务对象共同研判需要而找出。

- 无论如何,任务可以限定时间的长短。可在早期定出处置的结束日期,社会工作者可视处置过程决定结束时间,并有限度地加以调整。例如:服务对象找工作之任务,社会工作者可以预估处置时间的长短,可在服务对象有进步时便结束,而不必等任务执行完成才结束。从另一方面来说,也没有理由要受时间限制而结束任务。

任务的形成(task formulation)部分要让服务对象清楚理解以下几点。

- 任务形成有许多不同途径。
- 社会工作者应鼓励由服务对象提出任务,或建议服务对象接受一个任务,并且服务对象愿意同意与了解任务。
- 通常大部分的任务是从双方给与取的过程中出现的(Reid & Epstein, 1972)。
- 他们会考虑能处理什么问题而提出什么任务。需要先思考预期阻碍,以及服务对象任务执行的构想、计划是什么。
- 不论以何种方式,工作者应该说清楚他认为服务对象的任务是什么?而且应确定他与服务对象同意这种任务形成的方式。任务可以摘要成一句或两句话,“我要协助你如何提出对他人适当的要求”“你在你开刀的时候,有人可以照顾你和你的孩子”。
- 社会工作者要肯定此一陈述令双方没有误解,每一句话都要澄清而且具体明确。
  - 例如:“我将协助你每天能准时起床到校上课”。
- 有时是社会工作者在处理大部分的事,因为问题处置是一项相当需要社会工作者的活动。不过,可以让服务对象了解他所使用的社会工作者服务是为了完成他所要的任务。
- 服务对象了解任务原理、原则与奖励。
- 拟订出服务对象任务执行的计划。

模拟任务的执行。

- 人会预估行动的可能后果,并且自觉有能力时就会有积极行动。因此,让服务对象清楚地知道完成任务后的真正好处是什么,是确保服务对象采取行动的必要手段(Hepworth, et al, 2010)。

- 要能顺利执行任务，需要先确认有哪些可以选择的任务，然后社会工作者应该与服务对象研商，共同拟定任务计划，讨论该如何进行任务，以达成共识，再计划执行的一些情况，并且对任务做摘要。
- 双方需要讨论的事项或完成的任务有：(1) 设立记录系统；(2) 确认达成任务的策略；(3) 对任务达成会给予奖赏这点形成共识。
- 确定服务对象了解任务的价值和可行性之外，还需明确如何达成处置目标。
  - ❖ 可以经由模拟(如由社会工作者共同表演一次求职面谈)或引导式练习(如帮身心障碍者尝试日间照顾中心新做的调整)等方式，练习相关的技巧来协助服务对象。除此之外，双方应定期或每次会谈时检视任务的执行情形。必要时，要修正计划或重新建构问题和任务。
- 模拟任务执行的工作重点是给服务对象模拟如何解决问题提供机会，以增加其面对问题时的解决能力，并分析达到目标的障碍，及该如何解决障碍等。

练习题	任务拟定练习

请您检查以下的任务设定是否符合上述原则，并将修改结果写下来。

1. 提升服务对象参加基测的答题能力。

   (1) 请导师依据服务对象的需求程度，推荐 2～3 份适合的基测模拟试卷。

   (2) 与服务对象讨论要选择哪一份基测模拟试卷，并一起去购买。

   (3) 按照进度、科别填写基测模拟试卷。

   (4) 对照答案，与服务对象讨论订正错误之处，并列出不清楚的观念或章节。

   (5) 与科任老师约好时间，询问问题，并将老师的答案记录下来。

   ____

   ____

   ____

2. 与服务对象讨论各类不同学校的科系，并决定要选的科系。

   ____

____

____

____

3. 改善案主家庭生活环境卫生，加强家庭整体照顾和亲职功能。

____

____

____

____

二、任 务 执 行

改变行动的产生

- 人会预估行动的可能后果，并且自觉有行动能力时，就会积极行动。
  - 要让服务对象觉知完成任务后的真正好处或价值是什么，这是确保服务对象行动的必要手段。
  - 确保服务对象有能力且知道如何达成处置目标。

任务执行顺序

- 任务执行顺序(task implementation sequence，TIS)的安排有助于任务完成。
  - 增加服务对象完成任务的承诺。
  - 计划实践任务的细节。
  - 分析并解决阻碍。
  - 让服务对象预先练习在任务完成过程中的行为。
  - 帮助服务对象获得经验并掌握(mastery)有助于任务完成的行为。
  - 为任务完成计划做摘要，并鼓励、期待服务对象完成任务。

任务执行前，要分析任务完成的潜在障碍

- 社会环境阻碍方面：如缺乏资源、外在因素促发压力困境(突如其来的疾病、

失业、亲人过世或受暴力攻击），受到歧视、压迫或是丧失功能结构问题（如学校功能差、经济体系运作失败导致无法提供就业机会），以及资源匮乏。

- 人际交流阻碍方面：如缺乏亲密关系、与最重要的人有潜在冲突，从而无法获得协助。
- 服务对象心理阻碍方面：如缺乏知识，服务对象觉得外在世界有问题、有莫名的恐惧感、害怕和怀疑他人等，因而误解任务内容和价值，使个人无力完成任务。
- Birchler 与 Spinks（1981；引自 Tunner，1996）建议可以询问服务对象他认为在哪些可能的状况下任务会失败。
- 减除任务执行的实务阻碍：如提供技巧、合作及其他人的支持。
- 缓解任务执行的认知阻碍：如讨论害怕、怀疑、知识匮乏、敌对信念。
- 规划与陈述执行者的任务：让服务对象知道执行者的任务、检讨执行者的任务及问题状况。

完成任务的一些支持性行为

- 在实际处置过程中，如果真的出现阻碍，以下一些做法可有助于任务完成。
  - 协助服务对象了解任务，从而有信心完成任务。
  - 获得与运用实质资源，获取他人的增强。
  - 技巧训练和让服务对象知道如何完成任务（含预演）。
  - 找出完成任务的阻碍，去除、减少和改变阻碍。
  - 找出、弥补、疏减认知上的阻碍。
  - 去除服务对象负面想法和信念，让服务对象体认任务的价值。
  - 增强工作能力，去除可能偏见，以善用工作者的方法来完成任务。
  - 提供机会给服务对象，模拟如何解决问题，以增加其解决问题的能力，并分析达到目标的障碍，及该如何解决障碍。
  - 工作者与服务对象共同进行一次和平拒绝同辈不当诱惑的演练。
  - 社会工作者可以通过重新分析整体脉络的方式找出完成任务的阻碍，以去除、减少和改变阻碍。必要时，可以修改任务，以方便任务可以执行。
- 完成任务过程中，服务对象与社会工作者双方需要讨论的事项：
  - 最好能够设立记录系统，记录任务执行情况与目标行为的变化情况；
  - 要具体确认达成任务的策略是什么，并确认服务对象是否知道操作的方法；

- 对任务达成应给予的奖赏形成共识。

服务对象未能执行任务的可能原因(见图 8－2)

➡ 在真实情况中,服务对象执行任务不会如预期般顺利。有时反而常常出现任务未执行或未完成的情形。

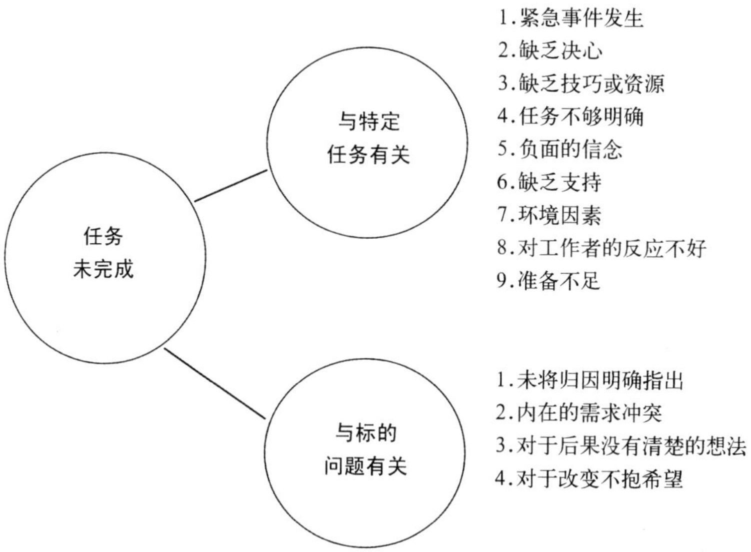

图 8－2 任务未完成的可能原因

资料来源:Hepworth D. H., Rooney R. H., Dewberry Rooney G., Strom-Gottfried K. & Larsen J. A. (2010). Direct Social Work Practice: Theory and Skills. Belmont, CA: Brooks Cole, a Cengage Learning Company.

➡ 服务对象常不能完成任务或达到他们想要的结果。

- 如生病、事情太多、不相干人的涉入,都会使得他们无法在下次与社会工作者见面前完成任务。
- 有些服务对象在开始时,只会透露一点困难,直到他们感觉可以放心告诉社会工作者时,才会道出其他更严重的困难。在这种情形下,服务对象是不可能执行任务的。

➡ 缺乏意愿并不表示未准备好。

- 缺乏改变意愿的状况,可能的原因有以下几点:
  - ❖ 不愿意去做;
  - ❖ 出现更多压力或环境阻碍问题;
  - ❖ 对社会工作者或团体印象不好;

  - ※ 准备不充分而无法完成任务。
- 无论如何，只要社会工作者与服务对象都同意继续任务，小心地探索原因并尝试解决障碍就显得尤为必要了。

➡ 服务对象有意愿但却在行动上受到阻碍。

- 造成服务对象缺乏承担任务的意愿的最常见因素其实是内隐的，是不愿意面对自己的问题。
- 通常他们内心认为他人应为自己的困难负责，并被动地等待别人来帮他。
- 面对这样的情形，必须进一步探讨服务对象和其他人的互动，以厘清每个人应负责的部分。
  - ※ 面质(confrontation)可以被用来帮助服务对象确认自己的责任。如果服务对象仍不愿去做，最好质疑其改变的意愿。

➡ 除此之外，如果服务对象任务执行无效，则应考量是否要修正契约(或修正部分契约)，可能的原因包括：对进行过程不满意、进行过程超出预期、新的问题产生、问题出现不同的困扰表现，以及支持资源没有起到作用。社会工作者应探讨原因，并与服务对象具体讨论重新协商契约的必要性。

任务中心实施技巧

➡ 任务中心实务工作的沟通架构分为(1) 系统性架构和(2) 反应性架构两种(Reid & Epstein，1972)。

- (1) 系统性架构：包括探索服务对象问题、确认标的问题、任务形成、设定时间限度、实践任务、有效的结束。这是对整个服务过程的掌握。
- (2) 反应性架构：包括提供服务对象回馈、鼓励服务对象自我表达、让服务对象感到被接纳、使服务对象能了解与运用社会工作者的助力。

➡ 社会工作者应具备下列几项处置上的操作性技巧(Reid & Epstein，1972)。

- 探索：指引出及分类服务对象的问题，并检验“任务”之可行性。其目的在于提供给社会工作者所需的资料，而且把沟通放在有关主题上。
  - ※ 探索会带来的服务对象的改变。
- 提供知识，让服务对象获得知识或了解如何处理。
- 结构化(structuring)：指对目标与处置的说明，以便帮助服务对象明确个人意愿、思考更加清楚，使服务对象了解要解决什么问题，以及他要采取何种行动。

- ❖ 结构化的工作，包括双方互动中的沟通架构及方向，说明目标和治疗的性质，沟通问题、任务、时间等组织架构，明确指出与任务有关的内容上的反应等。
- ❖ 此一技巧有助于服务对象的合作与行动，尤其对受教育程度较低的服务对象（其不易掌握会谈重点并常有误解时）更加有用。

- 改变导向的技巧（change-oriented techniques）。
  - ❖ 增强觉知（enhancing awareness）：这不只是洞察（insight）而已。增强觉知的目的是，通过协助服务对象觉知自己的情况，以便能达成任务。
    - — 增强服务对象觉知的技巧包括回馈、澄清、反映、面质等。
  - ❖ 鼓励（encouragement）：指社会工作者对服务对象要采取的行动表示赞同或有正向反应，或对服务对象的态度表示赞同，以期待他有某个特定行动。
    - — 此举在刺激或强化服务对象朝目标前进时应注意或鼓励什么？
  - ❖ 指导（direction）：即传达社会工作者的忠告与建议，告知服务对象资源可能在何处。这是针对服务对象不知道或没想出行动策略时所采取的方法。
    - — 社会工作者应以同理心或暂时性沟通行为等提出忠告与建议。
    - — 通过模拟操作演练或是角色扮演，强化服务对象在任务执行上的具体的思考依据。

三、监察、评估与结案

一、测量进步和评价结果的原则

- 必须确认要改变的问题或行为。
- 要有可测量的和可实行的目标。
- 将改变目标和测量步骤进行配合。
- 保持有关资讯的完整记录。

二、量化的基线测量方法

- 外显行为：可观察和可计数的，如给予正向讯息的次数。
- 内隐行为：服务对象可计算标的思考次数或评量情绪的强度，如烦恼的思考或感受的强烈程度。

三、实施基线测量的原则

- 用操作语言来定义测量的标的行为。
- 要确定需测量的指标与改变的标的目标有直接相关。例如：当测量服务对象的暴力行为与酗酒时，愤怒发作（或在刺激情况下的愤怒控制）次数应与酒精消耗量（或不喝酒的期间）相符。
- 服务对象为多重问题（如低自尊、忧郁）时，测量也必须使用多重指标测量方法。
- 对不连续目标，基线测量是不可行的。

四、结案

- 结案阶段中，工作者应该和服务对象一起讨论与协调以下几个问题。
    - 协助服务对象检视自己在处置的过程中，问题是否得到有效解决。
    - 自己的问题解决能力是否有效增加。
    - 如有后续问题需要处理，是否要延长处置期限。是否应转介至其他机构持续处置。

随手笔记……………

▶▶ 第九章

任务中心取向的长处与限制

一、长处
二、限制
结语

一、长　　处

- 任务中心取向因具体明确，故对服务对象来说更易于执行，且可以自我评估；此外还具有以下优点（Epstein，1995）：
  - 服务成果明确，可以被当成评估指标；
  - 任务越具体、越明确，服务对象就越能够在会谈中描述新任务；
  - 尤其是能列出问题处理优先顺序的过程，不仅可以保障双方不会漫无目标，还可以催化服务对象的希望和主动性。
- 将服务对象视为一个具有问题解决潜在能力的人。
  - 问题所带来的现实压力越急迫或不舒服感受越大，则个人采取行动处理问题的可能性就越高。
  - 所以要在有限的会谈中找出有助于工作者在短时间内处理问题的方法。
- 有契约，可以增进服务对象解决问题的决心或承诺感，更可以让个人清楚要解决什么问题和做什么事情，使个人责任更明确。
  - 运用认知改变的策略，着重服务对象感受、行为与情境上的解释与说明。
  - 重视关系维持，并视之为有正向帮助性。
  - 大都是以“谈话”方式进行。
  - 工作者协调、联系处理问题的相关人士，以利问题确认和建构处置。

二、限　　制

- 服务对象高度拒绝承认他有问题或需要时，则不易采取此一取向提供协助。
  - 对工作者挑战高，专业关系建立能力需较好。
  - 心理障碍会使服务对象拒绝处理问题，所以必须让服务对象充分了解其心理功能跟他处理问题的模式与障碍间有密切关系。
  - 假如能够指认出来，将能改善服务对象的心理障碍。

- 工作者所要做的重点是，界定问题和理出服务对象所想要处理的问题，以及如何去做，并且能使服务对象肯定地说“这就是我愿意尝试的任务”。

- 对于将问题转化为具体可行的任务，除涉及服务对象决定何者为问题外，更需此任务是服务对象愿意且有能力去完成的。
- 一般说来，任务中心取向的社会工作者要运用服务对象对问题切割与任务规划中服务对象的认知能力，并明确这些认知能力对行动产生的影响(曾华源，2002)。
- 对非自愿性服务对象的服务，要他们承认自身有问题，并且有意愿处理问题，其前提在于能否建立良好关系。

理论之评估

综合上述，我们可以发现，任务中心取向在社会工作者的处置策略上，主要着重于指导性与协助性的角色，可协助服务对象厘清自己的问题，并拟定改变的方向。此一取向重视正向的治疗关系，将服务对象视为有解决问题能力的人，而不是以病态的观点面对服务对象的问题。

任务中心取向在美国发展近三十年来，由于受医疗保险给付对绩效的要求，不仅成为社会工作重要的服务模式，而且也有许多实证研究证实，此一短期处置问题模式有明显成效(Koss & Butcher, 1986; Rooney, 1981)。Reid(1978)分别以实验组和控制组进行实验研究，结果发现，面对家庭收入低以及身心问题服务对象，在角色执行有困难、人际冲突和社会关系不满足的情况下，都能对标的问题的处置有令人满意的结果，而且其他问题也有改善。

不过，此一模式并非没有限制。Epstein(1995)指出，如果问题过于复杂而无法聚焦时，则该模式的效果不佳。此外，此一取向强调服务对象主动参与问题讨论的程度，并决定处置问题的优先性，因此，非自愿性服务对象就不适合此一取向。再者，也有人对契约拟定持负面看法。

结　语

- 社会工作者的责任是与服务对象建立信任与友好的专业关系，这在上一篇就已讨论过。
- 社会工作者有认识服务对象问题处理可能性的任务，并应为服务对象创造改变的诱因。
- 觉察服务对象面对与处理问题的内在与外在阻碍，并能让服务对象觉知问题处理的必要性，使服务对象真正有意愿行动。
- “坐而言不如起而行”。在某些情形下，应该谨慎评估服务对象在行动和处理过程中的阻碍。
- 有些服务对象持续陷于很多危机中，因此，持续的失败将使服务对象的意愿降低。所以他们必须知道，除非危机一个个被解决，否则他们的情况将无法得到改善。

第十章 任务中心个案工作案例与自我练习

【范例及说明】

林先生是独子，父早丧，与母亲相依为命。由于是独子，所以母亲相当宠爱他，林先生在校时爱玩，成绩不好，只念到高职毕业。毕业后，林先生在一家工厂担任作业员时，认识小他三岁的太太，并在当完兵一年后结婚。两年后，林先生的母亲过世，只留下一点钱。目前林先生已经三十岁，仍旧在工厂担任作业员，育有两女一男。林太太因为娘家远在外地，娘家人无法帮她照看孩子，孩子出生后无力负担保姆费用，所以辞职在家照顾孩子。去年林家贷款三百多万买了一栋房子，所以林先生被太太逼得利用晚上兼职，以便有额外收入来担负家计。

因为最近经济不景气，三个月之前，公司裁员辞退林先生。林先生除了找工作，晚上兼职时间也不得不拉长，林先生在别人的介绍下向相关部门申请社会救助。在接案会谈中，林氏夫妻给人的初步印象是木讷、无助、刻苦与忠厚老实。由于林先生和太太有家产和工作能力，不符合社会救助条件，在转介他们申请失业救助和就业辅导之外，因社会工作者评估他们家庭需要其他协助，转介他们到儿童机构申请与儿童相关的各种福利服务。其间，社会工作者主动联系服务对象好几次，服务对象对于社会工作者的协助表示相当感谢。

◆ **问题为何？**

有一天，林太太向社会工作者提及林先生管教子女上的问题。由于林先生忙于上班和兼职，与孩子相处时间少，孩子都相当怕林先生，再加上林先生感慨过去没有好好念书，以致学历低而只有微薄薪水，因此对孩子在学校的学习给予相当大的压力和期望。最近“国小”二年级的大儿子考试有两科不及格，被父亲狠狠打了一顿以后，隔天没有去上课。所以林太太打电话请社会工作者协助。当社会工作者与林先生联系时，林先生也知道大概是什么事情，很快就表达了他内心的痛苦与无力感。希望社会工作者能协助他们进行亲子教育。

◆ **问题处置标的、目标与任务**

虽然林先生个人表示期望增进亲子亲密关系，但是当社会工作者与林先生讨论时，其内心还是希望孩子能有更好的成绩表现。社会工作者知道，不与他讨论他所面临的真正问题和他想处理问题的相关性和优先性，将会出现双重进程(double agenda)的问题。因此，林先生了解到，如果亲子关系不良，不仅不易要求孩子功课优秀，对孩子的人格成长也有负面影响。最后林先生同意，因与孩子的关系并不够好，故将增进良好亲子依附关系作为处置标的问题。而目标为“孩子能与林先生分享个人情感”，并且双方在口头上同意以八周时间为服务周期，前两周每周两次，后六周每周一次，每次会谈六十分钟。会谈结束后的家庭作业要确实落实，并在下次会谈中讨论作业。会谈以林先生为主要参与者，必要时，可以邀请林太太和孩子一起参加。

为能有效确保林先生了解并愿意实际采取行动达成目标，社会工作者在第一次会谈中与服务对象讨论了亲子互动情形。社会工作者了解到，林先生真正跟孩子沟通的时间较少，也没有在一起吃饭，更少和孩子利用假日做亲子活动。至于林太太，其对先生的配合度高，基本没有管教矛盾的问题。因此，依照人际吸引与亲密依附关系理论的相似性、熟悉性、自我坦露等重要因素，社会工作者与服务对象一起讨论何种行动具有可行性，而将目标定为“孩子能与林先生分享个人情感，且林先生能与孩子分享鼓励孩子读书的原因，了解孩子成绩不好的因素”。同时，将上述目标转化为几个相关的任务，以利服务对象能确实采取行动。

任务1：林先生每周和全家人共进晚餐三次；具体时间与林太太商量后决定。

任务2：林先生应每周有三次、每次二十分钟和孩子彼此交谈学校的生活与工作中的趣事，以及喜欢、厌恶和亲近的人。

任务3：林先生和林太太每周末和孩子一起共同到郊外从事亲子活动半天。

任务4：第五周或第六周参加家庭教育中心举办的亲子游乐活动。

◆ 分析任务执行潜在阻碍并排除阻碍

为确保服务对象有能力采取适当行动，并排除任务完成上的可能障碍，以达成目标，社会工作者进一步与服务对象探讨任务执行过程中可能的问题，发现服务对象不知道在晚餐时可以跟孩子谈什么；林先生还担心工作上的事情单调，没什么可以和孩子谈。此外，社会工作者也担心服务对象是否愿意和孩子一起到户外郊游，并且郊游中对孩子的行为表现会以何种态度面对，尤其是对不当行为表现的态度反应。至于参加教育中心的亲子游乐活动属于较为晚期的任务，故社会工作者先和服务对象讨论晚餐时可以谈话的内容与方式，以及如何分享生活经验与感受。服务对象认为他了解这些任务对改善亲子关系很重要，但是却认为自己欠缺沟通表达的能力。社会工作者对服务对象的自觉表达给予肯定、支持与信心，并建议是否要增加一项任务，即培养林先生的倾听态度，以及表达内在心理感受和经验分享的能力。这一建议得到了服务对象的同意，并表示应该将此一任务调整为最优先的顺序。社会工作者觉得服务对象有相当大的洞察力，因此，再次给予正向回馈，并建议服务对象的此一任务，除了在会谈中与社会工作者一起做练习外，也可以在家里和林太太一起完成，而林先生同意此一家庭作业。并且林先生表示，会将家庭作业的执行情形仔细地向社会工作者报告，并且希望能有确实的进步。

〈案例练习 1〉

◆ 一般问题

1. 交不到男朋友
2.

◆ 标的问题：

1-1 太少参加社交活动
1-2 不会化妆、缺乏魅力
1-3 不够美丽
1-4 不会撒娇
1-5 缺乏主动认识异性的机会
1-6 脾气不好、不够体贴
1-7 眼光太高，认为好男人太少
1-8 过去的挫败经验
1-9
1-10

◆ 目标：

1-1-1 多参加两性交谊社交活动
1-2-1 学会化妆
1-3-1 整形
1-4-1 学习撒娇
1-5-1 学习主动制造机会
1-6-1
1-7-1
1-8-1

◆ 任务：

1-1-1-1
1-1-1-2
1-2-1-1
1-2-1-2
1-3-1-1
1-3-1-2

● 说明：读者可以利用上述的层级分析做法，将一般问题进行逐层分析。

〈案例练习 2〉

服务对象是一名 17 岁的轻度听障少年。半年前，因为学校考试表现很差，与其父大吵一架，愤而逃学、逃家，只身一人到台北。当时，服务对象为赚取生活费，在网吧认识一些朋友混在一起，一群男女之间有复杂的性活动。日前，服务对象跟朋友再度因为缺钱而到超市偷东西，被警方逮捕移送少年法庭，而被裁定紧急短期安置辅导。安置到机构后，才发现服务对象罹患了菜花、梅毒等性病。安置初期时，服务对象很希望能够参与机构活动和机构中其他少年的学员互动，但却因沟通障碍而多项课程活动无法参与，故安置期间心情低落，一再向社工表示希望能够赶快回家。此外，服务对象一再无法配合厕所消毒清洁规定，导致与生活辅导员关系紧张。

◆ **一般问题：**

1. 逃家
2. 性病治疗
3. 复杂的性活动对象与过早的性经验
4. 不良同侪往来
5. 学校学习表现差导致父子因成绩而冲突
6. 安置生活适应
7.

◆ **标的问题：**

1. “罹患性病”之标的问题

  1-1　健康维护的知识与能力不足

  1-2　对性生理需求的控制能力不足

  1-3　用性作为控制人际关系的媒介

  1-4　缺乏性病的知识

  1-5　缺乏对性自主权的法律认识

  1-6　选择适当方法的能力与拒绝的能力不足

  1-7

2. “治疗性病”之标的问题

  2-1　不了解性病对健康的长期、不可逆转的影响

2-2 有增加了解性病对健康的长期不可逆转影响的需要

2-3

……

5.“学习表现差导致父子因成绩而冲突”之标的问题

5-1 需要学习自我控制，增强独立完成课业的能力，以减少父子间为课业争执的次数

5-2 父子间有增进对课业学习情形、对期望的沟通之需要，以减少父子间为课业争执的次数

5-3

◆ **目标：**

……

2.“治疗性病”的目标

有增加治愈性病与性病相关知识了解的必要性，以避免复发或再度感染，以使其未来的交友活动不会因此受到影响

……

5.“学习表现差导致父子因成绩而冲突”之目标

5-1-1 能按时完成作业

5-2-1 增进父子对学校学习成绩、态度的了解。

◆ **任务：**

5-1-1 “能按时完成作业”目标之任务设定

任务1：能具体安排每日读书的科目与时长

任务2：每天坐在书桌前的时间从一个小时开始逐渐增加

任务3：与父母讨论上网的时间，并且让父母了解上网的内容

任务4：

5-2-1 “增进父子对学校学习成绩、态度的了解”目标之任务设定

任务 1：能够与父母讨论对成绩与学习成果的看法

任务 2：讨论学习有困难的科目

任务 3：能具体提出学习的困难及原因

任务 4：跟父母有不同意见时，就算父母大声责备，要深呼吸想想父母的用意跟心情后再回应

任务 5：

……

- 请以这个案例自己练习写下一组一般问题、标的问题、目标与任务。

〈案例练习 3〉

服务对象为"国三"男生。因就学不稳定(近三个月经常迟到、缺课)由学校辅导室通报转介。

服务对象尚有一个弟弟("国一")及一个妹妹("小四")。服务对象的祖父于三年前中风,其祖母有轻微高血压。因为服务对象的祖父中风,服务对象的父亲也在半年前罹患癌症(末期),为了维持家庭生计,所以服务对象的母亲必须外出工作,目前在工厂担任女工。因此照顾的重担落在其祖母身上。然而服务对象的祖母因为年迈,照顾中风的祖父已经很吃力了,无力照顾家庭和分担家务。社会工作者与服务对象会谈过程中发现,服务对象知道家里需要他多照顾弟妹和分担家事,但是功课跟不上是因为没人管,有时会玩过头。社会工作者与他讨论想改变什么,他表示是自我控制和分担家事。

请写下……(见表 10-1)

◆ **一般问题:**

1. 服务对象就学不稳定,经常迟到、缺课
2. 案主家庭缺乏照顾支持系统
3.

◆ **标的问题:**

1-1 服务对象没有自己控制时间的习惯(或服务对象功课缺乏人关照,所以已经跟不上进度……)

2-1 服务对象及其弟弟妹妹不知道如何协助母亲料理家务、照顾长辈。

3-1

表 10－1　案例练习 3 的目标与任务范例

目　标	次　目　标	任　　务
1. 服务对象学会时间安排和管理(个人性目标)	1－1　能规划一天要完成的事情和时间安排(外显的行为改变)	1－1－1 1－1－2
	1－2　能按照时间规划去执行要完成的事务	1－2－1 1－2－2
2. 服务对象及其弟弟妹妹能分担家务工作(互惠性目标)	2－1	2－1－1 2－1－2
	2－2	2－2－1 2－2－2
3. 服务对象及其弟弟妹妹能协助照顾长辈的工作(分享性目标)	3－1	3－1－1 3－1－2
	3－2	3－2－1 3－2－2

〈案例练习 4〉

服务对象因从事援交而被安置机构中。少女的母亲也经常打扮得漂漂亮亮，不断更换同居人，并常告诉少女，“最好是选一个赚钱轻松的工作”“嫁一个有钱人比读好书更重要”。此外，少女常中辍，同辈朋友也都有“援交又轻松、又多钱”的想法。少女对学习成绩不佳并不在意，反而一直关心如何打扮化妆，并且经常与朋友到 PUB 认识有钱的男性。安置机构应如何与服务对象讨论，以协助改变？

请写下……

◆ 一般问题：

◆ 标的问题：

◆ 目标：

◆ 任务：

像这样的案例，社会工作者经常的处置“改变服务对象金钱至上的价值观”，或是“要改变服务对象错误的金钱价值观”。不过，到底“错误的金钱价值观”的标的问题是什么？如何才能使服务对象改变价值观？这个目标应如何转化成具体可行的任务？

事实上，价值观是一种主观的认知判断，具有相当程度上的持久性与稳定性。在行为表现上，价值是个人“对”与“错”的认知判断，对行为具有引导性，是影响其是否采取行动的依据。

个人所拥有的价值，是个人经由社会化的过程，逐渐通过学习而赋予事物意义或价值，并从中选择个人认同的目标而来的，长久下来，个人会显现出某种特别偏好(详见图 10－1)。因此，要改变个人的价值观时，除了要给予不同的经验以外，还要与服务对象讨论、比较这些经验之间的差异，然后才是形成价值选择、价值内化以及外显行为的表现。因此，个人价值的改变是一个持续性的目标，而且其任务安排是要有顺序性的；通过多次的持续行动任务，逐渐累积其改变与进展，才能达成最终的目标。

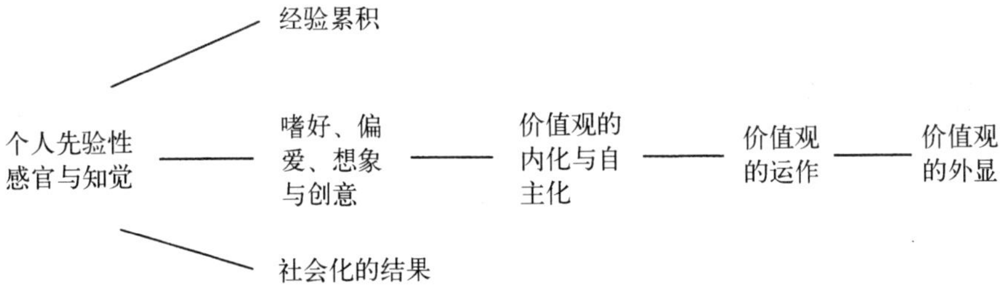

图 10－1　个人价值观的形成过程

资料来源：陈秉璋、陈信木(1990)。

以这个案例来说，如果设定服务对象的标的问题是：服务对象“只要能轻松赚钱，其他不重要”的错误价值使她经常更换男友、中辍。

处置目标的设定：你认为是“改变服务对象错误的价值观”，或是“增加服务对象认识职业尊严、人生价值与赚钱方式间的关系”，还是“增加服务对象对职业价值的认知”？

其任务设计包括：

◎ 任务 1：与服务对象讨论并列下“轻松的工作”(如：援助交际)的好处与

缺点。

◎ 任务 2：与服务对象一同找出分属三种不同社会阶层，而且是服务对象较有兴趣的职业。

◎ 任务 3：与服务对象讨论这三种职业的优缺点，并对“工作轻松度与职业尊严”做异同比较。

◎ 任务 4：协助安排服务对象到职场进行一周（至少五天）体验及职场人士访问。

◎ 任务 5：进行职场体验前，与服务对象讨论必须观察的重点（包括职业优、缺点，以及所需要的职业能力与态度等），以及要访问的问题。

◎ 任务 6：进行职场体验。

◎ 任务 7：与服务对象讨论体验过程与访问中记录下的重点。

◎ 任务 8：归纳并比较三种不同社会阶层的职业与原有认知的差别。

〈案例练习 5〉

服务对象为 16 岁女性。于半年前因中辍、逃家被安置于机构中。

安置期间，与机构内其他两名安置少女交往，并曾发生夜间相约到厕所互吻的事件。生活言谈及与工作人员会谈时，谈论主题均离不开对爱情和性的渴望和追求。

同时，服务对象也不断向其他安置少女，以及工作人员释放爱慕之意(包括书信传递及言语示爱)，除了使其他安置成员及工作人员感到十分困扰以外，也使得自认为是服务对象“正牌女友”的另一名少女深感情感被欺骗、受伤。社工与服务对象会谈时，服务对象一再表示，“性与爱是分开的，爱情是短暂的，所以这样做没什么不对。”

请写下……

◆ **一般问题：**

◆ **标的问题：**

◆ 目标：

◆ 任务：

〈案例练习 6〉

服务对象为“国三”男生，其母亲独自抚养服务对象长大。服务对象因面临升学压力，再加上与其母亲对于升学选择有不同意见，故多以冲动行为、激烈情绪或消极逃避的方式处理。此外，服务对象在校与同侪间的人际关系互动不佳，经常与同学争吵、无法控制愤怒情绪。例如：服务对象与同学发生口角时容易以骂脏话、挑衅的言语来激怒对方，当对方反击，而服务对象无力反击时，就会使用身边的物品当武器攻击同学。故由学校辅导室转介前来。

请写下……(见表 10－2)

◆ **一般问题：**

1. 服务对象有对同侪进行言语暴力及身体攻击行为
2. 服务对象面临升学压力和升学问题，使母子关系出现激烈争吵
3.

◆ **标的问题：**

1－1　和同学因合作分工(如游戏、讨论、打扫)有不同意见而争吵(觉得同学联合起来欺负/排挤他)。

2－1　与母亲对升学课业表现和学校选择有不同意见，但双方都没有以相互了解的方式处理不同意见。

3－1

表 10-2　案例练习 6 的目标与任务范例

目　标	次　目　标	任　　务
1. 增进服务对象的情绪管理能力(个人性目标)	1-1　能觉察生气的情境与后果(内隐的认知改变)	1-1-1　回想并记录过去发脾气(或想要发脾气)的事件三件,并写下当时引发愤怒情绪的情境、情绪强烈程度与当时的想法 1-1-2　讨论过去生气经验的后果
	1-2　学习控制生气情绪和适当的反应方式(外显的行为改变)	1-2-1　讨论若再一次面临上述类似的情境可以有哪些不同反应 1-2-2　并一一针对不同的反应,与社工做演练与讨论 1-2-3　选择其中一个常发生的情境,与社工做模拟演练 1-2-4　在日常生活中练习,并仔细观察对方的反应与后果跟过去有何不同 1-2-5　将上述的日常练习带回讨论,并视情况做必要的修正(重复任务 1-2-1～1-2-4)
	1-3　能够指出自己和他人意见的相同和不同之处	1-3-1 1-3-2
	1-4　能够和缓适当地表达自己的意见	1-4-1　练习放松技巧
2. 案主母亲与服务对象针对升学和选校做坦诚且有同理心的沟通讨论	2-1	2-1-1　双方将自己的意见及理由用客观平静的方式说出 2-1-2　双方完整地听完对方的话,并且不随意打断对方 2-1-3　增加正向讯息的次数,并先强调同意对方的部分
	2-2	2-2-1　针对不同意的部分,清楚说出理由 2-2-2

（续　表）

目　标	次 目 标	任　　务
	2-3	2-3-1 2-3-2
3.	3-1	3-1-1 3-1-2
	3-2	3-2-1 3-2-2

〈案例练习 7〉

服务对象为小学四年级女生。近半月以来，当其母欲劝导服务对象课业或日常生活的事情时，服务对象的情绪会突然变得很暴躁，曾有大吼大叫、情绪失控与摔东西的情况发生。故服务对象的母亲多次向社工表示，对于管教服务对象感到非常头痛。

经家访后发现，服务对象自懂事开始便在目睹其母情绪不稳定、自杀的环境中成长。此外，因其父在外县市从事工程焊接工作，常年居住在工地宿舍，约两三个月才会返家探望家人几天。最近几次回家，服务对象的父母不时为了服务对象的管教与经济问题在服务对象面前发生激烈争吵。

请写下……(见表 10－3)

◆ **一般问题：**

1. 服务对象情绪失控及冲动行为之频率增加
2. 服务对象的母亲对服务对象的情绪失控行为缺乏管教与因应能力
3. 服务对象父母关系疏离且冲突

◆ **标的问题：**

1－1　目睹母亲情绪失控、自杀与父亲争吵后的情绪处理未被妥善处理

2－1　服务对象的母亲罹患情绪性疾患且有自杀史，但未规律就医

2－2　服务对象的母亲缺乏适当的亲职教养支持系统和亲职教养能力

3－1　服务对象的父母在分居两地期间，缺乏双方生活情形的积极沟通联系

3－2　服务对象的父母的有效沟通能力不足

表 10－3　案例练习 7 的目标与任务范例

目　标	次 目 标	任　　务
1. 处理服务对象目睹各项创伤性事件的情绪	1－1　与服务对象讨论目睹创伤性事件的感受	1－1－1 1－1－2
	1－2　通过绘画或游戏协助服务对象抒发情绪	1－2－1 1－2－2
	1－3　与其母亲讨论如何向服务对象适当说明争吵、自杀等事件，并由其母亲向服务对象说明	1－3－1 1－3－2
	1－4　协助服务对象以口语向母亲表达感受	1－4－1
2. 服务对象的母亲能规律就医	2－1　与服务对象的母亲讨论规律就医及遵从医嘱的困难	2－1－1 2－1－2
	2－2　请服务对象按照服药时间拿药给其母亲	2－2－1 2－2－2

（续 表）

目　标	次 目 标	任　　务
	2-3　由其母亲的友人陪同其母亲就医	2-3-1 2-3-2
	2-4　由服务对象的母亲记录服药后的情绪反应及可能的副作用	2-4-1 2-4-2
3. 提升服务对象的母亲之亲职教养能力	3-1	3-1-1 3-1-2
	3-2	3-2-1 3-2-2
4.	4-1	4-1-1 4-1-2
	4-2	4-2-1 4-2-2

〈案例练习 8〉

服务对象为“国二”男生，13 岁。服务对象因被通报中辍而转介服务。

服务对象每天必须由学校打电话才会到校上课。有时打了很久而没人接电话时，社工只好到其家中带服务对象上学。此外，服务对象即使在校方及社工的协助下勉强到校，但也几乎无心上课，学业成绩严重下降，而且也完全没有学习动机。社会工作者到服务对象家中后发现，其家电脑中“我的最爱”全都是线上游戏与影视等娱乐，至少有一百多个网址。

经家访与收集相关资料后发现，服务对象的上述问题与以下因素有关。由于服务对象的父亲生前留下大笔债务，其母亲必须身兼多职来偿还债务，并维持家庭生计。至于服务对象的管教则交由其高三的哥哥负责。然而哥哥本身已自顾不暇，更无法负起管教责任。由于其母亲工作忙碌，因此不论是家务或管教子女皆是有心无力，久而久之也就变成无心无力。

服务对象家里的环境非常凌乱，例如到家访视时还因物品与鞋子堆满而无法顺利开门，服务对象的母亲皆以“没有办法”来合理化这些情形。因此，服务对象在家的多数时间都是在上网，熬夜上网也就造成了第二天无法起床上课的恶性循环。

请写下……(见表 10－4)

◆ **一般问题：**

1. 服务对象中辍被通报，且学业成绩下降、学习动机不足
2. 服务对象沉迷网络游戏
3. 服务对象的哥哥无法分担管教弟弟的责任

◆ **标的问题：**

1－1　服务对象缺乏自我管理与自我控制能力，包括无法准时上学、就学不稳定、沉迷网络游戏

2－1　服务对象家里环境凌乱，缺乏读书环境

3－1　服务对象母亲的亲职教育能力不足，且身兼多职、角色负荷重，亦缺乏正确的教育认知

4－1　家庭教养支持系统缺乏

表 10-4　案例练习 8 的目标与任务范例

目　标	任　务	任　务		
		服务对象	服务对象的母亲	服务对象的哥哥
1. 增进服务对象的自我控制与自我管理能力	1-1　准时上学	前一天晚上先将第二天要上学的物品整理好	出门工作前先准备好早餐	早上叫服务对象起床，并陪服务对象一起上学
	1-2　按时完成作业	回家后先完成作业	工作回来后检查服务对象作业完成情况，并给予称赞	每天抽出一个小时，让服务对象请教不会的功课
	1-3　在规定时间内上网	设定平日与假日的上网时间		
2. 整理并维持家中适合读书的环境	2-1　每周日定期整理家庭客厅及卧室			
	2-2　保持书桌的整齐	读书或写完作业就收拾好书桌	注意孩子是否保持，且不断给予肯定	协助服务对象整理书桌
	2-3　孩子读书的时候不看电视			
3. 提升服务对象母亲的亲职能力	3-1　了解孩子需要母亲的关注			
	3-2　以积极和鼓励的方式表达对孩子学习的关心			
	3-3　每两天抽空看孩子的练习簿和作业			
4. 扩大服务对象母亲的亲职教养支持系统	4-1　请社工和孩子谈谈学习与社会成就的关系			

（续 表）

目 标	任 务	任 务		
		服务对象	服务对象的母亲	服务对象的哥哥
	4-2 学习接受社会机构的大学生志愿者来辅导孩子的课业			
	4-3 定期主动打电话给导师，表达感谢			

《案例练习 9》

服务对象的父母于服务对象 5 岁时离婚，目前服务对象与父亲、祖父同住。其父亲年约 40 岁，打零工维持生活（农作临时工），为服务对象的主要照顾者。祖父 83 岁，平时会自己烹煮素菜，参与镇上的聚会活动，有些耳背，但身体尚属健朗。服务对象即将升上小学六年级，喜欢阅读漫画、绘本等书籍，平时下了课常往网吧跑，晚上七八点才回家。其父亲每日会给其新台币 150 元左右，让服务对象自己到镇上的菜市场吃饭；服务对象的衣物由其父亲清洗。若服务对象的内衣裤缺乏，父亲会帮服务对象买；但服务对象表示夏季衣物仅剩衣裤 4 件了，可替换的相当有限。

服务对象鲜少与父亲描述学校发生的事情，因为其父亲多半是听听，却没有回应；父亲除了工作也会到镇上庙前去赌博，不一定马上会回家；服务对象自己下课也常往网吧跑，或到市场吃饭，因此与父亲互相疏离。

社工家访时，其祖父表示“希望有多一些人来关心他”。服务对象则是向社工表示“我已经没有什么衣服了，我比较需要一些衣服”。此外，其家庭环境与祖父等三人个人卫生习惯均不佳，常多日没有洗澡，谈话时均可闻到身体有异味。此点也影响服务对象在校的人际关系，服务对象提及“学校同学都不理我，常常觉得很无聊，所以就会想不要吃饭，省下钱去网吧”。

当社工与服务对象谈到个人卫生问题时，服务对象马上回道：“脏很要不得吗？几天没洗澡又不会怎么样！阿公跟爸爸也都这样啊！”之后与其父亲讨论时其也无奈表示：“家里洗衣机早就坏了，又没钱买新的。我也很忙，所以有时没衣服换，就不洗澡了。这也没什么啦！”至于对服务对象的晚归、每日泡网吧等问题，其父亲则说：“我是他爸爸，我当然愿意照顾他呀！只是他就个性比较活泼啦，比较喜欢往外跑……”

◆ **少年要能够自立生活，需要哪些能力呢？**

1. 日常生活技巧，包括住所维持、家务管理（购物、烹饪、居家整洁）、交通能力（驾驶与维护汽车）、购物、金钱管理等。
2. 住房寻找和获得，及维护住所安全的能力。
3. 个人决策能力。

4. 沟通技巧与社交技巧。
5. 评估个人教育需求及促进高等教育学位之取得：持续接受教育的能力与资源。
6. 工作(职业生涯)计划，就业与就业安全维系能力与技巧。
7. 健康照顾需求及计划能力：对基本健康知识资源取得的认识。
8. 原生家庭关系促进。
9. 取得所需社区资源和能力。

◆ 若要以团体方案进行方案目标与任务的设计，应包括哪些内涵？(见表10－5)

表10－5　案例练习9的方案目标与任务范例

方案名称	方案目标	任务
A. 生活达人	A1　学习基本家务技巧	A1－1 A1－2 A1－3
	A2　学习基本金钱管理	A2－1 A2－2 A2－3
	A3　学习家常菜的烹饪	A3－1　认识食物采买处 A3－2　认识烹煮食物器具 A3－3
B. 居家达人	B1　培养租屋能力	B1－1　了解个人居住需求与习惯 B1－2　租屋资讯来源与租赁契约 B1－3

（续　表）

方案名称	方　案　目　标	任　　务
	B2　培养居家环境维持能力	B2-1 B2-2 B2-3
	B3　居家安全意识	B3-1 B3-2 B3-3
C. 就业达人：找一份自己喜欢的工作	C1　掌握招聘资讯	C1-1 C1-2 C1-3
	C2　写一份具有吸引力的履历	C2-1 C2-2 C2-3
	C3　愉快与自信地面试	C3-1 C3-2 C3-3
D.	D1	D1-1 D1-2 D1-3

（续　表）

方案名称	方　案　目　标	任　　务
	D2	D2－1 D2－2 D2－3
	D3	D3－1 D3－2 D3－3
E.	E1	E1－1 E1－2 E1－3
	E2	E2－1 E2－2 E2－3
	E3	E3－1 E3－2 E3－3

III

第三篇

个人复原力培育

前　　言

个人复原力受环境互动交流的影响，故个人复原力不仅是双向交流的结果，其也会不断变动。个人复原力的培育不仅可以从个人着手，亦可从个人所处的家庭、学校、社区等生活系统出发来促发成长。本篇即从个人与生活环境系统的角度，来说明在实务工作中，社会工作者应如何培育个人复原力。总的来说，复原力服务的设计原则有四个：

- 社会工作不应再以病态观点评估服务对象有何问题，或仅是消极地协助服务对象消除“症状”，而是要积极地协助个人发展保护性机制(protective mechanisms)，以提升复原力；
- 应积极提供鼓励、希望，并建构亲密依附关系，以强化信心，培养对抗逆境、挫折的心理素质和能力；
- 在个人协助的基础上提供尊严与协助，接纳其成为正式体系的一员；
- 社会工作应该是充权服务对象，故要在制度设计上强化服务对象的资源与保护。

▶▶ 第十一章

提升自我效能，培育个人复原力

一、自我效能的意涵及其来源
二、自我效能与复原力的关系
三、如何培育自我效能
四、自我效能的评估与测量

➡ 自我效能与复原力的关系。

- 复原力培育中，以增进自我效能为重要的途径之一。
- 复原力的个人保护因子有许多要素，如希望感、信心、问题解决能力等的增进，这些皆与个人自我效能的高低有关。
- 自我效能感高者，其个人控制力、计划力、自我调节与规范约束能力都会表现得较好。
- 再者，当个人有能力应对生活中的问题时，其压力会较少，希望感也会较高。
- 因此，培育自我效能是提升个人保护因子的重要基础。
- 此外，有关信任他人、表达能力、情绪管理能力、会主动寻求协助，以及中等以上的社交智力等保护因子，更有助于个人在生活中从与安全依附对象的互动过程中逐渐学习。
- 自我效能与复原力可以说是相互重叠且相互增进，若能增进自我效能与复原力，则可以协助个人追求目标成就、克服超越逆境(见图 11－1)。

➡ 从以下两个方案亦可以得知，自我效能与复原力是相互影响的。

- (1) Shelton(2008)对初次进入司法系统的非裔美籍青少年，进行为期两年的复原力培育方案。
  - ❖ 复原力培育焦点包括领导力、教育、成就与发展。
  - ❖ 通过准实验设计，比较保护因子、自我控制、自尊与复原力的改变情况。研究结果发现，实验组青少年在两年内的成长平均分数均高于控制组，特别是在复原力一项呈现显著差异。
- (2) 巴勒斯坦以复原力为导向的认知——社交技巧方案(Saving The Children，2004)。
  - ❖ 方案目标：由于该地区少年处理问题能力不错，但缺乏希望和目标，故希望借此方案来增进儿童复原力取向的正向认知和利社会行为，协助他们面对生活中所面对的恶劣处境。
  - ❖ 方案内容：
    - — 教孩子如何与同辈有效沟通，以及如何增加人际信任；
    - — 教孩子不对生活周遭不断发生的破坏性事件自怨自艾，并且有效地处理对这些事件的感受；

— 要让他们不断地去做一些协助他人的利社会行为,并且对他人有更多的关怀与社会责任;
— 增加他们自己达成目标能力的希望与信念。

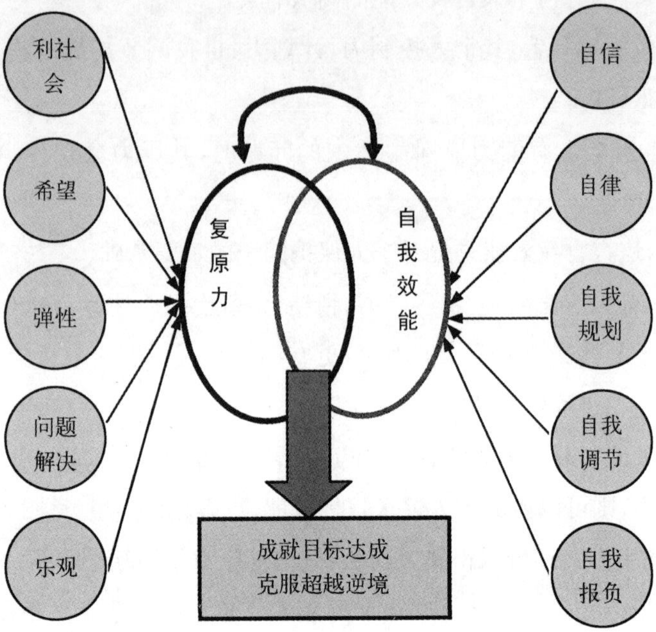

图 11-1　复原力与自我效能之关系

一、自我效能的意涵及其来源

- Bandura 认为自我效能(self-efficacy)是外在环境、个人能力与成就表现等交互作用后的结果,经此过程所产生的自信心会决定其内在动机的高低。
- 即个人学习判断外部增强(例如奖励、惩罚)和替代性增强(看到别人的行为,并以产生的连带结果为依据)的参考衡量,并以自己所设立的标准来对自己的行为加以调适的自我增强(Bandura, 1977)。这是最重要的社会学习能力。
- 一个好的自我效能除了能考量自身能力给予合宜的挑战标准外,也能针对自己的标准给予自己认同与肯定。

- 自我调节机制(self-regulatory mechanism)假定，人们会有意识地为自己设定目标，以引导自己的行为朝目标达成迈进。
  - ❖ 人们对于自身能力的看法，影响或主导成就表现与持续性动机的自我调节机制。
- "效能"信念影响"自我效能"，再影响"意向"和对于环境限制的认知，最后影响"行为"(Glanz & Rimer, 2005)。

⇒ 自我效能理论基础：Bandura(1977)的社会学习理论。

- 认为人的行为会借由观察并判断行为的预期效能而产生，并借由结果调整自己的行为。
- 人不只因结果的好坏而改变结果，也会去考量情境，并做出个人的判断。
- 一个有效的学习：
  - ❖ 应该在个人身上去观察、注意自身行为所产生的讯息，而不只是单纯地模仿接受(例如上课缺席的频率、言语的用词等)；
  - ❖ 注重保持讯息的方法；
  - ❖ 行动再现的回馈修正；
  - ❖ 行为后果的动机增强。

⇒ 自我效能的来源(见图 11－2 和图 11－3)。

- (1) 精熟经验：
  - ❖ 依照个人经验，提供可依赖的效用经验；

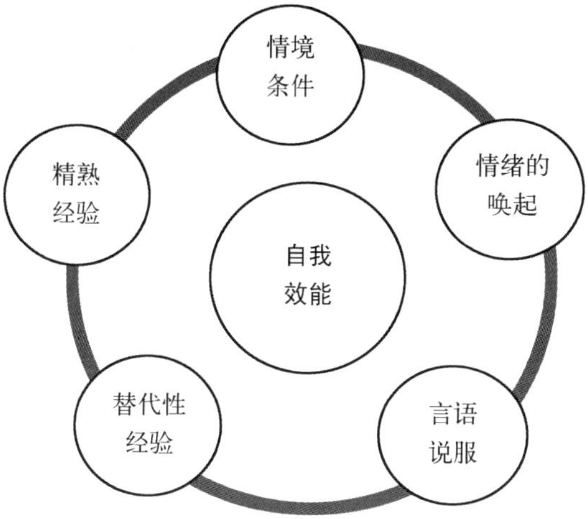

图 11－2　自我效能来源

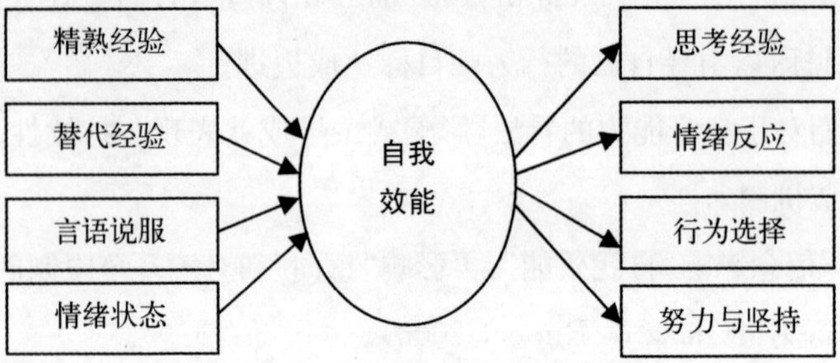

图 11－3　自我效能知觉模式

资料来源：Bandura A (1982). Self-efficacy mechanism in human agency. American Psychologist.

- 行为的成败经验指经由操作所获得的信息或直接经验。成功的经验可以提高自我效能感，使个体对自己的能力充满信心；反之，多次的失败会降低对自己能力的评估，使人丧失信心。

- (2) 替代性经验：
  - 替代性经验指个体能够通过观察他人的行为，获得关于自我可能性的认识。例如看到瘦弱者挑战攀岩成功；看他人社交行为表现，了解建立社交关系与技巧。
- (3) 言语说服：
  - 包括他人的暗示、说服性告诫、建议、劝告以及自我规劝。使个体能相信他能成功应付以往手足无措的事件。可以增进个人对自己的认知。
- (4) 情绪的唤起：
  - 根据自己的生理唤起的反应，来判断压力与焦虑状态，高度激发会阻碍操作，所以消除恐惧和压抑对于自我效能感很重要；
  - 在充满紧张、风险的场合或负荷较大的情况下，情绪易被唤起，高度的情绪唤起和紧张的生理状态，会降低对成功的预期水准。
- (5) 情境条件：
  - 某些情境比其他情境更难以适应、难以控制；
  - 当个体进入一个陌生而易引起焦虑的情境中时，会降低自我效能的水平与强度。

自我效能的功能(Bandura，1977)。

- 影响个人对不同难度活动的选择,以及对该活动的坚持性。
  - ❖ 自我效能高者倾向于选择有挑战性的任务,遇到困难仍坚持自己的行为;而自我效能低者则相反。
- 影响人们面对逆境的态度。
  - ❖ 自我效能高者勇于面对逆境,相信通过坚持不懈的努力可以克服困难;而自我效能低者在困难面前畏首畏尾,选择逃避。
- 影响新行为的习得和已习得行为的表现。
- 影响活动时的情绪。
  - ❖ 自我效能高者信心十足,情绪正向;而自我效能低者充满恐惧和焦虑。
- 影响偏差行为的发生。
  - ❖ Bandura(1997)指出,青少年时期可能会体验到儿童阶段并不常见的风险活动,如无照驾驶、酗酒、抽烟、药物滥用、过早的性活动、犯罪行为等。
  - ❖ 对于自我控制力较低者,容易产生焦虑、自我否认的状态,同时增高抽烟行为的发生频率(Karanci, 1992; Haaga & Stewart, 1992)。
  - ❖ 自我效能因子能有效预测低行为控制效能者,如青少年较易引发饮酒行为,而高自我效能者则较能拒绝同侪的邀约、拥有自我的判断能力并监控自己的行为(DiClemente & Hughes, 1990)。

➡ 若想改变个人的自我效能,除了刺激个人的自我观察、省思外,提供持续而具深度的讯息影响源也很重要。

- 《天才密码》一书中提到,天才不是天生的,而必须具有三个条件:
  - ❖ 特质;
  - ❖ 充分的练习和思考;
  - ❖ 良好的导师。
- 职业篮球运动员不需要练习吗?钢琴家不需要充分练习就可以上场演奏吗?数学家不需要演算和思考就会找出定理吗?
- 吴宝春、阿基师、曾雅妮等的成功,除了个人特质之外,都是有人指导和不断练习的成果。

二、自我效能与复原力的关系

- 自我效能的作用——表现复原力的可能(Bandura，1977)。
  - 影响个人对不同难度活动的选择，以及对该活动的坚持性。自我效能高者倾向于选择有挑战性的任务，遇到困难仍坚持自己的行为；而自我效能低者则相反。
  - 影响人们面对逆境的态度。自我效能高者勇于面对逆境，相信通过坚持不懈的努力可以克服困难；而自我效能低者在困难面前畏首畏尾，选择逃避。自我效能越高者，复原力越高。
  - 影响新行为的习得和已习得的行为表现。
  - 影响活动时的情绪。自我效能高者信心十足，情绪正向；而自我效能低者则充满恐惧和焦虑。
  - 对于自我控制力较低、容易产生焦虑、自我否认的状态，自我效能低者不能降低抽烟行为的发生频率(Karanci，1992；Haaga & Stewart，1992)。
  - 高自我效能者则较能拒绝同侪的邀约，拥有自我的判断能力，并能监控自己的行为(DiClemente & Hughes，1990)。
  - 高自我效能者对于感到不舒服的身体接触能主动明确地制止，并且能控制自己的性冲动，并观察、考量环境而做出合宜的行为(Basen-Engquist，1992；Basen-Engquist & Parcel，1992)。

三、如何培育自我效能

- 强调观察学习。
  - 观察学习是人们行为习得的一个重要途径。
  - 人的多数行为是通过观察别人的行为和行为的结果而学得的。依靠观察学习可以迅速掌握大量的行为模式。
- 重视模范的作用。

- 人的行为可以通过观察学习过程获得，但是获得什么样的行为以及行为的表现如何，则有赖于模范的作用。如父母在孩子面前抱怨照顾父母很辛劳和不满，其实是在示范不孝行为给孩子看。
- 示范者是否具有魅力、是否拥有奖赏、模范行为的复杂程度、模范行为的结果和模范与观察者的人际关系，都将影响观察者的行为表现。
- Bandura 指出创造性模范的影响：
  - ❖ 个人接触模范越多种，越具有创新性；
  - ❖ 观察学习是创造性行为的主要来源，模范越是多样化，观察者就越有可能做出创造性的反应；
  - ❖ 要培养服务对象的创新性，就要为服务对象提供多样化的示范者。
- 在观察学习中，示范者对学习者来说具有举足轻重的作用（见图 11－4）。
  - ❖ 示范不仅仅影响人们的行为反应，在不同类型示范的影响下，人们通过观察学习，可以学到许多东西。
  - ❖ 其中包括判断标准、言语、概念结构、讯息处理策略、认知策略、行为标准、道德判断、个性和新的行为方式等。

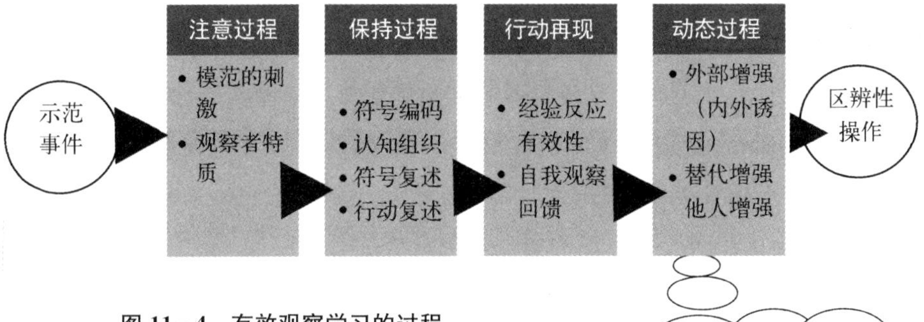

图 11－4 有效观察学习的过程

资料来源：Bandura A（1977）. Self-efficacy: Toward a unifying theory of behavioral change. Psychological Review.

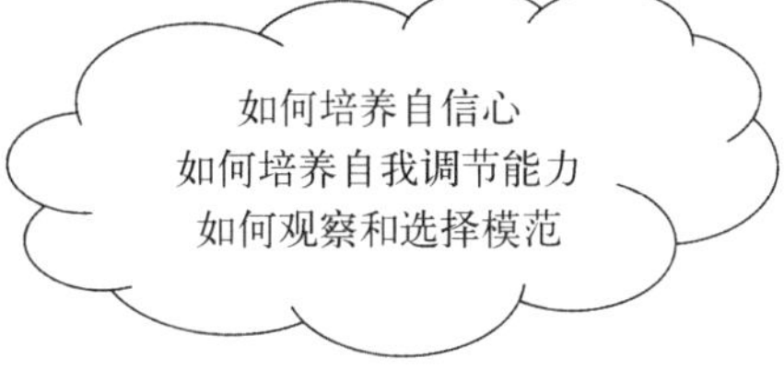

- 在行为养成中，示范与观摩可以为学习者提供学习的榜样或模范。
- 个人在观察学习的过程中，模范（model）本身的特质与行为必须呈现出一致性，否则将影响模仿者的学习（Bandura，1986）。
  - ❖ 学习者通过注意讯息，并将这些讯息编码整理与练习，进而产生行动。

    - ❖ 学习者会视行动的有效性给予讯息回馈，再做修正。
    - ❖ 能否成为自己行为范例中的一部分，则又视行为后果的增强与动机诱因而定，因而是一个循环的行为历程。

- 强调自我调节的作用。
  - 人的行为不仅受外界行为结果的影响，而且更重要的是受自我引发的行为结果的影响，即自我调节的影响。
  - 自我调节主要通过设立目标、自我评价，从而引发动机功能来调节行为。
- 奖励“较高的自信心”。
  - 一个人对自己应付各种情境能力的自信程度，在人的行为表现上发挥重要作用。
  - 自信心将决定一个人是否愿意面临困难情境和应付困难，以及个人面临困难情境的持久性。
  - 如果一个人对自己的能力有较高的预期，那么在面临困难时，往往会勇往直前，愿意付出较大的努力，坚持较久的时间；如果一个人对自己的能力缺乏自信，则往往会产生焦虑、不安和逃避行为。因此，改变人的回避行为，建立较高的自信心是十分必要的。
- 培育自我效能的服务阶段。
  - 第一阶段——与服务对象共同讨论期望和如何获得成功经验。
    - ❖ 成功的经验会增强服务对象的自我效能，使服务对象树立成功的信心，正确看待自己的能力。
    - ❖ 社会工作者要着重培养服务对象良好的心理品质，培养服务对象正当的兴趣、爱好和特长，并给服务对象创造成功的机会，让服务对象确认通向成功的途径。
    - ❖ 可以和服务对象讨论个人成功经验和对个人的影响。
    - ❖ 与服务对象讨论生活中的模范，并要求其观察模范的行为表现。
      - 先让观察者预测选择何种模范行为会带来何种益处，这样才能更有效地进行观察学习。
      - 让他们认识积极、正确观察模仿会给他们带来益处，以增强服务对象对观察学习良好行为的动机，促进形成良好的行为模式。
    - ❖ 个人的自我奖惩标准是在成长过程中建立的。

– 个人可以经由父母、同伴或权威人物的示范行为或奖励惩罚行为，使个体将这些信念和标准内化为个人的判断准则；或借由模范作用，学习如何考量道德的要求，成为个人评量的依据。
– 现代大众传播媒体提供广泛的社会学习资讯，带给观察者在学习上极大的方便。
– 服务对象看到社会工作者榜样，他们会以不同的方式组合社会工作者的特质，从社会工作者那里学习不同的行为。
– 父母、社会工作者和大众媒体传播内容要具备道德与行为的榜样或模范作用，在儿童确立自我奖惩标准的过程中成为他们发展方向的指引。

❖ 对于人的个性形成、生活和工作方式的养成、道德品质和社会行为的塑造，“观察学习”均具有高度影响力（故模范或观察学习的对象就很重要）。
❖ 人在社会中常会面对多个或多种榜样的影响，观察者很难仅依照某一个榜样来模塑自己的行为。
❖ 人们常常把不同榜样的各个方面组合成一个与任何一个榜样都不同的新的混合体。
❖ 多种榜样和示范行为将激发观察者创造新的行为。

思考问题　你如何选择模范让服务对象观察学习？给服务对象看成功人物的专题报道有用吗？

- 第二阶段——给予服务对象积极的鼓励和及时肯定的评价。
  ❖ 对于服务对象表现良好的地方，要给予肯定的评价，以促使服务对象朝更好的方向发展，同时也能激励其他服务对象观察学习他的行为。
  ❖ 对于表现相对较弱的服务对象，我们更应该注意其表现良好之处，及时给予鼓励；而非只是责备其表现不好之处，逐渐增强他们的自我效能。
- 第三阶段——全面发展服务对象的能力。
  ❖ 能力是建立自信心的基础，因此要注重培养和发展服务对象的各方面能力，提高服务对象的自我效能。

❖ 我们应该让每个服务对象在团体中找到适合自己的位置。

— 让每个服务对象都在团体中负有一定的责任，都有为大家服务的机会，并不断地为每个服务对象创造成功的机会，使他们品尝到成功的欢乐，从而培养服务对象的自信，提高他们的自我效能，这也是增权的一种做法。

思考问题 ‖ 团体领导者如何协助服务对象获得自我价值感和信心？

● 第四阶段——自律行为的养成。

❖ 自律是自己根据的价值标准来评判自己的行为，从而约束自己去做自己认为应该做的事，或避免自己做不应该做的事。

❖ 自律行为养成的心理历程。

— ① 自我观察(self-observation)

* 个人对自己所作所为的观察。自我观察可在某种行为表现的当时，也可在某种行为表现之后，前者称自觉，后者称自省。有自我观察才有自省的可能，才能自我监控。

— ② 自我评价(self-evaluation)

* 个人经自我观察后，按照自己所定的行为标准来评判自己的行为。

— ③ 自我强化(self-reinforcement)

* 个人按自订标准评判过自己的行为后，在心理上对自己所做的奖励或惩罚。

四、自我效能的评估与测量

➡ 如何测量自我效能。

● 从前述的说明中可以得知，自我效能包括了个人的自信心、坚持力、计划力、调节力、控制力，以及问题解决能力等要素，当个人的上述能力表现得越好，则效能感越高，也越能持续朝向成就目标前进。

- 通过概念操作化，可以具体测量个人自我效能的各要素状态，同时也可以作为与服务对象讨论处置目标的依据。
- 表 11－1 呈现三个自我效能概念要素的操作范例，读者可以依据服务对象的特质与需求，以及需要提升的效能情境，与服务对象做讨论。本量表可以视服务对象的能力与需求，采 3 条、5 条或 7 条尺度测量。

表 11－1　自我效能简易量表

概念要素	题　　项
主动尝试	1. 就算事情看起来很不容易解决，我还是会试着努力处理
	2. 就算一开始事情处理得不顺，我还是会继续努力想办法
	3. 就算事情很难做，我还是会主动想办法处理
	4. 我会有兴趣处理困难的事情
	5. 我不怕问题处理不好
	6. 我会尝试用新的方法处理事情
努力坚持	7. 当处理事情遇到困难时，我能够坚持把它做好
	8. 就算遇到挫折，我还是会继续努力学习
	9. 就算是不喜欢的事情，我还是会认真去面对
	10. 对于自己定的数学学习目标，我会试着去完成
	11. 就算我不会，我还是会找人一起想办法处理
	12. 我不会轻易放弃一件事情
自我信心	13. 我有信心把事情处理好
	14. 我相信我有能力独自完成事情
	15. 就算这件事情我过去没处理过，我相信我能顺利地解决
	16. 我有把握能处理完事情
	17. 我认为我可以靠自己的能力解决问题
	18. 就算事情处理得不顺利，我相信我可以想办法克服

第十二章 通过环境保护因子培育个人复原力

一、环境保护因子对个人复原力培育的重要性

二、通过家庭系统培育个人复原力

三、通过学校系统培育个人复原力

四、通过社区系统培育个人复原力

一、环境保护因子对个人复原力培育的重要性

复原力的培育需要多层级系统的交互运用与合作

- 从生态系统观点来看，个人处在特定的生态利基(ecological niche)中。当个人面临挑战时，个人保护因子能否发挥作用，会受到环境保护因子状态的影响。白倩如(2012b)的研究发现，虽然离开中途学校后，曾经从事性交易的少女立志不再以性交易为业，但是家庭、学校与社区环境系统会促进或抵销个人保护因子的作用，使得少女再次转向不同的生命发展路径。
- Falicov(1995)提出多层面生态观点，认为家庭会有其独特的变数组合，如社会阶层、宗教信仰、结构、性别角色、性倾向等，因而组成与交叠出多样的文化脉络。因此，家庭亦受所在环境利基的影响而决定其面对压力的反应，社会工作者应避免使用单一标准评估家庭情况从而使其落入病理思维。
- Henley(2010)强调，若儿童的生活环境中至少有一位重要成人，不论是父母、主要照顾者、教师或者是宗教人士……其面对逆境的表现都会较好。
- Werner(1993)也指出，支持性的人际关系是提升个人自尊与自我效能的最关键因素。具有复原力的儿童在他们的生命中至少有一个人会“毫无条件地接纳他们，不论他们是否闹脾气、在外表或智力上是否吸引人”。通过这种人际关系，可使个人获得滋养并激发个人努力的意愿与自我价值感。获得鼓励与协助，则可以使个人展现潜能、发展特定的技能或兴趣，进而加强其能力、自信与控制(Walsh，2006)。
- Csikszentmihalyi 与 Larson(1984)从调查青少年的日常生活作息与心情中发现，青少年需要不断地组合其生活经验，才能凝聚、维持生活的动力，求得与自我及社会的和谐。这指的不仅是感受，也包括价值观、角色等方面。也就是说，仅仅促进个人保护因子并不足以引发持续的改变，多元的机会与生活经验可以有效促成社会参与及融合，而这也是维持个人在社会常轨上的重要连带(social bonds)。
- Quaglia 与 Perry 的研究(1995)指出，青少年对各项日常主要活动的选择，是

他们内心志向的写照。

- “志向”(aspiration)乃是由“抱负”(ambition)和“励志”(inspiration)两个面向所组成。
  - ❖ 抱负：个人可展望并专注(invest)于未来的能力。
  - ❖ 志向：可为未来投注必要的时间、精力和心血的能力。
- 研究发现,影响此两种能力的因素,主要是看家庭和学校能否塑造出一个环境,让青少年去体会各样日常活动的意义和乐趣。

  本章即在整理家庭、学校与社区系统的相关服务方案与实证研究成果,以作为社会工作服务方案设计的参考。

二、通过家庭系统培育个人复原力

➡ 早期对复原力的研究中,只有少数研究注意到家庭的重要影响,且大多是聚焦在家庭组织、情绪气氛、关爱支持,以及合理的结构和约束等方面的影响。此外,家庭的信念、信仰、事件意义诠释亦会影响个人的保护因子作用(Walsh, 2006)。

➡ Walsh(2006)认为,家庭是否具有复原力,可以从三个方面检视：(1) 家庭的信念系统、(2) 家庭组成模式、(3) 家庭的沟通过程。

➡ 信念体系是家庭复原力的核心。

- 信念体系涵盖了个人的价值观,心中的确信、态度、偏见与假设,这一切合并形成一套基本前提,以启动情绪反应,促成决定,并引导行动。
- 信念作为家庭环境的保护因子有以下三个主要功能：
  - ❖ ① 为逆境创造意义；
  - ❖ ② 正面的展望；
  - ❖ ③ 超越性(transcendence)与灵性(spirituality)。
- 家庭的组成模式包含了弹性、连结,以及社会与经济资源。
- 家庭的沟通过程应是清晰、开放的情绪表达,以及能够合作解决问题。

➡ 支持家庭培育出具有复原力的个人。

- 社会工作者应协助弱势家庭提升功能与充权,尤其是单亲家庭教养青少年的支持性资源不足。

- 干预家庭的方式以协助家庭充权为主，诸如落实家庭经济补助、加强家庭维系服务方案等。
- 社会工作者应超越对“正常”家庭的迷思，避免将家庭病理化，而忽略了家庭面对逆境的潜能。常见的迷思包括认为“健康”家庭完全没有问题，认为任何问题都是由失调的家庭所引起，或是以单一的标准理想化“传统家庭”（如双亲、异性、核心家庭等）（Walsh，2006）。
- Bernard（1991）认为，家庭环境应：
  - ❖ 提供一个关怀且支持的家庭气氛，让儿童至少与家中某一成人有亲密的联结；
  - ❖ 表达对儿童少年的高度行为期待与成就期待；
  - ❖ 表达对儿童少年的抱负期望与资源投入的关系；
  - ❖ 不只是让儿童少年有自信，也要让儿童少年有信心面对困难；
  - ❖ 肯定儿童少年的价值，让儿童少年有明确的期待与规则可循，让儿童少年找到生命的意义与目标；
  - ❖ 鼓励儿童少年参与家庭事务，并对家庭功能有所贡献。

家庭复原力培育实证研究

吕佳蓉（2012）检视中国台湾许多研究发现：嫁到台湾的大陆妇女随着孩子入学，养育角色从“养”转为“育”较多时，子女教养逐渐成为困扰生活的重要事件。由于她们嫁入台湾时，社会支持系统不见得能协助其发展亲职能力，以便达到正向适应。因此，研究者以复原力理论为核心，运用团体工作方法，邀请大陆的志愿者为协同领导者，共进行7次团体工作，协助4名大陆妇女发展亲职效能，并通过团体工作过程协助成员发展良好同辈依附关系。这7次团体工作的内容，除了彼此研讨青少年成长过程之亲职教育困境和应对方法之外，也协助成员组织团体外出聚餐、亲子共游等活动，以发展同辈依附关系。

团体工作过程结束后，整体效果评估上，可看出成员在个人复原力上有增强，包括坚持力、自我效能、问题解决能力与希望感；同时，成员间的保护因子增加，正向依附关系产生，团体内外形成了良好的支持网络。最后发觉成员借由参与团体达到自我觉察与认知的改变后，进而对教养方法产生转变，且有再学习的意愿。在亲职能力的部分，成员参与团体后较能掌控自己的情绪，亲子互动关系变好，更能耐心倾听孩子心声、以鼓励的方式教导孩子，并且和孩子相处得更亲密，显示本团体工作强化亲子依附关系的保护因子。

其实弱势家庭复原力培育有许多方法。可以多举办提升亲子正向依附关系的活动，除了协助父母改善亲子关系的各种个案或团体工作之外，也可以举办亲子共游或亲子冒险探索活动（如溯溪等）、体验教育活动（野炊、共同制作风筝等），以此促进家庭成员间彼此激励、表现各自的专长、共同面对困境或问题解决的过程，并增加亲子之间合作与相互依赖性的活动，以最终强化亲子良好依附关系。

社区参与活动可以让弱势家庭表现出对社会有贡献的机会，激发家庭成员自尊和自信，厚实家庭社会支持网络。

三、通过学校系统培育个人复原力

——创造友善校园

创造友善、支持性、高成就期望的学校气氛环境对青少年的重要性有以下几点。

- 展现对学生的关怀与支持，能了解到这种气氛有助于强化学生的成就动机。
- 对学生表达较高的成就期待，例如重视学业表现。老师对学生应有明确的期待与规范，学生应积极参与（Bernard，1991）。
- 研究显示，对学业表现不佳的高关怀青少年来说，参与服务方案的成功点是学校整体的气氛。

  - ❖ 例如对学生拥有高期待，是降低学业失败的主因，也是让许多青年留在大学里而未中辍的主因(Bernard，1991)。
- 强调青少年参与的重要性，学校应提供青少年参与的机会，而且让他们觉得善尽责任是很有意义的。
- 社会支持对青少年的发展与适应力有很大影响，特别是家长的支持(Bowne & Chapman，1996)；此外，来自老师与邻居的支持比同侪支持还要重要。

☐ 正向就学经验与再犯率的关系：

- Blumstein、Farrington 与 Moitra(1985)、Wolfgang、Figlio 与 Sellin(1972)，以及 Pasternack、Grossman、Miller 与 Martinez-Gowen(1993)的新墨西哥整合性研究。
  - ❖ 比较离开矫治教育系统中的再犯青少年与复原青少年，其分别在 21 项能力上达到显著的差异(引自 Pasternack，Robert，Martinez & Kathleen，1996)。
  - ❖ 初次监禁前是否在非法行动中获取金钱，以及双亲中是否有暴力行为等两项，分别是最高与次高的再犯预测因子。
  - ❖ 监禁前是否有工作，是否具备有效的自我控制能力，以及正向的就学经验是偏差行为青少年复原力的预测因子。
- 从研究结果可以知道，维持高关怀少年在学校系统中的就学经验，不仅可以使其持续获得必要的社会支持，同时可以弥补家庭功能。
- 一个好的老师，不但能够让个人感受到重视、觉得值得努力、对自己有信心、认识自己的潜能优势，也能够协助个人在面对困境时增加信心。曾华源(2006)的研究显示，一个能够让学生敬爱、如沐春风的老师，是促成偏差行为少年转变的关键要素之一。
- 对于处于社会底层者来说，追求教育成就仍是个人能否“翻身”的重要因素。这不仅是因为能够获得知识或文凭，更重要的是能维持个人的社会连带，同时学校仍是扩大多元社会网络、资源机会的平台系统。许多早年失学的成人最终仍然坚持回到学校，他们因而认识许多不同阶层和职业结构的“同学”。
- 白倩如(2012b)的研究也发现，要能持续离退性交易，能否持续处于学校系统是很重要的影响因素。在欠缺家庭系统的支持下，少女通常要能兼顾学业与打工，以支付各种生活和学杂费的支出，特别是职业技术学习常有许多额外费用、学业压力与社会网络不稳定等困境，因而只有依赖学校教师帮忙或弹性的学校政策支持方能渡过。

- Splittgerber 与 Allen(1996)进行了一项探究学校成就与伙伴关系的计划。
  - 计划目标：预防学生辍学。
  - 具体作法：
    - 认辅人士至少每星期与青少年见面一次，以建立友谊关系，并聊聊学校所发生的事情；
    - 除了传统认辅角色所做的事情外，此计划希望认辅人士可以多关心青少年的行为，并联结社区资源来帮助青少年进行个人与社会发展。
- Paige、Kitzis 与 Wolfe(2003)的"建构乡村基柱的复原力与联结方案"(Rural Underpinnings for Resiliency and Linkages，简称 RURL)。
  - 目标：促进校园安全与学生的身心健康。
  - 对象：青少年及其家庭。
  - 由多个子方案计划组成，包含预防性方案、干预性服务、处遇性服务、员工发展、学校政策，以及社区外展与社区意识发展方案。
  - 积极创造导师关系(mentoring relationship)。导师的意涵包括以下几个方面。
    - 泛指成人对青少年的指引、示范、辅佐、导正等形式的行为，反映青少年的各种社会关系。
    - 是偏重青少年对成人实质感受的功能。
    - 是青少年会安心乐意地去寻求忠告来定位生活方向的人，也包括对青少年的关怀、激励等。
    - 更确切的定义则是强调排除父母与家人，在家庭关系外，经过刻意安排或自然形成的一种可信任的关系，也是青少年与更广泛社区生活的联结。
  - 研究发现：
    - 这种关系是可以跨越情感及文化因素的影响而存在的，即不论情感有无，以及如何受文化范定其形态，青少年都能肯定且受益于此种关系，特别是在他们所需求的某些社会能力发展上(Darling et al.，2002)。

- ❖ 会寻求导师的青少年通常是比较有竞争力且有成就的，也比较会参与学校及社区的各种活动(Cotterell，1996)。
- ❖ 在此等关系中，青少年还可发挥某些主动或主导的角色，影响关系发展与应用的方向(Darling et al.，2002)。
- ❖ 青少年会从不同的成人关系中去寻求其所需的使能者(enabler)、模范者(role model)、信奉者(believer)或教导者(teacher)等功能的"导师"，且这些关系对青少年的效益非同侪关系可以替代，即较没有成人朋友的青少年也不会去寻求同侪的朋友(Cotterell，1996)。

- 上述的导师关系比较可能在青少年参与有组织的活动(如社团或球队)时发展，虽然在非正式社会关系中也有可能。
  - ❖ 事实上，两种途径对青少年都各有其功能与重要性(Hurrelmann，1990，引自 Cotterell，1996)。
- 不过，在弱势社区中的青少年，其参与有组织活动的机会是贫乏的。
  - ❖ 所以，他们要如何把握并开创与成人的各种非正式互动关系，而从中找到导师，则是一个很重要的课题。
- 研究(Stevenson，1998)发现，家庭与邻里社会网络的互动，有助于青少年体会社区生活的价值观和安全感，并可增强其"社会资本"(social capital)。
- 另一项研究(Furlong et al.，1996)则发现，青少年的日常生活情境脉络(contexts)，包括他们接触的人、事物及从中所形成的对生活和自我的信念，这是落实生涯发展之"机会架构"(opportunity structures)的主要变项，比纯就社会阶层、经济、职业等结构因素来衡量该架构还要具体。

思考问题

- 创造友善校园和创造友善机构环境有无共通之处？其中机构主管和工作人员的价值与做法会有何影响？
- 如何创造友善机构环境，以便强化服务对象的复原力？

四、通过社区系统培育个人复原力

- 国内外的研究均显示，若儿童少年不幸处于弱势的社区，而社区本身又无视其被边缘化的社会地位，或无法开创出另一种生活价值时，儿童少年终究还是难以突破社区生活背景与形态的限制，甚至可能落入成人有意无意的支配中，被利用于利益竞争的困境中（阙汉中，2009）。
- 创造友善的、正向期望的社区支持网络、社会参与机会与社区生活空间。
  - 建构让青少年感受到“有希望”“有未来”“有机会”的家庭与社会环境。
  - 社区表现出对社区成员的关怀与支持。
  - 行为是“被期望出来的”——社区对青年要有高且正向的期待。
    - 如果社区将少年看成资源而不是问题，青少年会比较没有问题行为。
  - 社区会创造许多机会让青少年积极参与社区生活。
    - 通过社会网络维系，并促进社区的凝聚力（Bernard，1991），也为社区成员提供各种资源，积极建立社会网络以满足社区成员的需求。
    - 休闲活动参与空间需创建，例如：有 24 小时的网吧，但没有 24 小时的图书馆或社区青少年休闲活动空间。
    - 积极建立社区青少年各种团队，以强化个人参与机会，保护个人在社区中的权益，提升社区参与机会，融入社区生活。
- 将青少年看成是建构社区能力的优势与资源。
  - 专业人员若采取优势与能力的观点，有别于将青少年当成是问题制造者或受害者的观点（Finn & Checkoway，1998）。
  - 会在过程中鼓励青少年一起参与社区计划中的规划与行动，共同改变社区。
  - 青少年的社区行动与执行活动。包括社区行动策略、社区规划与倡导、社区教育、社区型的服务等。
  - 社会工作的角色在于以优势观点看待青少年，和青少年一起合作，将他们当成是真正的伙伴，一起培植能力。
  - 以社区为基础的青少年方案（Finn & Checkoway，1998）：着重青少年的能力建构、合作伙伴关系，以及文化能力。

- 社区青年发展方案有以下几个要素(community youth development)(阙汉中，2009)。
  - 强调不只青少年需要社区照顾，社区也需要青少年的活力。
  - 实务上的意涵：结合社区发展工作与青少年发展工作，两者有互赖性(interdependence)且息息相关(Amistead & Wexler, 1997)。
  - 青少年与成人在社区中的关系既然是可以对等的，那么社区对青少年的意义就不只在于提供支持而已，相反地，社区也应是青少年可以发挥某种积极性角色的生活领域。
    - 界定“高风险”(at-risk)少年的指标中，必定包含与社区疏离的项目，如社区暴力、偏差同侪、缺乏模范等(Burt, Resnick & Novick, 1998)。
  - “发展性”观点，是强调要注重“青少年发展取向”(youth development approach)的青少年福利工作观点。
  - 要点之一，在于促进青少年与社区的联结(阙汉中，2009)。
- 社区青少年的发展观点(Ungar, 2005)有以下几点。
  - 要改善青少年的发展状况，需先营造社区改变的能量和条件。
  - 要开拓社区各方面的行动，使青少年有更宽广的发展途径。
  - 要使青少年达成三种发展状况：
    - ① 学会生产(learning to be productive)；
    - ② 学会联结(learning to connect)；
    - ③ 学会掌舵(learning to navigate)。
  - 要使青少年最终成为有健全社会关系、能融入社区的成人。
- 能够提供开创多元角色的社区空间。
  - 青少年若在社区内有探索利社会行动(pro-social action)的机会，配合其个人及家庭的条件，将有助于道德认同(moral identity)的发展(Hart, Atkins & Ford, 1998)。
    - 道德发展是建立价值观的基础。青少年通过参与社会公益活动建构道德认同，有此基础后，才可能从生活中创造价值、累积社会资本。
    - Halpern、Barker 和 Mollard(2000)发现，即使生长在不利或弱势的社区环境中，许多青少年仍充满活力与期望，也相当有主见，能展现出相当程度的复原力和幽默感去适应。

❖ 他们若陷入困境，主要还是因为从家庭和学校均得不到重视、指引和支持，有的甚至要替代扮演某些成人角色，俨然已是成人的伙伴（partner）。

❖ 对于这样的青少年，社区就必须提供一些替代的空间（alternative spaces）以缓冲他们的压力，而这也正是一些社区青少年方案所能发挥的功能。

⊡ 纽约哈林区的“青少年行动方案”。

- 做法：

  ❖ 问年轻人最想改变社区的事，并依据优先性开始这个计划。

- 最早的计划之一是重建市区内废弃的建筑，并将其改建成青少年街友之家。至今已有 60 名低收入青少年加入重建废弃建筑的行列，并提供街友住宅服务，协助街友完成学业并准备就业。

  ❖ 这些参与方案的年轻人，有许多是年轻父母、寄养家庭、福利体系的青少年或接受观护的青少年，他们接受建筑技能训练、高中同等学力教育、社会服务、必要的咨询与就业准备等。

  ❖ 他们所完成的住宅重建将成为他们或他们家庭的永久住宅，这个模式正是美国联邦政府支持的“美国青年住宅方案”原型。

- 建立“东哈林区青少年资源中心”。

  ❖ 提供个人辅导、课业辅导、倡导社会服务，并帮助这些青少年发展他们想要的专案计划。

- 青少年参与是管理此方案的核心精神。

  ❖ 该方案的决策委员会成员多数是青少年，负责管理决策。在倡导议题上，委员会也会征询成员的意见，定期召开组织领导与会员的会议。

- 核心的信念：视青少年为“有能力的公民”（competent citizens）或“社区建构者”（community builders），而不是问题制造者或受害者。

  ❖ 青少年在这些方案当中能主动、有效地反映并解决他们经常受到忽略的需求或权益，主要就是因为他们有被尊重的机会，被赋予了参与的机会甚至领导的机会，也使他们得以更自在地反省、应用他们的生活文化，从改善自身生活环境做起，并进而去倡导更多青少年乃至社区整体的利益。

❖ 当然,成人相对配合给予的支持、训练、组织也都是很重要的因素,但在前述信念的引导下,所做的一切均发挥了与青少年“共事”(accompaniment)的精神,而不是由成人主导一切。

反思问题

- 你认为这个方案在中国台湾(台北、台中、台东、云林、屏东……)可行吗? 为什么?
- 你认为这个方案需要有哪些条件(包括社区的、组织的、团队的……)才能推动呢?
- 如果你是这个方案的执行者,当上述的条件都已经具备时,你是否还会有担心? 跟什么有关?
- 你认为推动这个方案,对于高关怀青少年有必要吗? 为什么?

Grotberg(2001)以外部支持系统促进儿童少年内在优势,并使其获得人际与问题解决技巧。

孕育社会行动与促进社会流动。

- 黄昌荣与邵家臻(1998)主张,青年应有权向现存的社会规范、成人角色和价值观做出反思、反抗和改革。
  - ❖ 在资本主义社会中,青少年不应只被视为经济发展的工具(从而强调对青少年的社会控制或社会投资),应以青少年发展作为经济发展的主体和目标。
  - ❖ 社会行动中落实意识觉醒、教育和充权(empower)。

老人社区复原力培育。

- 当前我国重视老人社区照护,希望能成功地在所居住的社区养老。社区养老,则必须能在社区生活中获得足够的社会支持,以满足生理、心理和社会方面的照顾需求。
- 国内许多研究(王冠今,2010;石泱,2009;林松龄,1996)指出,老人的社会支持网络会影响心理健康和社会生活适应。
  - ❖ 除了医疗卫生照护之外,生活照护与心理健康亦需要家庭与社区的社会支持。

- 李仰慈(2014)研究发现,社会网络、社会参与程度影响老人获得社会支持的程度。
  - 其中老人参与社区内各种慈善性、休闲性或志愿性社会服务社团活动,以及老人过去建构的社会关系网络(包括家庭成员关系、亲朋关系),都会随着年龄渐长,而显著影响老人获得的社会支持的程度。
  - 显然培育老人在社区生活中的复原力,社工要关注老人与家庭成员和亲友的良好依附关系的维系,以让老人能与社区有更多的联结机会,可以尽早参与社区各种活动。

思考问题

过去的社会为“熟人社会”,社区中的家庭成员与社区成员彼此相互认识,所以家庭在社区中的社会资本容易成为家庭面对逆境的保护因子。而现代社会则非如此。对弱势服务对象或家庭来说,他会需要何种友善的社区环境?机构或社区非营利组织如何协助社区建构具有复原力的社区环境?

IV

第四篇

复原力任务中心实务指南

——高关怀青少年复原力培育团体工作范例

前　言

本篇主要是提供高关怀青少年的复原力任务中心团体工作规划范例。有关于团体工作的知识和技巧，请自行阅读相关书籍。范例设计的着重点在于依据团体动力发展，采取任务中心取向，以培育复原力或自我效能为目标，分割为可行的任务和行动(活动)，以便说明社会工作专业如何对服务对象进行培育复原力的实务工作。本篇共计三个范例，均是以高关怀儿童少年为主要的服务规划对象。范例一为“提升青少年自我效能的团体方案”，这是一个长期性的服务方案，通过四个次方案提升青少年的自我效能与成就追求能力。范例二则是“高关怀青少年复原力生活体验营”，是短期的体验学习团体，目标旨在培育个人复原力，以营队活动设计方式呈现。前述两个方案均是以任务中心的目标与任务设计原理来逐步促成个人的自我效能与复原力发展。范例三是“长期安置儿童少年复原力培育服务”，是以长期安置机构中的儿童少年作为复原力培育之标的对象。此方案通过建构安置专业团队能力，以营造一个适合长期安置儿少培育复原力的生活环境。安置机构是一个开放的生活系统，专业团队与安置儿少的组成呈现随时流动与动力变化的状态。此范例旨在说明如何通过专业团队与服务对象的互动过程，以行动研究的精神带领团队发展复原力培育能力的实际操作过程。总的来说，高关怀儿童少年复原力的培育需要建构个人保护因子与环境保护因子，保护因子又必须从个人自我效能及重要他人正向关系而来(见下图)。

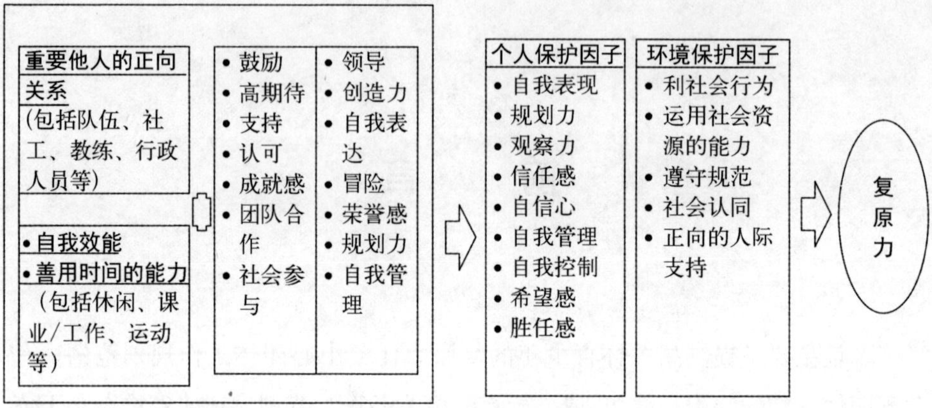

复原力培育概念图

资料来源：修改自 McMillan J H & Reed D F,(1994). At-risk students and resiliency: Factors contributing to academic success, Clearing House.

第十三章 认识高关怀青少年

一、高关怀青少年的意涵
二、青少年风险行为的发展阶段
三、高关怀青少年的成长目标

一、高关怀青少年的意涵

- Kelso（1994）指出，底层阶层（underclass）人口会面对社会排除（social exclusion）和被边缘化的问题。
  - 根据《社会工作百科全书》的定义，青少年高风险行为的意涵是指，会影响青少年在未来遭遇到负面后果（negative consequences）的风险因素及行为（Singer & Hussey，1995）。
  - 高风险行为将可预测出青少年是较为脆弱的，会阻碍他们在未来成为成熟、负责的成人。
  - 从生态观点（ecological perspective）来看，弱势者其实是社会发展资源不足的结果。弱势儿童少年处于不良的生态环境栖息地（habitat）中成长，他们常常需要面对经济资源不平等、物质剥夺（substance deprivation）和社会剥夺（social deprivation）等移转性剥夺（transmitted deprivation）。
- Rutter 与 Madge（1976）研究指出，造成移转性剥夺（transmitted deprivation）的条件为（1）经济地位、（2）住宅、（3）学业或智能表现、（4）职业地位、（5）犯罪及少年虞犯、（6）精神失常、（7）父母行为、（8）多重家庭问题、（9）少数民族团体等九项。
- 弱势家庭是资源不足的环境，使下一代处于不利的生态环境中；即弱势者下一代的社会发展处于资源缺乏、社会支持弱的生态环境中。
- 在不良的栖息地中与环境交流，成长过程将面对压力与挑战。
  - 社会工作者协助服务对象不是只消极地协助其消除症状，处理风险因子（risk factor），而是要积极地协助个人发展保护性因子或机制（protective factor or mechanism）。
- 常见高关怀青少年之风险行为包括以下几种。
  - 学业挫败（含成绩不佳、逃学、辍学）、贫穷、离家、自我伤害、破坏性的行为、未保护的性行为、过早生育、物质滥用、触法行为、未习得足够留在教育系统或转衔至职场的技能、功能性文盲。

- 未计划或不情愿地过早成为父母。而其无法成为负责成熟的双亲主要是因为其本身的家庭经验即十分有限，且缺乏养育子女的资源。

对高关怀青少年的协助应放在建构个人健康的能力和环境上，而非只停留在对过去为何会挫败的经验探索上。也就是说，应该要使个人即使未来再度面对艰困的生存环境系统，仍然能够活得有自尊、成就和自我效能。

二、青少年风险行为的发展阶段

反思问题

- "叛逆"是天生的？或是学习来的？
- "叛逆"是"逆"谁的意见？
- "顶嘴"是"叛逆"还是"自我内省和判断能力提升"的行为表现？
- 中国文化中，儿童少年行为表现的期待是"乖"；这样的期望，会带给儿童少年行为什么影响？

华人社会对儿童少年的期望价值，会影响社会工作者的实务做法。成人对少年的期待往往是"乖"，亦即要顺从。许多人会过快地将青少年标签为"叛逆""狂飙""冲动"，而忽略了现代青少年的生活处境。

- 现代青少年易给人一种所谓"优势的假象"(Hurrelmann，1989)，以为他们在现代的生活中，表面上好像拥有许多的选择，尤其在商品的消费上。但事实上他们却是被庞大商业集团控制的弱势族群，在社会上只能扮演有限消费者的角色。
- 此外，现代青少年也面临"角色匮乏"(rolelessness)等问题(Nightingale & Wolverton，1993；Elkind，1989)，青少年很难在生活环境中找到有意义的角色空间。像是：弱势家庭因欠缺教养资源与社会资本，家长对少年的教养更感困难。
- 对弱势青少年来说，他们面临家庭的问题、学校的拒绝、工作环境的排斥、社会的歧视、政府资源提供的短缺等，其心理上充斥着负面的自我形象和低落的自尊心，令他/她们心里充满无力感(powerlessness)。

- 林昱瑄(2006)的研究发现,中辍复学的少女经常要面对生存的困境,像是为钱烦恼、帮忙朋友或卷入复杂的人际网络等,都使得她们的生活变动性大,而难以配合学校复学的种种规定。
- Ungar(2005)用社会结构的观点分析后也指出,许多接受服务者常常必须面对现存结构的不公平,而必须要去配合环境结构的规定。
- 因此,在与高关怀少年工作的过程中,社会工作者必须了解青少年风险行为的发展阶段是一个渐进的过程(见图 13－1)。从生态观点来看,少年的风险行为其实是因应恶劣生活环境系统所发展出来的行为,也是一个逐步被环境系统拒斥的过程。表 13－1 是一个简易的自我测试量表,它并没有标准答案,只是提供我们作为对高关怀少年反思的基础。

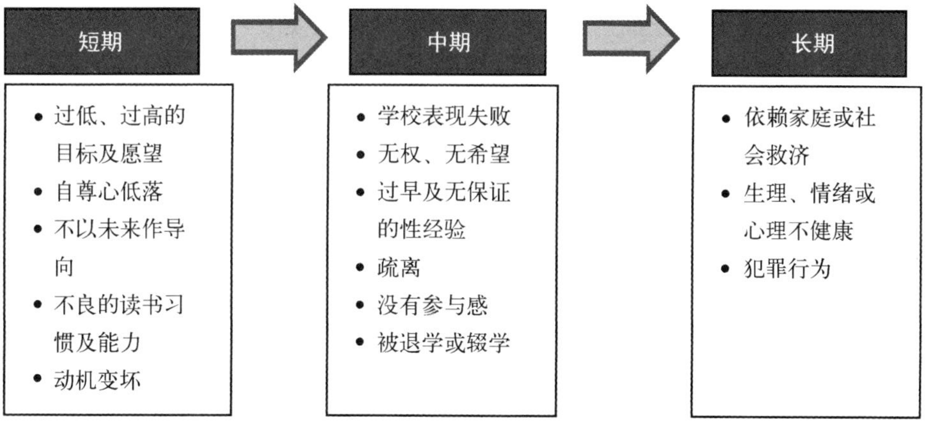

图 13－1　青少年风险行为的发展阶段

资料来源:Wigtil JV(1995),Exceptional Children:Counseling at-risk students,In J. Yang (Eds.),Counseling and Guidance in Taiwan of China and USA 1995 Symposia Proceeding.

表 13－1　高关怀少年印象反思

你过去协助高关怀青少年时,对他们的认识是什么? 请根据你的想法在右栏打“√”		非常同意	同意	不同意	非常不同意
1	高关怀青少年吃软不吃硬				
2	高关怀青少年受同辈群体的影响很大				
3	高关怀青少年自尊心低				
4	高关怀青少年没有安全感				

（续　表）

你过去协助高关怀青少年时，对他们的认识是什么？请根据你的想法在右栏打“√”		非常同意	同意	不同意	非常不同意
5	高关怀青少年处于叛逆阶段，什么事情都看不惯				
6	高关怀青少年在同辈面前死爱面子				
7	高关怀青少年喜欢找借口、吹牛、说话不算话				
8	高关怀青少年责任感比较低				
9	高关怀青少年要变好不太可能				
10	高关怀青少年喜欢闹事，要他们安静下来不可能				
11	高关怀青少年做事常乱做一通，讲也没有用				
12	高关怀青少年是不守信用的				
13	高关怀青少年能意识到自己是有问题的				
14	高关怀青少年经常找借口，就是不想面对				
15	高关怀青少年有处理自己问题的能力				
16	高关怀青少年有偏差行为以后就会越陷越深				
17	高关怀青少年会陷入问题情境是自己造成的				
18	高关怀青少年会有问题是自己性格因素使然				
19	除非高关怀青少年自己想要改变，否则谁也救不了				
20	高关怀青少年倾向于认同“人在江湖身不由己”				

回应的答案中，同意越多，表示你接纳高关怀青少年的程度越低，也越不容易看见他们的需求，越不容易建立信任关系和提供支持性协助。

三、高关怀青少年的成长目标

Stephens(1997)认为，服务高关怀青少年应结合不同的服务，应包括以下几点。

- 正增强与教导父母有效亲职技能的亲职教育。
- 健全启蒙方案，强调母亲与婴儿的关系。

- 认辅方案中提供青少年正向积极的成人模范榜样。
- 学习以非暴力解决冲突的技巧。
- 社区与学校的伙伴关系。
- 品格教育，以提升普世价值，例如真诚、公平、宽容与责任。
- 青少年导向的社区服务方案、社区警政修复式正义方案。

高关怀青少年社会工作服务取向应以培育复原力为本，不应只是提供个人发展机会，而且要建构让少年感受到“有希望”“有未来”“有机会”的家庭与社会环境。其途径有以下五点(曾华源、李仰慈，2012)。

- (1) 从个人内在层面服务，培育个人自我效能，发展个人内在问题解决技巧和因应策略，以培养青少年的信心和希望感，强化其对抗逆境、挫折的心理素质和执行社会生活适应能力。
- (2) 提供家庭支援性服务，尤其是对弱势家庭的功能提升给予支援性资源与充权。干预家庭的方式以要协助家庭充权为主，如落实家庭经济补助、加强家庭维系服务方案等。
- (3) 协助发展健康的同辈关系，要使青少年能信任朋友与同侪，而且能够与他们建立有所承诺和互惠的交换关系，彼此相互鼓励、情感支持，并提供较实际的回馈行为，发展、维持青少年的健康的社会技巧，以便他们能够更有效地应对其社会环境。
- (4) 建构友善的学校学习环境，扩大教师的角色模范，积极接纳弱势学生，强化学校与社区的积极性关系。
- (5) 建构友善的社区环境，增加休闲活动参与空间和积极建立社区青少年各种团队，以强化个人正式与非正式的社会参与机会，保护个人在社区中的权益，融入社区生活，促使青少年对社区的共同善(common goods)有所贡献。

第十四章 提升青少年自我效能的团体方案

一、团体动力的要旨
二、社会团体工作的设计原则
三、提升青少年自我效能的团体方案设计范例

“提升青少年自我效能的团体方案”是以任务中心为取向的社会工作，以安置辅导机构或社区青少年为服务提供对象，协助提升高关怀青少年个人自我效能和成就追求的能力。通过设计具体可行的各项相关任务性活动，以说明目标、任务和活动的关系。读者可以自行评估每项方案的目标是否可以借由活动达成，以及各方案是否有助于提升高关怀青少年的自我效能。其实，安置机构是团体工作开展的载体，成员的进出和流动均会影响团体动力。团体本身与团体领导者(社会工作者)可以通过计划性的安排成为少年的环境保护因子。因此，善用团体动力促成个人改变显得至为关键。

一、团体动力的要旨

- 团体应是一个动态发展的历程，而且成员之间会形成结构性互相依赖关系(Lewin，1946；Forsyth，2006)。
  - 当几个不同的人聚在一起要进行一件事或活动时，彼此之间内在情绪和行为表现将使活动结果差异颇大(Ellis & Fisher，1994)，此一相互影响力量使团体成员可以助长个人愿意和与他人合作，助人或催化我们在团体中的表现；有时候团体成员会抑制个人表现或抑制个人，使人在团体中和别人竞争或离开团体。
  - 因而，评断一群人是否为一个团体，就要看构成团体的要素是什么。如明确的成员、成员要互动、共同目标之意念、在满足需求中相互依赖、一致行动的能力、成员之间有明确的角色与地位，以及团体心理(group mind)或意识(指团体的向心力、归属感)。
- 分析团体动力，可以从结构性因素和过程面向两方面进行(Forsyth，2006；郭敏学，1985)。
  - 在团体结构面向上的分析，可以从团体组成人数、空间配置、活动任务性质和时间等因素了解可能的影响，再者，也可以从权力、人际、角色和沟通行为与模式等面向看出成员之间所形成的互动方向和关系形态。另外，成员互动所形成的团体目标和团体行为规范，也是重要的结构性因素(李南雄，1978)。

- 在团体过程互动性面向的分析中，则可以从团体气氛、团体冲突与问题处理模式、团体凝聚力、团体压力与决策过程，以及领导等面向认识团体动力(Ellis & Fisher, 1994)。当然，每位团体成员生理、心理特质和社会文化背景因素，都将会影响成员在团体中的沟通行为表现，以及合作、竞争、冲突与伤害的可能性。所以团体最后会发展成什么样子，常不容易被预测和掌握。

如何增进团体凝聚力

- 首先要考虑团体的大小。团体越大，凝聚力越不易产生，游离分子多，协调难；而团体越小，凝聚力越易产生，游离分子少，协调越容易。但是若团体少于五人，团体成员之间的主要功能不易发挥。

  ※ 依照团体可能沟通的深度，团体规模大概六至十二人最好。
- 可以经由增加成员互动次数，使成员认识度增加；成员间的相似性(性别、年龄、价值观……)越高则越容易沟通。要让成员感到有参与感，所以团体的圆形沟通比直线型好。
- 要注意团体的气氛(团体的气氛轻松较严肃好)。
- 参加团体是希望团体能满足个人的需要。因此，团体所设定的目标是属于团体的还是个人的，这点非常重要(李南雄，1978)。
- 团体的活动不仅要能为成员所喜爱，而且成员间要能相互依存，其相互依赖关系越强，则凝聚力越高。所以一起完成困难的工作或活动(如竞赛会促成团体的凝聚力，或感受到外来威胁时，凝聚力会增加)会增加团体凝聚力。
- 最后很关键的因素是领导的形态。不论是民主领导还是权威领导，都比放任领导好(Ellis & Fisher, 1994)。不过，在时间充裕时，民主领导可以让成员充分参与而有高的满足感；但情况紧急时，民主领导会让成员感到不耐烦，采取较直接的方式领导，成员满意度反而会比较高。

⇥ 使团体凝聚力消失的因素：

- 成员不同意团体解决问题的方式；
- 团体做出不合理或过度的要求；
- 成员有人过度独裁或出现令人不愉快的情形；

- 会议中有高度个人倾向的行为；
- 限制团体成员从团体外的活动来满足；
- 外面团体对这个团体的评价不好；
- 团体间有竞争时，也可能会使凝聚力减低，除非团体觉得会赢；
- 团体成员中，个人常成为替罪羔羊时，就会离开团体。

➡ 不可迷信团体凝聚力一定会对团体工作产生正面效果。其实，团体凝聚力高时，成员常会忘记团体目标而沉醉在彼此之间相互关系的满足上。此时，团体生产力会下降，团体甚至会走向团体思考。

二、社会团体工作的设计原则

➡ 团体工作不是找一些人来进行机构所安排的活动即可。

➡ 团体工作的设计是希望在预期时间和活动安排下，由领导者带领成员达成预期的目标。所以团体工作的设计是非常重要的。

➡ 一般说来，团体设计应该依照团体动力的发展阶段和影响因素做考量。

团体目的与成员需求

➡ 关注成员参与动机。

- 个人为何会想来参加团体？想从团体中获得什么？成员动机会影响目标的运作，因为这会影响成员的参与意愿和行动。
- 考虑成员共同参与团体目的的一致性程度，差异性将可能会影响团体目标的达成，甚至会引发冲突。由此看来，不是谁都可以参与团体工作的。
- 要评估潜在的团体成员，他可能的需要是什么？亦即选谁进入团体，将用何种方式来选择和过滤成员？
- 有时机构的目的往往与团体的目的不相一致(Garvin，1997)。
- 如何选择满足成员的需要，要考虑机构的特性和可以发挥到何种程度。
    - ❖ 除了团体外，成员是否没有更好的服务方式来为他服务，如有些人可能用个案工作较好。

❖ 案主到底喜欢何种服务方式,有些人可能觉得团体会泄密。

❖ 个人是否适合团体的方式,如有情绪困扰时,可能用个案工作较好。

❖ 有些人可能无法与团体的时间配合。

❖ 个人是否过于特殊。

⊡ 如何制订团体目标?

- 应先思考成员有何需要,成员想要的和能提供之间有何差距,成员可在团体中获得哪些东西,机构所能提供的能力范围为何。
- 目标应明确、具体、可行,让成员了解参与团体的可能收获,否则会影响团体工作的实施(Garvin, 1997)。

团体结构因素与团体发展的关系

⊡ 团体要采取哪种方式进行,活动方案拟订考虑要有多少团体成员,每次聚会的时间与地点为何,团体要进行几次,每次间隔多久,沟通内容的深度为何,有无涉及伦理问题等都是需要做考量的。

⊡ 结构因素要考量以下几点。

- 团体规模、成员相似性、团体场地特质,将会影响团体活动的安排和团体进行。
- 场地的安排是影响团体气氛的因素,其也会影响活动是否有效。场地安排必须视活动的内容与团体规模大小而定。此外,活动时间的长短也会影响团体工作。规模大的活动其互动时间有限,而且暖身时间也相对较长。
- 成员之间的相似性程度会影响互动关系和学习。

  ❖ 相似性指个人属性,如年龄、职业、性别、种族、教育程度等;或行为属性,如问题形态、问题解决技巧等。

  ❖ 成员间的差异性如果太大,互动形态会受到影响,且成员团体外的活动会影响到团体活动内容的进行。
- 互动沟通深度和时间与团体规模之间的关系。

  ❖ 如果沟通内容较浅且沟通时间少,则人数可以多,但是成员之间的差异性要小。如果沟通较深入且隐私较多,则成员人数要少,时间要多一些,此时,成员差异性可以大些。

    - ❖ 时间安排多少会影响团体进行方式与互动深度。
- 结构性的团体由领导者决定活动内容，而非结构性的团体其领导者只决定活动目标，时间长短及其他的内容则由成员来决定。
- 在何种程度内由团体成员或团体领导者决定活动的方案和进行方式？亦即团体要用何种结构？
    - ❖ 通常，非结构性团体适用于领导经验较多的人。所以要考量谁来带这团体，其资格为何，计划如何进行评估，进行追踪的方式是什么，团体的性质与机构的功能相吻合的程度等。
- 进行规划时，要思考的问题有以下几点。
    - ❖ 团体是开放性的还是封闭性的？
    - ❖ 选择成员同质还是异质？自愿还是非自愿？
    - ❖ 团体目标与团体进行时间应如何？
    - ❖ 何种类型的团体？是成长性的还是针对特殊问题的？长期还是短期？
    - ❖ 哪些规则由团体领导者在团体外决定？何种主题会在团体中探讨？
    - ❖ 将会用到何种技巧？为何此技巧较为合适？
    - ❖ 团体成员将会有何种经验？如何处理团体成员在团体中所冒的危险？成员将会有哪些危险？你如何保护成员免于这些危险？

团体活动规划与团体发展过程

➡ 活动方案与团体组成之间是关系密切的。

- 一般说来，活动方案若由团体成员来决定，有时不太容易。所以由团体领导者先考虑团体活动内容，再由成员决定。
- 团体工作者应先思考团体不同阶段的特性为何。在每一个阶段上，团体可以进行哪些与团体目标达成有关的活动，团体领导者的功能为何，每一个阶段可能的问题是什么，并且如何去处理。
- 各项活动涉及成员互动深度、彼此关系联结和分享的程度，故应妥善规划团体活动，以促成成员能顺利走完团体阶段（曾华源、滕青芬，1993）。

团体开始前的准备工作

➡ 活动开始前有三方面的准备工作（Garvin，1997）。

- (1) 团体成员的心理准备。让团体成员有心理准备,让成员了解团体的过程、成员的角色、团体进行的方式及团体的优点与限度……这些都可使团体的发展更顺利。
  - ❖ 可以寄过程说明书给成员,以减少未知状况带来的伤害或困扰。
- (2) 团体领导者的心理准备。
- (3) 场地安排布置及活动器材要准备就绪,这可以让成员感受到团体领导者的用心程度。

团体的结束工作

- 如果不注重团体的结束,可能会前功尽弃。
  - 因为在结束阶段,其重要任务是巩固学习行为和观念。
  - 通过互动及彼此回馈,以协助成员将所学运用于日常生活中。协助成员去觉察他所学习的(以自我反省、自我报告或是成员间相互回馈的方式),讨论进一步学习的方式,并评估达成目标的程度。
- 团体领导者在结束阶段的主要工作有以下几项。
  - 评估团体的目标与团体的关系、了解和处理成员与团体的关系、维持团体经验所带来的影响、帮助成员在日益复杂的社会中运用在团体中所学习到的经验及技巧、帮助有需要的成员去寻找新的服务及运用新服务(Garvin, 1997)。
  - 团体结束的程序要安排妥当(如场地、活动内容、心理状况等)(Garvin, 1997),领导者要完成下列事项:
    - ❖ 通过回馈,增强成员改变的行为,并使之持续;
    - ❖ 处理团体中未完成的事;
    - ❖ 鼓励成员表达正负向情绪,并于团体中处理,当成员有激烈情绪时,最好能个别地互动;
    - ❖ 鼓励成员表达未来行动的计划;
    - ❖ 监测团体目标达成的程度;
    - ❖ 提醒保密;
    - ❖ 提供咨询或转介服务;
    - ❖ 处理自己的主要情绪。

团体领导的职责

- 团体领导者的主要职责是带领团体朝团体目标前进。
  - 但是在互动过程中，成员并非一定是主动且朝正向方向发展的。
- 一般说来，团体领导者的主要责任有下列几点(曾华源、白倩如，2012)。
  - (1) 增进团体互动。
    - 使团体有充分自由沟通的机会。通过环境的安排，达成责任的分享和个人性分享，以创造一种气氛，鼓励成员间真诚、自发地讨论。
  - (2) 引导团体互动。
    - 团体可载舟，亦可覆舟。领导者是团体进行方向的舵手，其维持着讨论的主题和目标。领导者须协助成员制定目标，让成员了解相关资讯与团体目标。
    - 团体刚开始进行时，成员之间不甚清楚认识，或有自己的期望，领导者应将所知道的讯息分享给成员，让成员投入团体。
    - 帮助成员去监测团体的方向和结构(如气氛、效率等)。
  - (3) 干预团体过程。
    - 指保护个人免于在团体中受到伤害，以保障个人在团体中的权益。领导者要认识到，其干预、介入不一定对团体成员都有积极性作用，必须以不伤害他人的方式做干预；若对某人有利，而对他人有害时，则不可采取该方式。
    - 当个人有可能被团体的力量所牺牲时；当团体为求一致而造成过度焦虑与压力时；当大多数人的意见未必是对时；当个人被强迫接受团体的决定时；当团体太舒适，以致不采取行动达成目标时……领导者都须对团体活动进行干预。
  - (4) 整合(consolidation)互动内容。
    - 指把团体中所发生的事情联结起来，或将一些意见或看法摘要为简单明了的概念，使团体成员能对团体过程和经验有所了解，并能对团体经验做进一步的整理。
  - (5) 维护团体规则。
    - 领导者主持团体的立场必须是中立的，才能顺利推动讨论的进行，才能使团体成员间的资源有效流通。

- (6) 处理团体问题。
  - ◈ 帮助成员建立归属感和相互尊重的态度，以维持其参与团体的意愿，并付诸行动。
  - ◈ 协助团体有效处理团体中的冲突，一方面让成员更愿意信任团体，另一方面让成员学习处理冲突的社会技巧。

如何通过团体互动过程来改变个人

- 一个团体达到某种程度的成熟时，团体会表现出以下特点。
  - 成员之间相当熟悉，对团体的责任感越强时，成员会不关心其是否被其他成员接纳，而是关心团体的发展，达成团体工作的目标。
  - 若面对其他成员的挑战，团体也愿意接受个人的缺失，成员也会更敢直接提出面质或冲突意见。
- 如何引发成员改变的动机？
  - 通过团体成员互动分享，可以协助个人觉察个人的认知、知觉、价值、个人情感，以改变个人行为，催化个人解决问题，帮助成员解决问题和结构化个人角色。
- 改变个人的步骤：
  - 应先指出问题所在，评估造成问题的原因；
  - 决定改变的目标，拟定计划时需考虑个人能力和客观的环境，鼓励其采取行动；
  - 当选择改变的策略时，要知道改变所使用的工具是个人、团体还是团体成员；
  - 决定是否愿意改变的因素在于成员的能力、动机、成员有无毅力和信心去完成等。

三、提升青少年自我效能的团体方案设计范例

- 本方案的设计主要在于协助青少年提升自我效能、建构个人希望感、自信心

与问题处理能力。

- 方案下分为四个次方案，分别是“赢得单车方案”“骑单车方案”“单车零售店方案”与“学习中心”四个次方案（见图 14 - 1、图 14 - 2、图 14 - 3 和图 14 - 4）。
  - ※ 例如“赢得单车方案”有次方案目标、主要任务与次要任务。

➡ 此一规划可以看出各次任务，并预估是否可以完成主要任务和主要任务是否可以达成次方案目标。

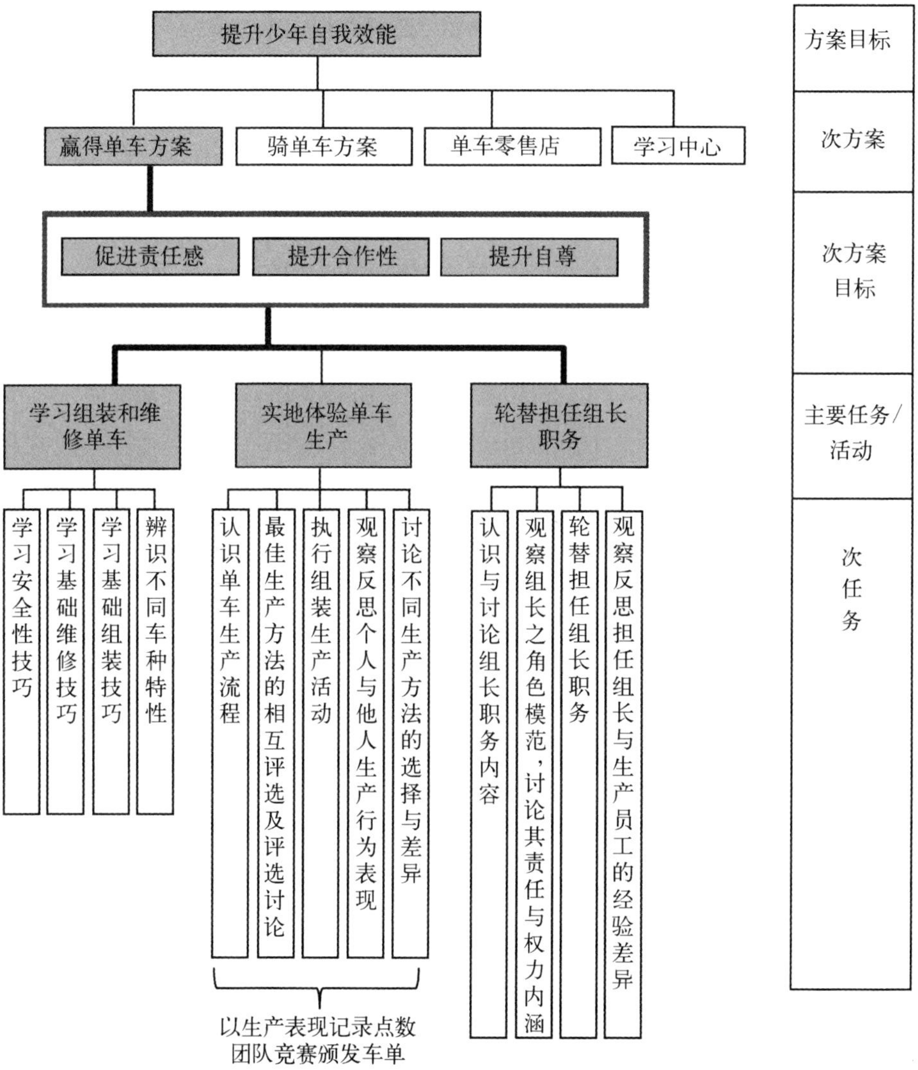

图 14 - 1　赢得单车方案

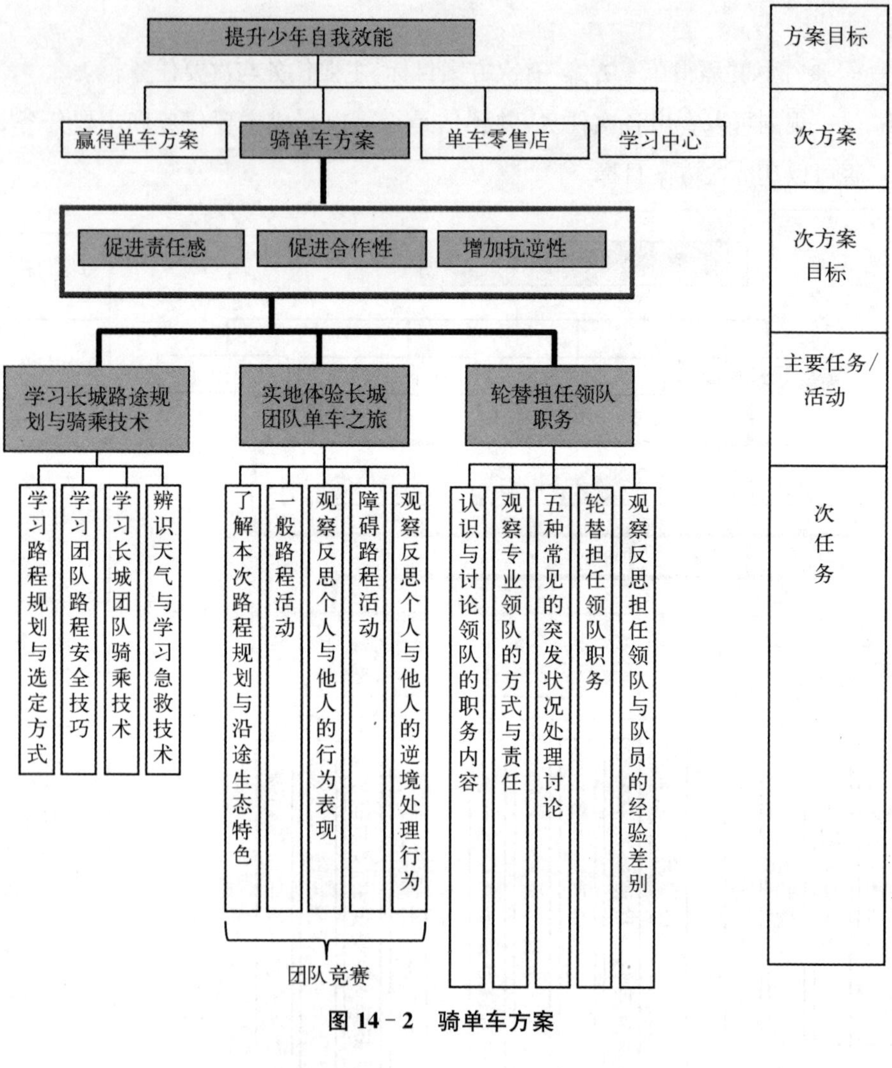

提升少年自我效能
赢得单车方案
骑单车方案
单车零售店
学习中心
促进责任感
促进合作性
增加抗逆性
学习长城路途规划与骑乘技术
实地体验长城团队单车之旅
轮替担任领队职务
学习路程规划与选定方式
学习团队路程安全技巧
学习长城团队骑乘技术
辨识天气与学习急救技术
了解本次路程规划与沿途生态特色
一般路程活动
观察反思个人与他人的行为表现
障碍路程活动
观察反思个人与他人的逆境处理行为
认识与讨论领队的职务内容
观察专业领队的方式与责任
五种常见的突发状况处理讨论
轮替担任领队职务
观察反思担任领队与队员的经验差别
团队竞赛
方案目标
次方案
次方案目标
主要任务/活动
次任务

图 14－2 骑单车方案

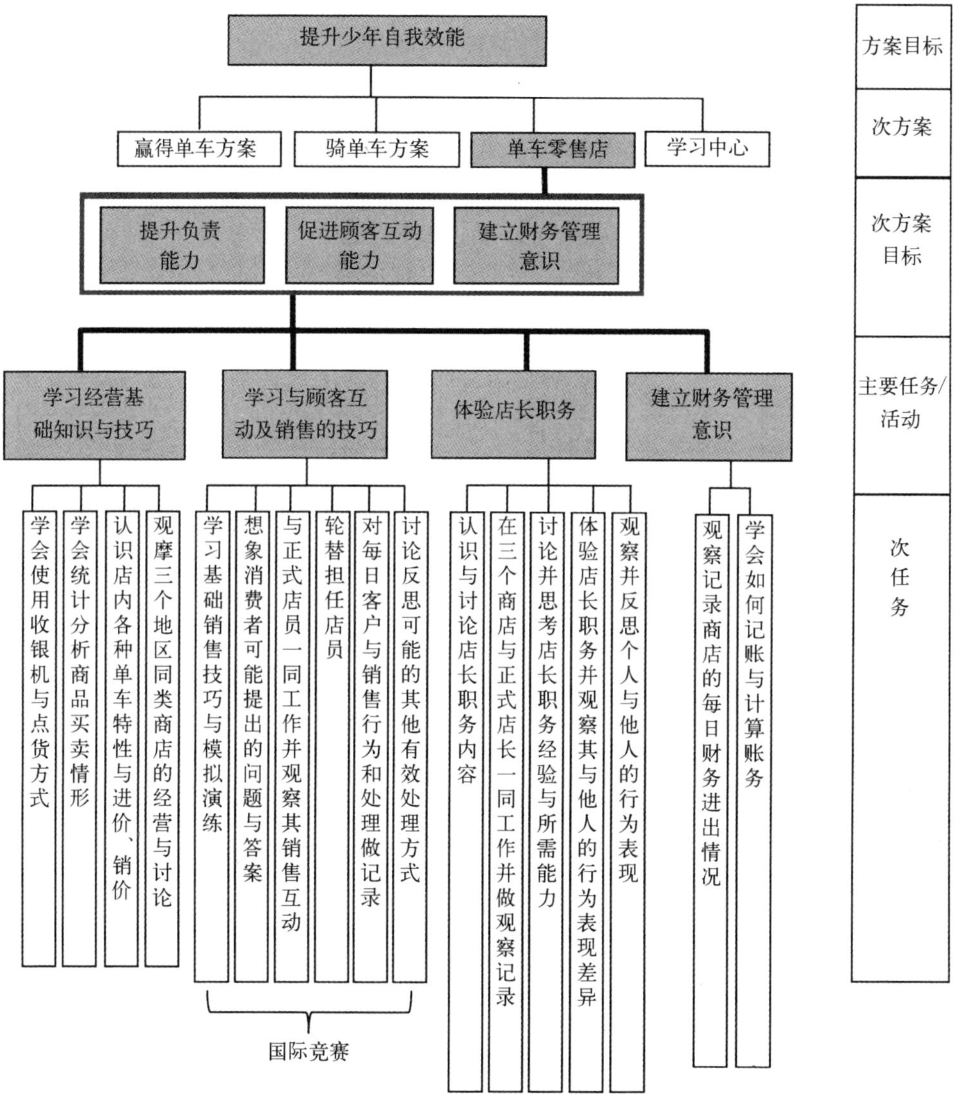

图 14-3　单车零售店方案

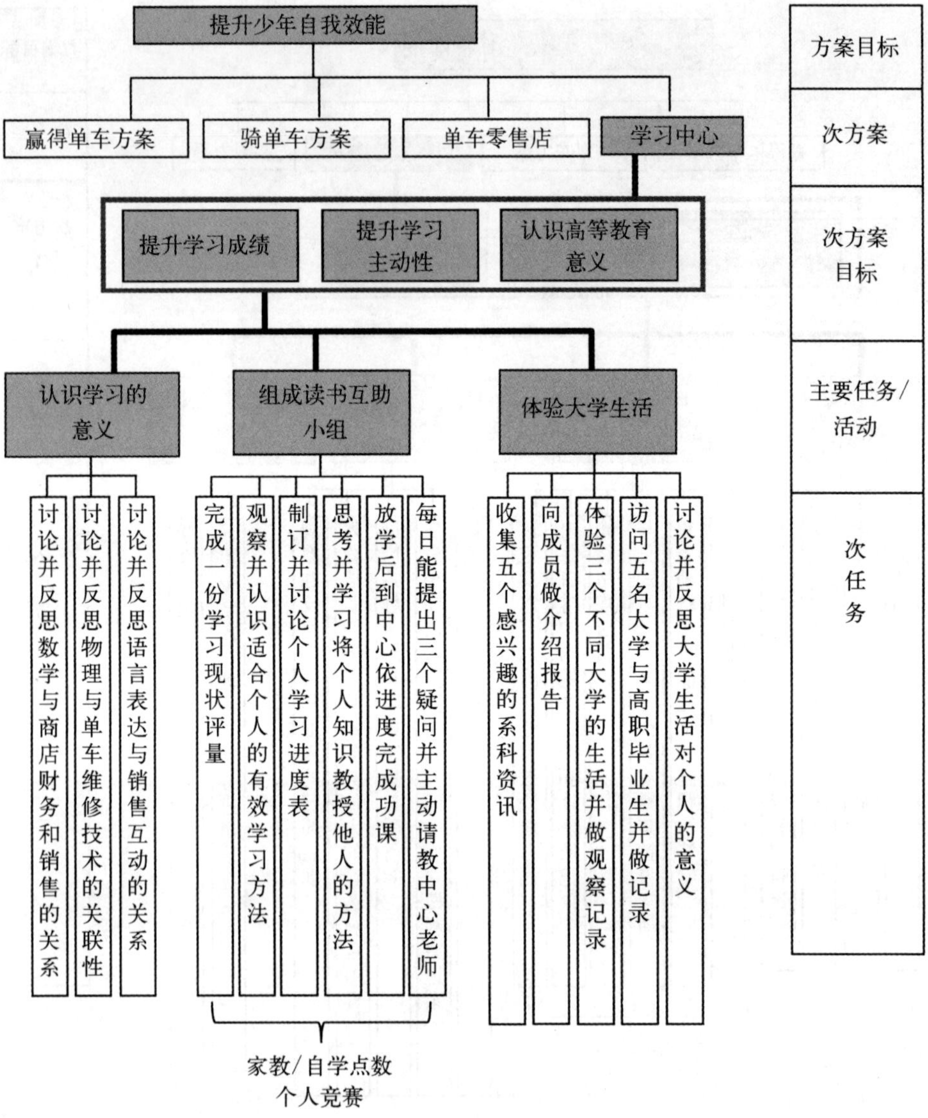
提升少年自我效能
赢得单车方案
骑单车方案
单车零售店
学习中心
提升学习成绩
提升学习主动性
认识高等教育意义
认识学习的意义
组成读书互助小组
体验大学生活
讨论并反思数学与商店财务和销售的关系
讨论并反思物理与单车维修技术的关联性
讨论并反思语言表达与销售互动的关系
完成一份学习现状评量
观察并认识适合个人的有效学习方法
制订并讨论个人学习进度表
思考并学习将个人知识教授他人的方法
放学后到中心依进度完成功课
每日能提出三个疑问并主动请教中心老师
收集五个感兴趣的系科资讯
向成员做介绍报告
体验三个不同大学的生活并做观察记录
访问五名大学与高职毕业生并做记录
讨论并反思大学生活对个人的意义
家教/自学点数
个人竞赛
方案目标
次方案
次方案目标
主要任务/活动
次任务

图 14-4　学习中心

- 这是结合任务中心的理念，将主要的目标操作化为方案的次目标、主要任务与次任务。
- 从中可以预先研判各项活动的可行性，以及预先研判是否能够达成团体目标。

  ※ 其目标与任务的形成，均需依照任务中心的工作原则来进行。
- 执行过程中，机构社会工作者要考量成员之间的团体动力。领导者需考量如何与成员建构信任关系和激励成员，带领团体成员反思与统整团体经验，使每一项任务的完成过程均能成为有效的学习体验。

随手笔记……………

第十五章 高关怀青少年复原力生活体验

一、体验学习的意义
二、体验方案活动设计原理
三、高关怀青少年复原力生活体验营方案设计范例

本范例是四天三夜的短天数体验团体工作方案。主轴放在各种创意性、任务性、公益性和体验性团体活动上，旨在增进高危机青少年的自我效能，帮助其认识社会规范的重要性，增加其解决问题的自信心，助其融入社会、建构支持性社会网络，以提升青少年的复原力。

各项活动设计均考量团体动力的发展，并结合任务中心社会工作模式做规划，希望能在团体工作执行方案后的绩效评估（成果、效率和效果）上有所助益。

一、体验学习的意义

- 体验学习为一种教育哲学，“教育即是生活，生活通过经验继续不断的重组而改造”“经验是具有连续性的”“从做中学”等。
    - 是一个通过直接的经验感受，让学习者建构知识、技术与价值的过程（Association for Experiential Education，1991）。它提倡经验反思（reflection）的重要性。“经验”及“人与生活情境”是一个基本的核心。
    - Dewey 提出“从做中学”（learning by doing）的概念作为学习态度的核心；亦即活动只是媒介，成员的经验和反思才是目的（姜文闵，1992）。此一概念和 Lewin（1964）的团体动力研究不谋而合。
    - 个人在团体生活经验中，借由成员在情境中体会经验，不仅学习到人际互动的准则，认识到成员的个人差异，而且能以适切的态度对生活情境有所反思，协助个人创造有价值、有品质的经验学习。
    - 体验学习采取的是一种基本的思考方式：发现问题、情境观察、形成合理谨慎的假设，并且在实际生活中来考验这个假设，且强调实做的重要性。
    - 对任何个人来说，只要是新的生活经验，并对经验进行反思与统整，都可以是一种体验学习。
        - 冒险探索活动只是某一种体验学习，如果缺乏反思与统整经验，那只能说是休闲娱乐活动（leisure activity）。

二、体验方案活动设计原理

Kolb(1984;引自谢智谋,2004)认为体验学习有四阶段学习圈。

- 阶段一:体验阶段(experiencing)。
  - 体验学习以活动(activity)来促进参与者利用自身的能力、团队的分工合作、人际沟通、领导与被领导、面对挑战或压力的问题解决能力,并使参与者有逻辑性地、有方法地、循序渐进地达到活动的设定目标,并学习到有价值的乐趣。
- 阶段二:反思内省阶段(reflecting)。
  - 参与者比较过去的活动和经验,并与团队讨论达成目标的方法,确认团队的分工细节,活动时间的考量,以发展出突破规则限制与创新的想法。
  - 参与者在活动体验的过程中,可以借由省思与检视问题产生的核心所在,对活动的感觉、所看、所闻有所感悟,并联结过去经验来得到问题的解决方法。
- 阶段三:归纳阶段(generalizing)。
  - 将思考的想法与经验做归纳与联结,形成概念以作为解决问题的最佳应用。此为该阶段的重点。
  - 借由归纳可以得知:面对新的环境,归纳吸收个人或他人的经验,有助于个人或团队迅速对新的情境与挑战建立适应及做出反应。
- 阶段四:应用阶段(applying)。
  - 个人能够将参与活动的经验应用于外在世界。这个阶段着重将这些活动经验应用到正确的情境中,并将体验学习的经验实际施行或有意义地应用到个人的日常生活当中。

三、高关怀青少年复原力生活体验营方案设计范例

缘起

➡ 团体生活经验是人类成长与生活经验的核心。

- 在不同的团体经验中，个人不仅会形成对自我的看法，也会学习到如何处理彼此间的冲突，还会学习到如何获得个人需求的满足，以及如何采用最适当的方式来处理问题。
- 团体中的学习可以是自然而然发生的，也可以是有计划地安排各种团体互动机会，以便让参与成员能在团体中学习和期待行为价值与规范。
- 人际生活经验会深深地影响个人身心的成长及日后生活的适应能力。
    - ❖ 既然个人深受团体生活经验的影响，那么，如果个人有问题，当然也可以通过团体中彼此的互动来改善自我的概念，培养问题解决的能力，促进人际关系能力的成熟，并获得各种生活上所需要的知识。
- Dewey（1938；姜文闵，1992）指出这种核心的要素：人的经验是在连续与情境进行交互作用中形成的，通过团体情境的过程，可以使孩子由未成熟的社会成员经过培养进而参与到社会之中。
- 借由团体生活经验的过程，帮助成员获得更正向的学习。
    - ❖ 标签理论、自我效能理论、差异结合理论、一般化犯罪理论均指出少年偏差行为发生和持续与不良生活经验与环境息息相关（陈慧如；2004；孟维德，1998；蔡德辉、杨士隆，2003）。
    - ❖ 提供正向团体生活经验，有效帮助初犯少年改善自我信心，学习自我效能，理解社会规范的重要性，并通过社会参与建立社会联结。

方案目标：协助高危机青少年自我充权，增强复原力

➡ 通过成员参加的各种团体活动和不断的反思机会，增进高危青少年的人际交往机会与能力，学习在团体中沟通和互助合作，遵守团体规范，提升问题解决能力，以提升自我荣誉感和培养个人自我效能和复原力。

活动内容设计

- 活动设计是将团体目标操作化为各种任务型活动,并说明每项任务活动应如何执行等细节。再由各活动任务中检视是否可达成每次团体活动的目标,最后再检视各团体活动目标是否可以达成总体目标。
  - 以第一天的提升自我效能活动为例,其团体活动为两项,一是“冒险启航”,二是“看我行不行”。
  - “冒险启航”的主要活动有三项,通过各项活动设计,希望达成认识队员、促进团队情感、提升主动性与自我挑战的目标。
  - “看我行不行”有三项活动目标,通过制作风筝和施放风筝的任务型活动,以及评语比赛,希望达成激发创意、促进团队合作、促进团队凝聚力的目标。
  - 其余的团体活动目标,如认识社会规范、关怀与自我价值实践,均依此原则设计,并对每一项活动的时间、活动内容均有明确的规划,以利各组的团体活动进行较为一致。
- 本项方案设计因为活动时间较短,社会工作者应循环重复体验学习应用的阶段。
- 机构可自行增加时间,设计应用活动,或与学习者讨论可应用在日常生活中的哪一方面;也可等一段时间后,帮助学习者整理日常生活经验与体验学习课程的经验。

DAY 1　（见表 15 - 1 和图 15 - 1）

◎ 今日活动总目标：提升自我效能
1. 促进团队情感与凝聚力
2. 促进团队沟通、合作与互助
3. 提升人际交往主动性与自我挑战
4. 激发创意

表 15 - 1　DAY 1 活动方案

时间	活动项目	活动目标	活动内容
8:30 | 10:00	【蓄势待发】	完成报到	1. 成员报到(45 min) 2. 介绍团体 Leader、团体小组带领员，说明营队概念、澄清期待、制订规范、行程简介、未来目标任务及奖赏
10:00 | 12:00	【冒险启航】	1. 认识队员 2. 促进团队情感 3. 提升主动性与自我挑战	〔队员归位〕(40 min) 1. 报到时，每位成员会拿到一张空白表，上面显示必须访问其他成员，并找到自己所属团队的成员 2. 访问其他成员必须请对方签名，并访问其兴趣、爱好、喜欢的颜色、座右铭等 3. 在团体集合时，若被抽中，则必须站起来介绍你所访问的三位其他成员 〔设计队名、队呼、队徽、队旗〕(50 min) 1. 说明比赛规则与奖项(含创意奖、队形奖、意涵奖等) 2. 各队通过团体讨论来设计、制作与练习 3. 于中午用餐后集合团队表演竞赛 〔选拔小队长〕(30 min) 1. 通过团体互动，成员相互观察 2. 请团体成员说出担任队长角色职务的特质和拥有的权利义务为何，并通过讨论凝聚共识 3. 依据讨论结果选出各队小队长
12:00 | 13:00	【美味关系】	活跃团体气氛	1. 午餐时间 2. 轮流表演各队队呼，并介绍队名、队旗与队徽 3. 由 Leader 根据各队特色表现颁奖

（续　表）

时间	活动项目	活动目标	活　动　内　容
13:00 | 17:30	【看我行不行】	1. 激发创意 2. 促进团队合作互助 3. 促进团队凝聚力	〔制作风筝〕(150 min) 1. 由讲师说明并引导成员依照步骤完成风筝制作过程(需强调对讲师指示的专注，以避免制作出飞不起来的风筝) 2. 团体小组带领员引导成员讨论并决定小组风筝的设计主题 3. 团体小组带领员指导成员讨论完成风筝需分工的项目，并分工制作(可依据主题设计或画上小队主题图像) 〔施放风筝与评比〕(120 min) 1. 由讲师说明并示范风筝施放的方法 2. 由 Leader 说明风筝施放竞赛的评分标准(含施放高度、美观、主题性、创意等) 3. 各队施放风筝 4. 各队依据前述评分标准项目，分别为其他队伍打分数 5. 统计各项最高分队伍，颁奖
17:30 | 18:30	【美味关系】	1. 提升各组团体凝聚力 2. 促进各组人际互动	1. 小队老师陪同成员吃晚餐、休息 2. 小队老师以自然方式引导成员分享下午的活动心得感受(含最佩服谁、最感谢谁等)
18:30 | 20:30	【星河夜语】	1. 提升团体成员熟悉度、活跃团体气氛 2. 指出并夸奖成员个人在活动过程中的优良表现 3. 反思与分享对比赛活动结果的感受与看法	〔心情温度计〕(60 min) 小队老师以自然方式引导成员回顾一天活动，说出观察到的其他成员的三项优良表现 2. 小队老师引导成员绘制自己今日的心情温度计 3. 小队老师引导小组成员分享个人的心情变化，并说出自己三项优良的表现

（续　表）

时间	活动项目	活动目标	活　动　内　容
18:30 | 20:30	【星河夜语】	4. 反思个人对团体规范的认知与态度倾向 5. 设定个人学习的自我期望	〔团体规范反思〕(35 min) 4. 小队老师引导讨论今天所公布的团体规范，并分享个人对团体规范的看法与态度倾向（含觉得为什么要这样规定、有没有必要等） 〔我的大未来〕(25 min) 5. 每个人写出对自己的期望，放在信封里，由 Leader 先放入罐子密封保管，并说明到活动最后一天拆封归还
20:30 | 21:00	【星河呢喃】	今日活动回顾整理与沉淀	个人独处与省思(30 min)
21:00 | 22:00	【洗刷刷】	学员整理盥洗，须视情况限定时间	
22:00	【熄灯号】	一起梦周公	

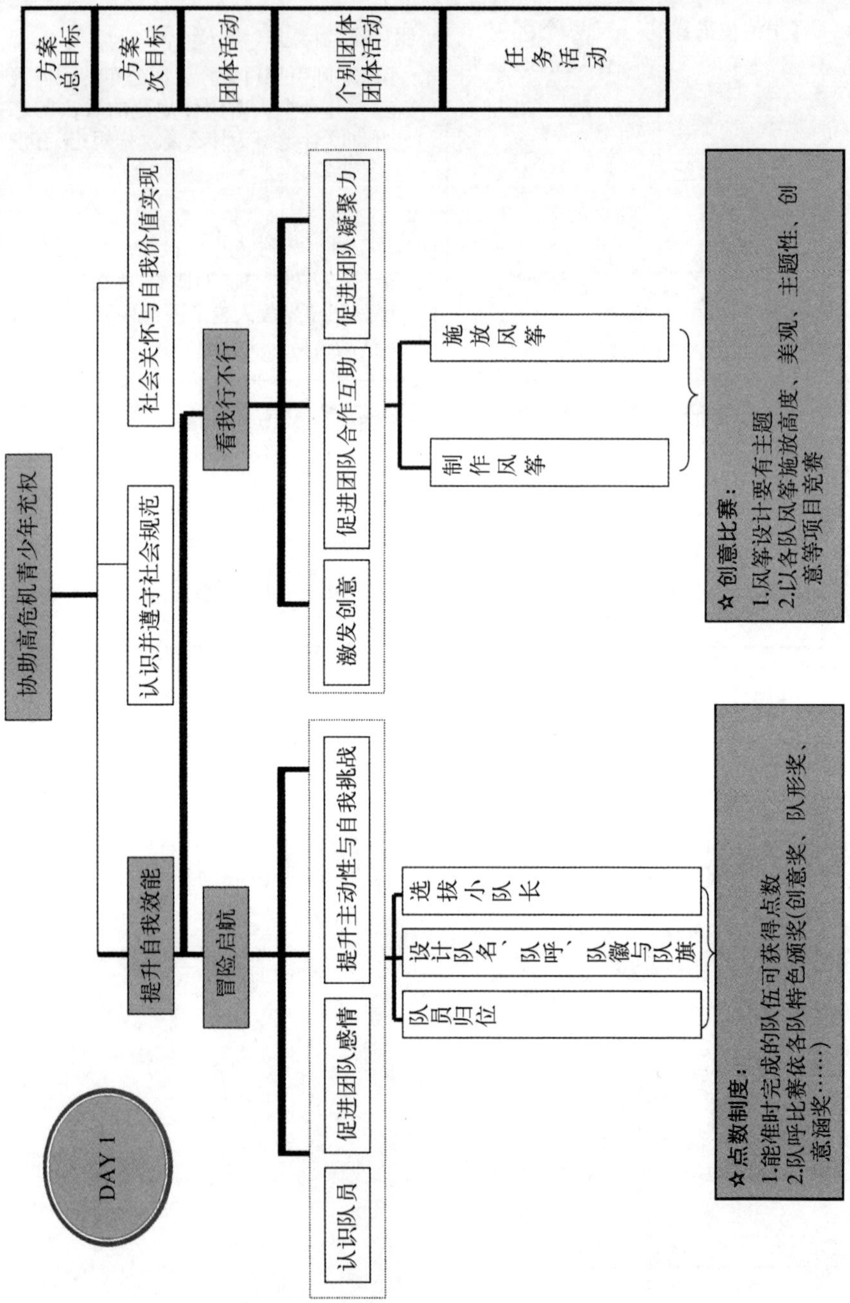

图 15－1 DAY 1 活动计划

DAY 2 （见表 15-2 和图 15-2）

◎ 今日活动总目标：提升自我效能
1. 促进团队沟通、合作与互助
2. 促进团队感情与凝聚力
3. 促进团队信任感，并学习信任他人
4. 培养独立生活能力
5. 提升自我管理能力、问题解决能力、表达能力、观察力与规划能力
6. 提升自信、主动性与自我挑战
7. 激发创意

表 15-2 DAY 2 活动方案

时间	活动项目	活动目标	活动内容
6:30 | 8:00	【起床号】 【早餐来一客】	1. 提升自我管理能力 2. 促进团队合作 3. 培养自立生活能力	〔整装待发〕(30 min) 成员自行按规定时间起床，并在规定时间内完成盥洗 〔早餐来一客〕(50 min) 1. 各组成员共同料理早餐 2. 由营本部特派员依据完成时间、早餐料理的色、香、味、营养等项目，打团队分数 3. 享用早餐及颁布成绩 〔轮替小组长〕(10 min)
8:00 | 12:00	【都市探险】	1. 提升问题解决能力 2. 促进团队合作 3. 提升自信 4. 提升表达能力	〔都市探险〕(160 min) 1. 小队老师引导成员想出多种方法，以找出两种具有当地历史文化特色的物品 2. 成员分工寻找物品及购买地点 3. 成员提出自己找到的物品，并讨论决定 4. 小队老师引导成员讨论运用何种大众交通工具(计程车不可)可到达购买地点 5. 规划物品购买路线 6. 小组出发购买物品 7. 向店员询问物品特色并记下(☆ 需于规定时间内返回) (50 min) 8. 向大家介绍买到物品的特色 (30 min) 9. 根据完成时间、特色与介绍等指标评分

（续　表）

时间	活动项目	活动目标	活　动　内　容
12:00 | 13:00	【美味关系】	1. 活跃学员用餐气氛 2. 提升各组团体凝聚力 3. 促进各组人际互动、学习赞美	1. 小队老师陪同成员吃午餐、休息 2. 小队老师以自然方式引导成员分享上午的活动心得感受(含最佩服谁、最感谢谁等)
13:00 | 15:00	【我们都是好朋友】	1. 学习信任他人 2. 培养团队信任感 3. 促进团队沟通	〔盲人走路〕(30 min) 1. 团队成员除小队长外均蒙上眼睛 2. 由小队长引导在最短时间内绕完有阶梯及树林的路线 3. 两人一组轮流带领剩余成员绕完有阶梯及树林的路线 〔高空信任跌倒〕(30 min) 攀爬者站在平台上，背对团队往后倒下，确保躺在团队成员的手臂上 〔诺亚方舟〕(30 min) 1. 全部队员设法站在平台上，维持 10 秒钟或唱完一首歌 2. 禁止躺卧堆叠彼此，不可以踩在彼此身上(☆ 需引导成员思考解决方式是否安全) 〔自我对话〕(20 min) 回忆活动过程的心理感受
15:00 | 17:00	【猎人追踪】	1. 训练观察力 2. 提升规划能力 3. 激发团队荣誉感	〔猎人追踪〕(120 min) 1. 发给每个小队不同的藏宝图 2. 小队需讨论藏宝图隐藏的线索 3. 小队共同规划追踪路线 4. 追踪宝物，并观察沿途线索 5. 若在途中发现其他小队宝物可以将之变换隐藏地点，但须留下线索或追踪记号 6. 依据小队找到宝物的时间先后颁奖

（续　表）

时间	活动项目	活动目标	活　动　内　容
17:00 | 18:30	【美味关系】	1. 活跃学员用餐气氛 2. 提升各组团体凝聚力 3. 促进各组人际互动、学习赞美	1. 小队老师陪同成员吃晚餐、休息 2. 小队老师引导成员分享下午的活动心得感受(含最佩服谁、最感谢谁等)
18:30 | 20:30	【星河夜语】	1. 提升团体成员熟悉度、活跃团体气氛 2. 指出并夸奖成员个人在活动过程中的优良表现 3. 反思与分享对比赛活动结果的感受与看法	〔心情温度计〕(40 min) 1. 小队老师引导成员回顾一天活动,说出观察到的其他成员的三项优良表现 2. 小队老师引导成员绘制自己今日的心情温度计 3. 小队老师引导小组成员分享个人的心情变化,并说出自己三项优良的表现
		4. 反思与分享活动与生活中的信任经验	〔信任反思〕(40 min) 1. 回忆与分享今日〈我们都是好朋友〉活动时的信任感受与想法 2. 小队老师引导成员思考并讨论生活中的信任他人与被信任的经验 3. 小队老师引导成员思考并讨论信任感的来源
		5. 反思成功与失败经验 6. 激发团队荣誉争取动机	〔未来我最赞〕(40 min) 1. 小组长带领分享今日参加〈早餐来一客〉〈都市探险〉和〈猎人追踪〉活动时,成功或失败的感受与想法 2. 分析小队成功与失败的原因,并说出改进方法 3. 讨论合作与信任的关系和重要性 4. 设定明日荣誉争取目标 5. 重申队呼
20:30 | 21:00	【星河呢喃】	今日活动回顾整理与沉淀	个人独处省思(30 min)
21:00 | 22:00	【洗刷刷】	学员整理盥洗,须视情况限定时间	
22:00	【熄灯号】	一起梦周公	

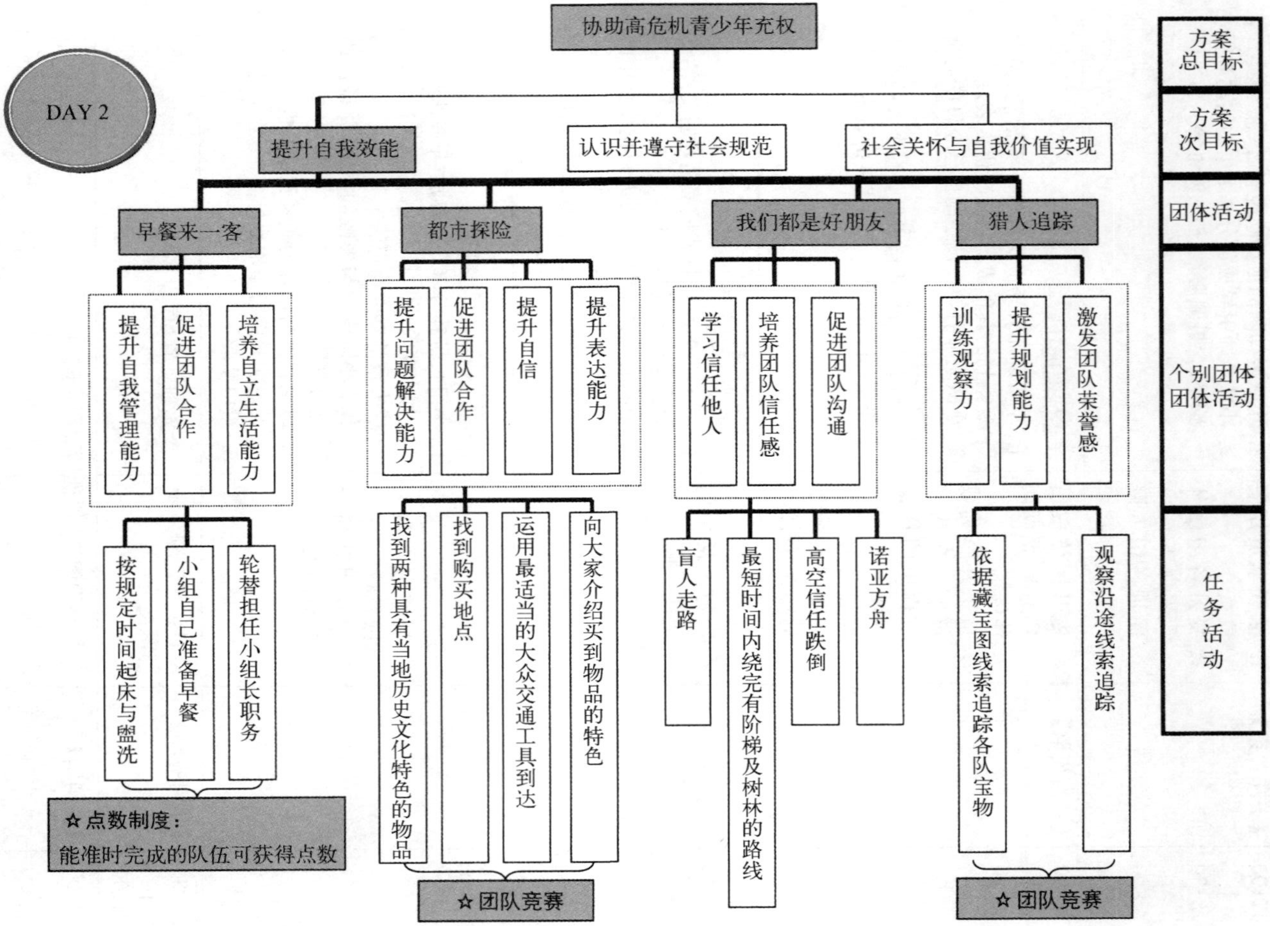

图 15－2　DAY 2 活动计划

DAY 3 （见表 15－3 和图 15－3）

◎ 今日活动总目标：提升自我效能
1. 促进团队合作
2. 激发团队荣誉感
3. 提升自我管理能力
4. 培养自立生活能力
5. 学习遵守规则、认识与体验规则重要性、觉察个人对规则的态度
6. 学习面对失败与成功的经验
7. 激发创意

表 15－3　DAY 3 活动方案

时间	活动项目	活动目标	活动内容
6:30 | 8:00	【起床号】 【早餐来一客】	1. 提升自我管理能力 2. 促进团队合作 3. 培养自立生活能力	〔整装待发〕(30 min) 成员自行按规定时间起床，并在规定时间内完成盥洗 〔早餐来一客〕(50 min) 1. 各组成员共同料理早餐 2. 由营本部特派员依据完成时间、早餐料理的色、香、味、营养等项目，打团队分数 3. 享用早餐及颁奖 〔轮替小组长〕(10 min)
8:00 | 12:00	【谁能比我强】	1. 学习遵守规则 2. 认识规则重要性 3. 觉察个人对规则的态度	〔支援前线〕(30 min) 1. 由 Leader 逐项喊出要收集的物品 2. 各小队合作收集物品并交出 〔攻守碉堡〕(210 min) 1. 漆弹射击生存体验：由教练引导成员认识漆弹射击相关背景知识，包含设备、服装、姿势、安全规范与危险性、攻守双方的游戏规则等 2. 将各小队分为两两一组 3. 安排定靶积分赛(个人与团体)与分组对抗赛(小组对抗) 4. 游戏开始前再次强调注意安全、服从教练指示、漆弹安全规范与游戏规则的学习认识与遵守等的重要性，并且观察与记忆活动过程中出现的行为偏差 5. 开始漆弹射击游戏 6. 统计游戏结果 7. 依据成绩颁发个人奖项(前 3 名)与团队奖项(第 1 名)

（续　表）

时间	活动项目	活动目标	活　动　内　容
12:00 | 13:00	【美味关系】	1. 活跃学员用餐气氛 2. 提升各组团体凝聚力 3. 促进各组人际互动、学习赞美	1. 小队老师陪同成员吃午餐、休息 2. 小队老师或小组长引导成员分享上午的活动心得感受(含最佩服谁、最感谢谁等)
13:00 | 17:00	【我是大厨师】	1. 激发创意 2. 规则重要性体验 3. 促进团队荣誉感 4. 学习面对失败与成功的经验	〔我是大厨师〕(240 min) 1. 由 Leader 说明活动内容: (1) 各小队需各自完成小组的晚餐(包含:蔬菜两道,肉类、蛋与豆腐类、汤各一道); (2) 各队可用的晚餐食材采购费用; (3) 由各小队讨论比赛规则与评分项目,并提出大团体决议 2. 各小队讨论菜单、采购清单与分工 3. 采买食材、烹煮晚餐 4. 上菜与评分(每一个人都有评分权) 5. 统计成绩与颁奖
17:00 | 18:30	【美食盛宴】	1. 享用创意晚餐 2. 提升各组团体凝聚力 3. 促进各组人际互动、学习赞美	1. 小队老师陪同成员吃晚餐、休息 2. 小队老师或小组长引导成员分享下午的活动心得感受(含最佩服谁、最感谢谁等) 3. 讨论反思并写下担任评审打分数时的想法和行为 4. 讨论并反思成功或失败的想法与感受 5. 对得奖者表达赞美
18:30 | 20:30	【星河夜语】	1. 提升团体成员熟悉度、活跃团体气氛 2. 指出并夸奖成员个人在活动过程中的优良表现 3. 反思与分享对比赛活动结果的感受与看法	〔心情温度计〕(40 min) 1. 小队老师或小组长引导成员回顾一天活动,说出观察到的其他成员的三项优良表现 2. 小队老师引导成员绘制自己今日的心情温度计 3. 小队老师引导小组成员分享个人的心情变化,并说出自己的三项优良表现

（续　表）

时间	活动项目	活动目标	活　动　内　容
20:30 | 21:00	【星河呢喃】	今日活动回顾整理与沉淀	个人独自与省思(30 min)
21:00 | 22:00	【洗刷刷】	学员整理盥洗,须视情况限定时间	
22:00	【熄灯号】	一起梦周公	

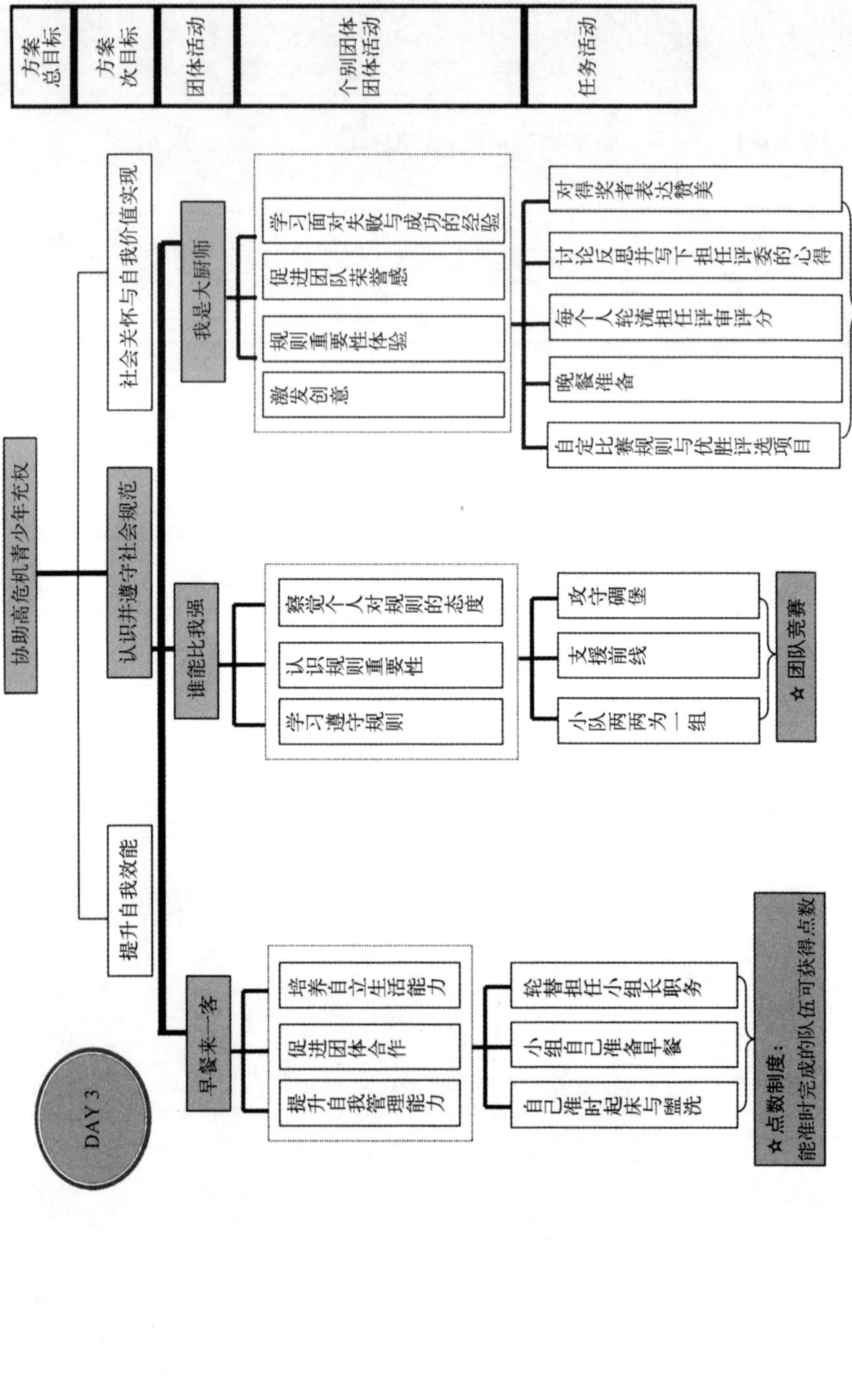

图 15－3 DAY 3 活动计划

DAY 4　(见表 15-4 和图 15-4)

◎ 今日活动总目标：提升自我效能

1. 提升自我管理能力
2. 促进团队合作
3. 体验团体生活规范
4. 体会每个人的社会价值
5. 学习负责
6. 反思个人成长及在社会生活中运用的可能性
7. 反思规范、秩序与个人自律性的关系

表 15-4　DAY 4 活动方案

时间	活动项目	活动目标	活　动　内　容
7:00 | 8:00	【起床号】 【美味早餐】	1. 提升自我管理能力 2. 促进团队合作	〔整装待发〕(30 min) 成员自行按规定时间起床，并在规定时间内完成盥洗 〔美味早餐〕(25 min) 享用早餐 〔轮替小组长〕(5 min)
8:00 | 12:00	【净滩活动】	1. 体验团体生活规范 2. 体会每个人的社会价值 3. 学习负责	〔净滩活动〕(240 min) 1. 带领学员踏勘沙滩，并引导分享该如何洁净沙滩，垃圾中有哪些可用资源等 2. 小组角色分工，讨论角色积极性 3. 欣赏净滩前后的成果 4. 小队老师引导成员反思并讨论个人与环境卫生整洁的关系 5. 小队老师或小组长引导成员反思并讨论社会规范与个人道德的必要性(100 min)
12:00 | 13:00	【美味关系】	1. 活跃学员用餐气氛 2. 提升各组团体凝聚力 3. 促进各组人际互动、学习赞美	1. 小队老师陪同成员吃午餐、休息 2. 小队老师或小组长引导成员分享上午的活动心得感受(含最佩服谁、最感谢谁等)

（续　表）

时间	活动项目	活动目标	活　动　内　容
13:00 | 15:00	【收获满满】	1. 反思个人成长及在社会生活中运用的可能性 2. 反思规范、秩序与个人自律性的关系	〔收获满满〕(120 min) 1. 写下活动过程中最美好的经验 2. 反思合作与个人价值 3. 社会规范与个人偏差行为经验整理 4. 设定对自己未来期许与成长目标
15:00 | 16:00	【重返荣耀】 【珍重再见】	1. 营队生活回顾 2. 团体统整与收尾	〔结业式〕(60 min) 1. 由各组代表上台报告营队学习心得 2. 颁发合格结业证书

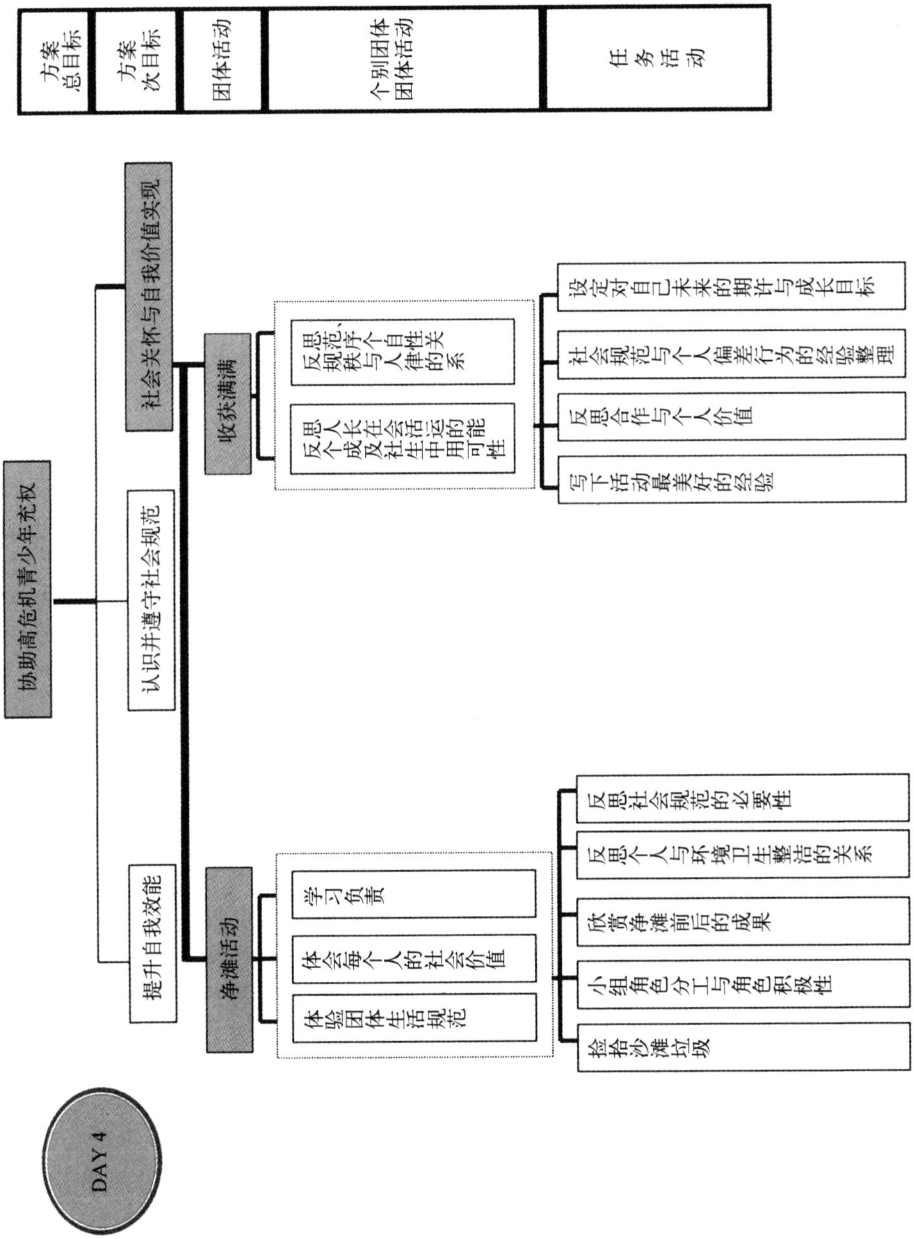

图 15－4　DAY 4 活动计划

第十六章 长期安置儿童少年的复原力培育服务

——建构专业团队能力取向

一、安置环境的基本特性
二、复原力培育服务的设计原则
三、服务设计范例

一、安置环境的基本特性

安置机构一向被视为能够保护儿童少年离开丧失功能家庭的最后选择。但是，从儿童少年的角度来看，进入安置机构是一个剧烈的生态转衔(ecological transition)过程。如果安置只是发挥隔离不当家庭环境的功能，则其对于儿童少年的未来发展并不具有积极性。然而，目前国内安置机构的经营管理遭遇诸多困境，包括人员流动、担心逃跑、自残等重大事件发生等，因而导致批评不断。此外，由于许多机构的环境系统封闭，欠缺与当地社区系统的互动联结，再加上学校和社区的不了解与拒绝，使得安置儿童少年鲜有足够多元的机会获得发展所需的资源。

总的来说，传统的做法遭遇了以下几个主要困境。

- 缺乏少年成长性、发展性的积极处置目标，导致长期安置儿童少年回归社会生活会面临独立生活上的适应困难。
- 安置生活的控制度越高，与少年的关系冲突程度越高，反而导致专业关系无法建立。
- 封闭的生活环境系统导致外部资源欠缺，儿童少年获取生活机会扩展经验不易。
- 安置机构因为轮班、人力不足等而照顾困难度高，导致人员流动频繁，这也让处置目标落实困难。

二、复原力培育服务的设计原则

以培育儿童少年复原力为目标的长期安置服务，实则受到安置专业团队的能力与教养信念的影响，社会工作者须具有交互运用复原力培育与直接服务技术的专业能力、成熟稳定的行为模范，以及对社会工作专业价值的认同与实践力(白倩如，2012a)。因此，如果要使长期安置机构成为能够培育安置儿童少年复原力的环境系统，就必须要从以下三个层面着手，即人力结构、资源分配、组织文化与专业哲学信念的转变(见图 16-1)：

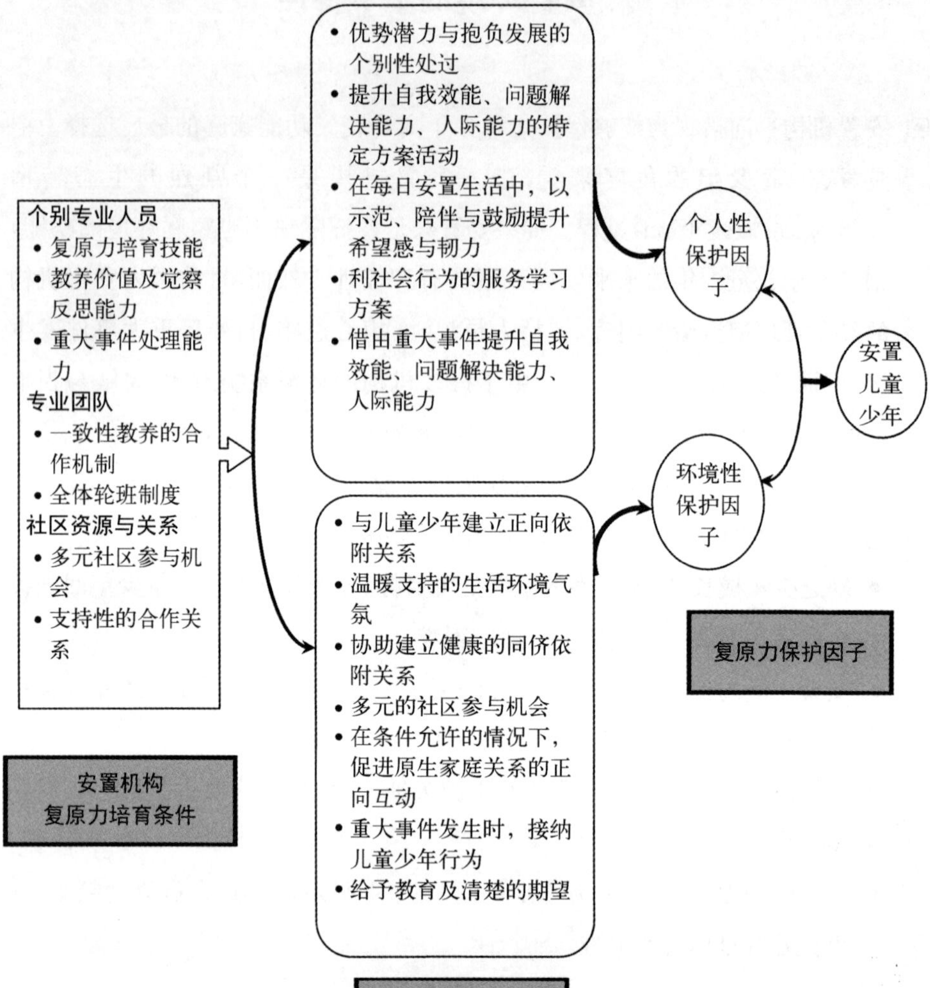

图 16-1　培育安置儿童少年复原力之行动架构

● (1) 个别专业人员部分：

◈ 应培育有关复原力的专业技能，反思现有做法的限制；

◈ 澄清个人的教养价值信念，包括个人成长经验如何影响儿少的教育等；

◈ 增进社会工作者在重大事件发生时与后续的处理能力，避免因为服务过程的挫折感，而采取消极结案(转换机构)或是负面的管教方式。

- (2)专业团队部分：
  - 要凝聚专业团队的教养共识，避免因为教养不一致而引发负面的团体动力；
  - 调整轮班制度，让团队成员通过轮班了解孩子日夜生活的真实样貌。
- (3)社区资源与关系部分：
  - 通过社区资源的开发和利社会行为，让社区认识机构儿童少年，并增进儿童少年参与社区生活的多元经验机会；
  - 与社区建立支持性的合作关系。如进入邻近学校担任辅导团体，或提供机构活动资源给学校，让儿童少年办理学校师长感恩聚餐、帮社区打扫街道等，都可以让机构与社区产生互惠关系。

三、服务设计范例

本范例以天主教善牧社会福利基金会附设的台东县私立德蕾之家为实践场域，主要实施的焦点对象包括六名12岁以上的安置少女。过程中，整个工作团队都是合作行动的伙伴，一同观察、思考、拟订计划、执行、反思，然后再修正服务做法，整个服务执行共经历四个行动阶段(见图16－2)，过程历时两年半。

总的来说，四个行动阶段的具体做法如下(参见图16－3)。

- 建立温暖支持的环境，提供正向的成人依附关系。
  - 正向成人依附关系的对象可以是专业团队、学校、社区邻里或宗教系统等，也就是通过营造具亲密、接纳、安全与信任的感受作为培育个人复原力的基础。此外，此类关系必须能够提供正向的角色模范，并具备价值引导与澄清的能力。
  - 当儿童少年在安置过程中出现重大生活事件(如逃跑、打架、自我伤害等)时，如何整合现有资源网络，提供持续性的服务显得尤为关键。常见的转介、结案或转换生活环境等做法，将会使儿童少年对于成人的依附关系与信赖感更加薄弱。

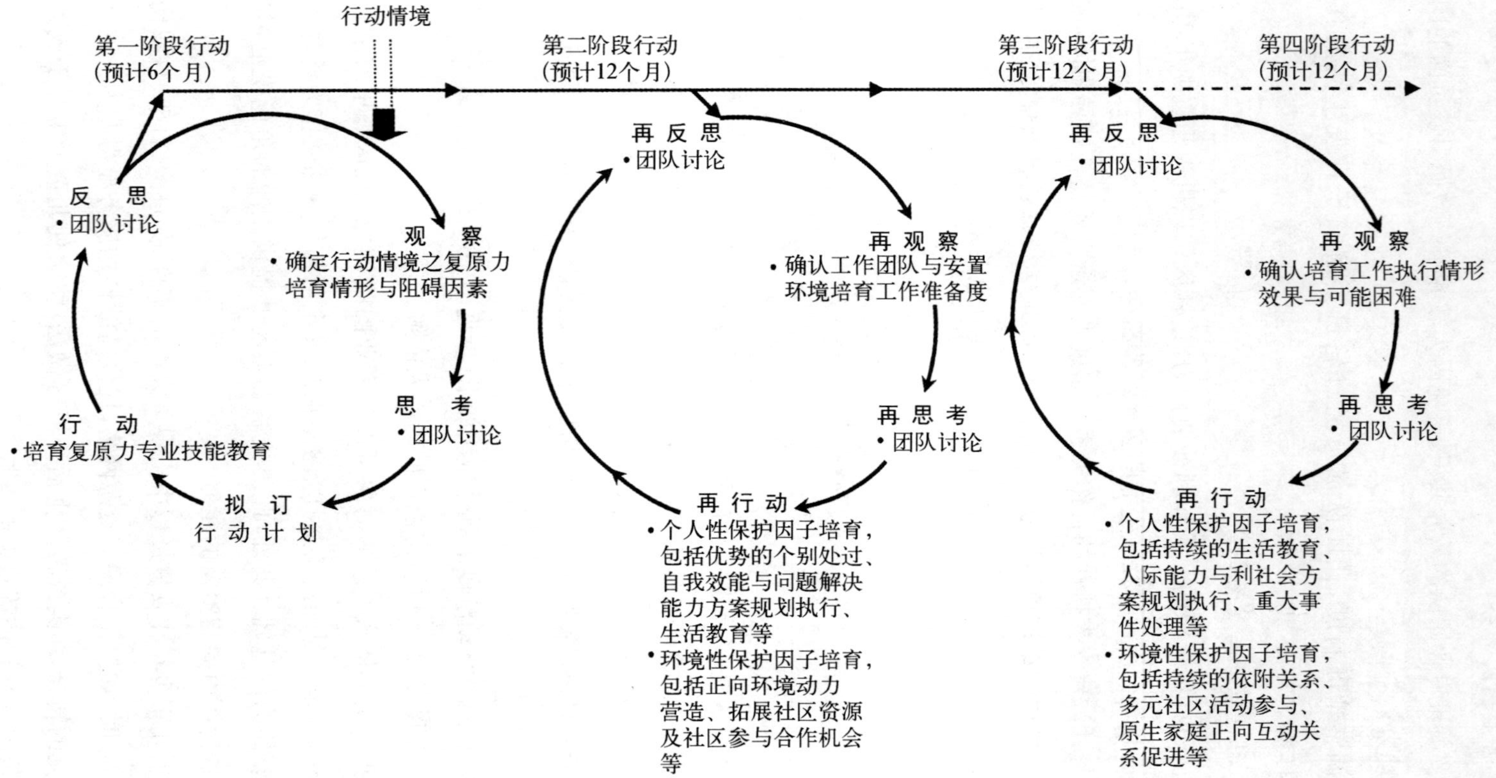

图 16－2　行动前的计划历程

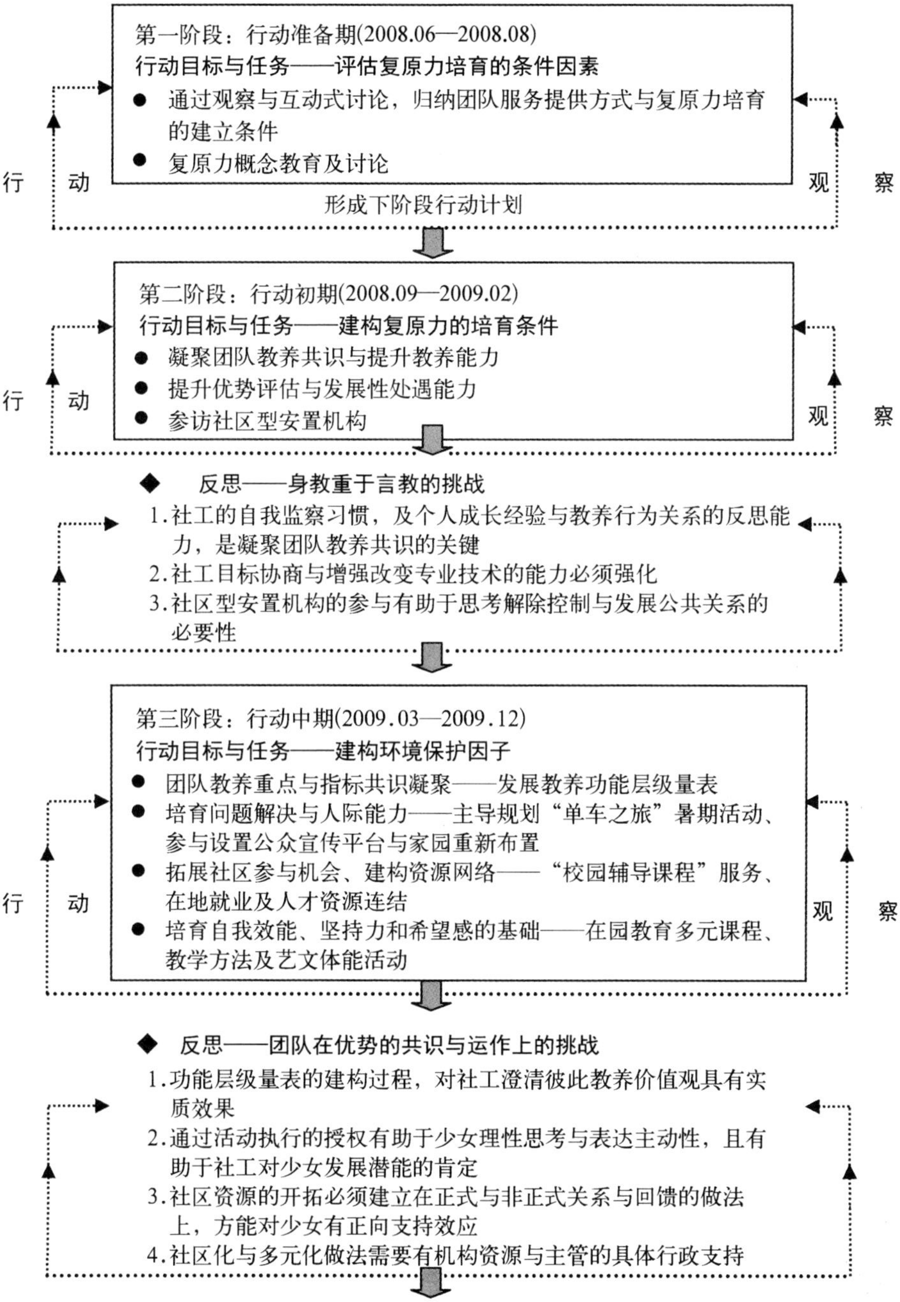
第一阶段：行动准备期(2008.06—2008.08)
行动目标与任务——评估复原力培育的条件因素
● 通过观察与互动式讨论，归纳团队服务提供方式与复原力培育的建立条件
● 复原力概念教育及讨论
行　动
观　察
形成下阶段行动计划
第二阶段：行动初期(2008.09—2009.02)
行动目标与任务——建构复原力的培育条件
● 凝聚团队教养共识与提升教养能力
● 提升优势评估与发展性处遇能力
● 参访社区型安置机构
行　动
观　察
◆ 反思——身教重于言教的挑战
1.社工的自我监察习惯，及个人成长经验与教养行为关系的反思能力，是凝聚团队教养共识的关键
2.社工目标协商与增强改变专业技术的能力必须强化
3.社区型安置机构的参与有助于思考解除控制与发展公共关系的必要性
第三阶段：行动中期(2009.03—2009.12)
行动目标与任务——建构环境保护因子
● 团队教养重点与指标共识凝聚——发展教养功能层级量表
● 培育问题解决与人际能力——主导规划“单车之旅”暑期活动、参与设置公众宣传平台与家园重新布置
● 拓展社区参与机会、建构资源网络——“校园辅导课程”服务、在地就业及人才资源连结
● 培育自我效能、坚持力和希望感的基础——在园教育多元课程、教学方法及艺文体能活动
行　动
观　察
◆ 反思——团队在优势的共识与运作上的挑战
1.功能层级量表的建构过程，对社工澄清彼此教养价值观具有实质效果
2.通过活动执行的授权有助于少女理性思考与表达主动性，且有助于社工对少女发展潜能的肯定
3.社区资源的开拓必须建立在正式与非正式关系与回馈的做法上，方能对少女有正向支持效应
4.社区化与多元化做法需要有机构资源与主管的具体行政支持

（接下页图）

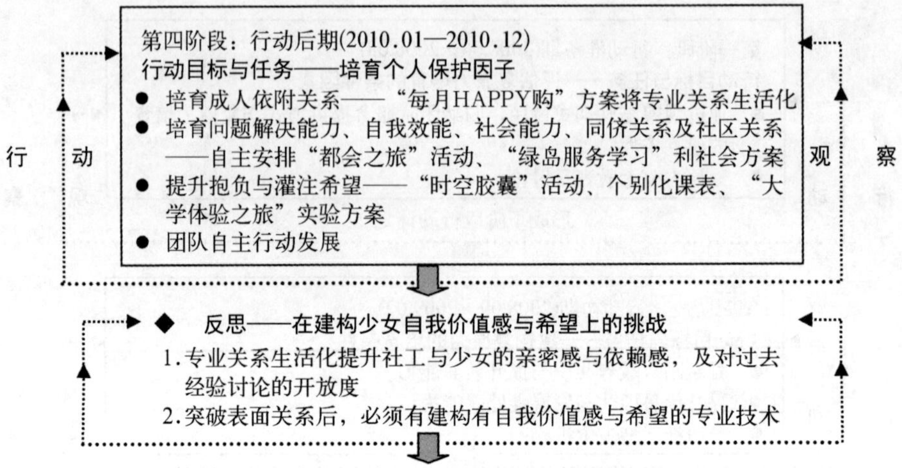

图 16-3　行动反思历程摘要

- 积极创造多元的社会参与机会，提供以发展抱负与社会参与为目的的活动。
  - ❖ 此一做法旨在扩展儿童少年的多元经验基模，使其取得教育、职业、休闲、宗教、志愿服务等不同的社会参与机会，以协助其融入社会，而非被排除于主流社会之外。
  - ❖ 通过大学体验方案、单车体验方案等尽力维系其追求教育成就的动机，并对儿童少年持高度期许，以提升其正向自我抱负。
- 持续参与利社会服务，提升个人的正向自我评价与乐观感受。
  - ❖ 国内现有的各项高关怀儿童少年服务，在方案内容与资源分配上往往会忽略资源网络的经营与开发，而受限于现有的社会救助或治疗性的心理咨商服务的提供。
- 社会关系介入与社交技巧能力建构。
  - ❖ 积极介入原有同侪关系，并建立正向的同侪网络。生态系统网络评估应包含同侪系统的介入，包括：好友的绰号、FACEBOOK 活动形态、常做的休闲活动或不良嗜好与次文化等的了解与评估。需针对同侪系统做积极介入与切割，并协助其建立交友的价值观与正向的同侪关系。
  - ❖ 教导如何拒绝同侪的不当邀约，掌握金钱关系、毒品、爱情与性议题等的交流管道与互动网络。

  - ❖ 面对与学校老师、同侪或家人的相处冲突时，必须能学习主动沟通，并练习平静地表达个人意见。

- 发展问题解决能力。
  - ❖ 通过让儿童少年自主办理活动，设计服务方案，发展其寻求资源的主动性、预估各种决策后果、讨论问题解决做法……的能力，以使其在面对生活压力时，能够学习更为正向积极的因应技巧。
  - ❖ 在上述的活动过程中，专业团队必须引导成员进行明确的学习顺序安排与学习迁移思考；必须慎思能力发展的累积特性与顺序性，需避免做出过于抽象或过多的一次性学习，而造成适得其反的结果。

参 考 文 献

一、英文部分①

Almedom, A. M. & Glandon, D. (2007). Resilience is not the absence of the PTSD any more than health is the absence of disease. *Journal of Loss and Trauma, 12*(2), 127-143.

Amistead, P. J. & Wexler, M. B. (1997). Community development and youth development: The potential for convergence. *Community and Youth Development series, Vol.1. Takoma Park*, MD: The Forum for Youth Investment, International Youth Foundation.

Anthony, E. J. & Cohler, B. J. (1987). *The invulnerable child: The Guilford psychiatry series*. New York, NY: Guilford Press.

Bandura, A. (1977). Self-efficacy: Toward a unifying theory of behavioral change. *Psychological Review, 84*, 191-215.

Bandura, A. (1982). Self-efficacy mechanism in human agency. *American Psychologist, 37*, 122-147.

Bandura, A. (1986). *Social foundations of thought and action: A social cognitive theory*. Englewood Cliffs, NJ: Prentice-Hall.

Banyard, V. L. & Cantor, E. N. (2004). Adjustment to college among trauma survivors: An exploratory study of resilience. *Journal of College Student Development, 45*(2), 207-221.

Barker, R. L. (1987). *The Social Work Dictionary*. Silver Spring, Md.: National Association of Social Workers.

Basen-Engquist, K. (1992). Psychosocial predictors of "safer sex" behaviors in young adults. *AIDS Education & Prevention, 4*, 120-134.

Basen-Engquist, K., & Parcel, G. S. (1992). Attitudes, norms, and self-efficacy: A model of adolescents' HIV-related sexual risk behavior. *Health Education Quarterly, 19*, 263-277.

Bernard, B. (1991). *Fostering resiliency in kids: Protective factors in the family, school, and community*. Portland, OR: Western Center for Drug-free Schools and Communities.

Biddle, B. J. (1979). *Role theory: Expectations, identities and behaviors*. New York, NY: Academic Press.

Biesteck, F. P. (1961). *The casework relationship*. Chicago : Loyola University Press.

① 为方便读者查阅，本书按原版复制英文参考文献。

Blocker, S. & Copeland, S. (1994). Determinants of resilience in high-stressed youth. *High-School Journal, 77*, 286-293.

Blumstein, A., Farrington, D. P., & Moitra, S. (1985) . Delinquency careers, innocents, disasters, and persisters. *Crime and Justice: An Annual Review of Research*. Chicago, IL: University of Chicago Press

Bonanno, G. A. (2004). Loss, trauma, and human resilience: Have we understand the human capacity to thrive after extremely aversive events? *American Psychologist, 59*(1), 20-28.

Bowen, G. L. , & Chapman, M. V. (1996). Poverty, neighborhood danger, social support, and individual adaptation among at-risk youth in urban areas. *Journal of Family Issues, 17*, 641-666.

Bowlby, J. (1971). *Attachment and loss*. New York, NY: Basic Books.

Bowman, P. J. (1989). Research perspectives on Black man: Role strain and adaptation across the adult life cycle. In R. L. Jones (Ed.), *Black adult development and aging* (pp. 117–150). Berkeley, CA: Cobbs & Henry.

Bowman, P. J. (2006). Role strain and adaptation in the strength-based model: Diversity, multilevel, and life span considerations. *The Counseling Psychologist, 34* (1), 118–133.

Bowman, P. J. (2011). Toward a comprehensive strength-based assessment system: A social psychological approach. In P. J. Bowman & E. St. John (Eds.), *Diversity, merit, and higher education* (readings on equal education, Vol. 25) . New York, NY: AMS.

Bowman, P. J.(2013). A strengths-based social psychological approach to resiliency: Cultural diversity, ecological, and life span issues. In Prince-Embury, S. & Saklofske, D. H. (eds.), *Resilience in Children, Adolescents, and Adults: Translating Research into Practice.*

Brammer, L. M. (1979). *The helping relationship: process and skills (2nd ed.)*. Englewood Cliffs, NJ: Prentice-Hall.

Bronfenbrenner, U. (1979). *The ecology of human development* . Cambridge, MA: Harvard University Press.

Bronfenbrenner, U. (1995). Developmental ecology through space and time: A future perspective. In P. Moen, G.H. Jr. and Elder Jr. and K. Lüscher (eds). *Examining lives in context*. Washington: American Psychological Association, 619-647.

Bronfenbrenner, U. (1996). Ecological systems theory. *Annals of Child Development, 6* , 185–246.

Brooks, R. & Goldstein, S. (2003). *Nurturing resilience in our children. Answers to the most important parenting questions*. New York, NY: Contemporary Books.

Brooks, R. B. (1994). *Children at risk: Fostering resilience and hope. American Journal of Orthopsychiatry, Vol 64*(4), 545-553.

Brower, A. (1988). Can the ecological model guide social work practice? *Social Service Review*, 411-429.

Burt, M. R., Resnick,G., & Novick, E. R. (1998). *Building supportive communities for at-risk adolescents: Is takes more than services*. Washington, DC: American Psychological Association.

Cappella, E., & Weinstein, R. (2001). Turning around reading achievement: Predictors of high school students' academic resilience. *Journal of Educational Psychology, 91*, 758–777.

Carbonell, D. M., Reinherz, H. Z., & Giaconia, R. M. (1998). Risk and resilience in late adolescence. *Child and Adolescent Social Work Journal, 15*(4), 251-272.

Carr, M. B. & Vandiver, T. A. (2001). Risk and protective factors among youth offenders. *Adolescence, 36*(143), 409-426.

Chiu, S., & Chan, Y. M. (1997). Is empowerment possible? A critical examination of YCS in Hong Kong Youth & Policy. *The Journal of Critical Analysis, Autumn, 58*, 57-72.

Compas, B. E. (1987). Coping with stress during childhood and adolescence. *Psychological Bulletin, 101*, 393-403.

Compton, B. R. & Galaway, B. (1975). Social work processes. Homewood, Ill.: Dorsey Press.

Cotterell, J. (1996). *Social networks and social influences in adolescence*. London, UK: Routledge.

Cowen, E. L., Wyman, P. A., Work, W. C., Kim, J. Y., Fagen, D. B., Magnus, K. B. (1997). Follow-up study of young stress-affected and stress-resilient urban children. *Development and Psychopathology, 9*, 564–577.

Csikszentmihalyi, M., & Larson, R. (1984). *Being adolescent: Conflict and growth in the teenage years*. New York: Basic Books.

Dalrymple, J., & Burke, B. (1997). *Anti-oppressive Practice: Social Care and the Law*. Buckingham, Open University Press.

Darling, N., Hamilton, S. F., Toyokawa, T., & Matsuda, S. (2002). Naturally occurring mentoring in Japan and the United States: Social roles and correlates. *American Journal of Community Psychology, 30*(2), 245–270.

DiClemente, C. C., & Hughes, S. O. (1990). Stages of change profiles in outpatient alcoholism treatment. *Journal of Substance Abuse, 2*(2), 217-235.

Dubow, E. F., Roecker, C. E., & D'Imperio, R. (1997). Mental health. In R. T. Ammerman, & M. Hersen (Eds.), *Handbook of prevention and treatment with children and adolescents: Interventions in the real world context* (pp. 259-286). New York, NY: John Wiley & Sons.

Dumont, M., & Provost, M. A. (1999). Resilience in adolescents: Protective role of social support, coping strategies, self-esteem, and social activities on experience of stress and depression. *Journal of Youth and Adolescence, 28*(3), 343-363.

EDJJ. (2006). *Prevention: Home, community, and school connections*. Retrieved Aug 1st, 2014, from http://www.edjj.org/prevention/phcsc.html

Egeland, B., Carlson, E., & Sroufe, L. A. (1993). Resilience as process. Development and *Psychopathology, 5*(4), 517-528.

Elkind, D. (1989). Developmentally appropriate practice: Philosophical and practical implications. *The Phi Delta Kappan, 71*(2), 113-117.

Ellis, D. G., & Fisher, B. A. (1994). *Small group decision making: Communication and the group process*. New York: McGraw-Hill

Epstein, L. (1992). *Brief treatment and a new look at the task-centered approach (3rd ed.)*. New York, NY: Macmillan.

Epstein, L. (1995). Brief task-centered practice. In *Encyclopedia of Social Work*, 313-323.

Washington, DC: NASW.

Falicov, C. J. (1995). Training to think culturally: A multidimensional comparative framework. *Family process, 34*, 373-388.

Felsman, J. K. and Vaillant, G. E. (1987). Resilient children as adults; a 40-year old study. In Anthony, E. J. and Cohler, B. J. (Eds.), *The Invulnerable Child* (pp. 289-314). New York, NY: Guilford.

Fergusson, D. M., & Lynskey, M. T. (1996). Adolescent resiliency to family adversity. *Journal of Child Psychology & Psychiatry & Allied Disciplines, 37*, 281-292.

Fergusson, D. M., Horwood, L. J., & Lynskey, M. T. (1994). The childhoods of multiple problem adolescents: A 15-year longitudinal study. *Journal of Child Psychology & Psychiatry & Allied Disciplines, 35*, 1123-1140.

Finn, J. L., & Checkoway, B. (1998). Young people as competent community builders: A challenge to social work. *Social Work, 43*, 335-345.

Forsyth, D. R. (2006). *Group Dynamics(4th Ed.)*. USA: Thomson Wadsworth.

Fraser, M. W., Richman, J. M., & Galinski, M. J. (1999). Risk, protection, and resilience: Toward a conceptual framework for social work practice. *Social Work Research, 23*(3), 131-142.

Furlong, M., Babinski, L., Poland, S., Munoz, J., & Boles, S. (1996). Factors associated with school psychologist perceptions of campus violence. *Psychology in the School, 33*, 28-37.

Garmezy, N. (1985). Stress-resistant children: The search for protective factors. In A. Davids (Ed.), *Recent research in developmental psychopathology* (pp.213-233). Elmsford, NY: Pergamon press.

Garvin, C. D. (1987). *Contemporary Group Work(2nd ed.)*. Englewood Cliffs, NJ: Prentice-Hall.

Garvin, C. D., Reid, W. J., & Epstein, L. (1976). Task-centered group work. In R. Roberts & H. Northen. (Eds.). *Theoretical approach to social work with small groups*, 238-276. New York, NY: Columbia University Press.

Germain, C. B. & Gitterman, A. (2008).*The life model of social work practice: Advances in theory and practice (3rd ed)*. New York, NY: Columbia University Press.

Gibbons, J., Butter, J., & Bow, I. (1978). Evaluation of social work service for self-poison patents. *British Journal of Psychiatry, 133*, 111-118.

Glanz, K. & Rimer, B. K. (2005). *Theory at a glance: A guide for health promotion practice*. Retrieved June 28, 2014, from http://www.cancer.gov/cancertopics/cancerlibrary/theory.pdf

Goldstein, S. & Brooks, R. B. (2013). *Handbook of Resilience in Children*. New York, NY: Springer Science + Business Media.

Grotberg, E. H. (2001). Resilience programs for children in disaster. *Ambulatory Child Health, 7*, 75–83.

Guo, Wei-he & Tsui, Ming-sum(2010). From resilience to resistance: A reconstruction of the strengths perspective in social work practice. *International Social Work, 53*, 233-245.

Haaga, D. A., & Stewart, B. L . (1992). Self-efficacy for recovery from a lapse after smoking cessation. *Journal of Consulting and Clinical Psychology, 60*(1), 24-28.

Halpern, R., Barker, G., & Mollard, W. (2000). Youth programs as alternative spaces to be: A study of neighborhood youth programs in Chicago's west town. *Youth and Society, 31*(4), 469-505.

Hart, D., Atkins, R., & Ford, D. (1998). Urban America as a context for the development of moral identity in adolescence. *Journal of Social Issues, 54*, 513-530.

Hasenfeld, Y. (1987). Power in Social work. *Social Service Review, 61*(3), 469-483.

Henley, R. (2010). Resilience enhancing psychosocial programmes for youth in different cultural contexts: Evaluation and research. *Progress in Development Studies, 10*(4), 295-307.

Hepworth, D. H., Rooney, R. H., Dewberry Rooney, G., Strom-Gottfried, K., & Larsen, J. A. (2010). *Direct Social Work Practice: Theory and Skills*. Belmont, CA:Brooks Cole, a Cengage Learning Company.

Higgins, G. (1994). Resilient adults: Overcoming a cruel past. San Francisco, CA: Jossey-Bas.

Homles, J. (1993). *John Bowley and attachment theory*. New York, NY: Routledge.

Hurrelmann, K. (1989). *The Social world of adolescents : International perspectives*. New York, NY: W. de Gruyter.

IFSW (2000) . *International Federation of Social Workers Definition of Social Work*. Berne: International Federation of Social Workers.

Jaffee, A. R., Caspib, A., Moffitt, T. E., Polo-Tomásd, M., & Taylor, A. (2007). Individual, family, and neighborhood factors distinguish resilient from non-resilient maltreated children: A cumulative stressors model. *Child Abuse Neglect, 31*(3), 231–253.

Jessor, R., Van Den Bos, J., Vanderryn, J., Costa, F. M., & Turbin, M. S. (1997). Protective factors in adolescent problem behavior: Moderator effects and developmental change. In G. A. Marlatt & G. R. Van Den Bos (Eds.), *Addictive behaviors: Readings on etiology, prevention, and treatment* (pp. 239-264). Washington, DC: American Psychological Association.

Johnson, L. (1983). *Social work practice: a generalist approach*. Boston: Allyn and Bacon.

Judith, M. P. & O'Byrne, P. (1998). *Assessment in Social Work*. London: MacMillan.

Kadushin, A. (1972). *The social work interview*. New York, NY: Columbia University Press.

Kahn, R. L., Wolfe, D. M., Quinn, R., Snoek, J. D., & Rosenthal, R. A. (1964). *Organizational stress*. New York, NY: Wiley.

Kaplan, H. B. (1996). *Psychosocial stress: Perspectives on structure, theory, life course, and methods*. New York, NY: Academic.

Kaplan, S. (1995). The restorative benefits of nature: Toward an integrative framework. *Journal of Environmental Psychology, 15*, 169-182.

Karanci, N. A. (1992). Self efficacy-based smoking situation factors: The effects of contemplating quitting vs. relapsing in a Turkish sample. *International Journal of the Addictions, 27* (7), 879-886.

Kelso, W. (1994). Poverty and the Underclass. New York: New York University Press.

Kolb, D. A.(1984). Experiential learning: Experience as the source of learning and development. Englewood Cliffs, NJ: Prentice-Hall.

Kessler, R. C. (1979). A strategy for studying differential vulnerability to the psychological consequences of stress. *Journal of Health and Social Behavior, 20* , 100–108.

Kutchins, H. (1991). The fiduciary relationship: The legal basis for social workers' responsibilities to clients. *Social Work, 36* (2), 106-113.

Luthar, S. S. & Zigler, E. (1991). Vulnerability and competence: A review of research on resilience in childhood. *American Journal of Orthopsychiatry, 61*, 6-22.

Luthar, S.S., & Cicchetti, D. (2000). The construct of resilience: Implications for interventions and social policies. *Development and Psychopathology, 12*(4), 857-885.

Masten, A. S. (1994). Resilience in individual development: Successful adaptation despite risk and adversity. In M. Wang & E. Gordon (Eds.), *Educational resilience in inner-city America* (pp. 3–25). Hillsdale, NJ: Lawrence Erlbaum.

Masten, A. S., & Obradović, J. (2008). Disaster preparation and recovery: Lessons from research on resilience in human development. *Ecology and Society, 13*(1), 9. http://www.ecologyandsociety.org/vol13/iss1/art9

Masten, A. S., Garmezy, N., & Tellegen, A. (1988). Competence and stress in school children: The moderating effects of individual and family qualities. *Journal of Children Psychological Psychiatry, 29*(6), 745-764.

Masten, A., Best, K., & Garmezy, N. (1990). Resilience and development: Contributions from the study of children who overcome adversity. *Development and Psychopathology, 2*, 425–444.

McMillan, J. H., & Reed, D. F. (1994). At-risk students and resiliency: Factors contributing to academic success. *Clearing House, 22*, 137-140.

Mrazek, P. J., & Mrazek, D. (1987). Resilience in child maltreatment victims: A conceptual exploration. *Child Abuse and Neglect, 11*, 357-365.

National Association of Social Workers (NASW). (1982). *Educational Policy and Accreditation Standards (EPAS)*. Washington, DC: NASW Press.

Newman, T. & Blackburn, S. (2002). *Transitions in the lives of children and young people: resilience factors*. Edinburgh: Scottish Executive Education Department.

Nightingale, E. O. & Wolverton, L. (1993). Adolescent rolelessness in modern society. *Teachers College Record, 94*, 472-486.

Norman, E. (2000). *Resiliency enhancement: putting the strengths perspective into social work practice*. New York, NY: Columbia University Press.

Northen, H. (1982). *Clinic social work*. New York, NY: Columbia University.

O'Leary, P., Tsui, Ming-Sum, & Ruch, G. (2013). The boundaries of the social work relationship revisited: Towards a connected, inclusive and dynamic conceptualisation. *British Journal of Social Work, 43*, 135-153.

Paige, L. Z., Kitzis, S. N., & Wolfe, J. (2003). Rural underpinnings for resiliency and linkages: A safe schools/healthy students project. *Psychology in the Schools, 40*(5), 531-547.

Pasternack, R., & Martinez, K. (1996). Resiliency: What is it and how can correctional educational practices encourage its development? *Preventing School Failure, 20*(2), 63-66.

Pasternack, R., Grossman, B., Miller, D., & Martinez-Gowen, K. (1993). *Resiliency: The next dimension. A curriculum to promote positive lives for our children*. Santa Fe, NM: New Mexico Department of Education.

Payne, M. (2005). *Modern social work theory (3rd ed.)*. New York, NY: Palgrave MacMillan.

Pearlin, L. I. (1983). Role strains and personal stress. In H. B. Kaplan (Ed.), *Psychosocial stress: Trends in theory and research* (pp. 3–32). New York, NY: Academic.

Pearlin, L. I., & Schooler, C. (1978). The structure of coping. *Journal of Health and Social Behavior, 19* , 2–22.

Pearlin, L. I., Menaghan, M. A., Lieberman, E. G., & Mullan, J. T. (1981). The stress process. *Journal of Health and Social Behavior, 22* , 337–356.

Perlman, H. H. (1971). *Social casework: A Problem-solving process*. Chicago: The University of Chicago Press.

Perlman, H. H. (1979). *Relationship: The heart of helping people*. Chicago : University of Chicago.

Pollard, J. A., Hawkins, J. D., & Arthur, M. W. (1999). Risk and protection: Are both necessary to understand divers behavioral outcomes in adolescence? *Social Work Research, 23*(3), 145-157.

Quaglia, R. J., & Perry, C. M. (1995). A study of underlying variables affecting aspirations of rural adolescents. *Adolescence, 30*(117), 233-243.

Rapp, C. A. (1998). *The strengths model: Case management with people suffering from severe and persistent mental illness*. New York, NY: Oxford University Press.

Reamer, F. G. (2005). Documentation in social work: Evolving ethical and risk-management standards. *Social Work, 50*(4), 325-334.

Reid, W. J. & Epstein, L. (1972). *Task-centered casework*. New York, NY: Columbia University Press.

Reid, W. J. & Hanrahan, P. (1982). Recent evaluations of social work: Grounds for optimism. *Social Work, 27*, 328-340.

Reid, W. J. (1978). *The Task-centered system*. New York, NY: Columbia University Press.

Reid, W. J. (1985). *Family problem-solving*. New York, NY: Columbia University Press.

Reid, W. J. (1992). *Task strategies: An empirical approach to clinical social work*. New York, NY: Columbia University Press.

Resnick, M. D., Harris, L. J., & Blum, R. W. (1993). The impact of caring and connectedness on adolescent health and well-being. *Journal of Paediatrics & Child Health, 29*(1), S3-9.

Richmond, M. E. (1917). Social Diagnosis. Russell Sage Foundation. Retrieved from https://archive.org/details/socialdiagnosis00richiala

Rönnau-Böse, M., & Fröhlich-Gildhoff, K. (2009). The promotion of resilience: A person-centered perspective in early childhood institutions. *Person-Centered and Experimental Psychotherapies, 8*(4), 299-318.

Rooney, R. H. (1981). A Task-centered reunification model for foster care. In A. A. Maluccio &

P. Sinaoglu (Eds.), *Working with biological parents of children in foster care*, 135-150. New York, NY: Child Welfare League of America.

Runyan, D., K., Hunter, W. M., Socolar, R. R. S., Amaya-Jackson, L., English, D., Landsverk, J., Dubowitz, H., Browne, D. H., Bangdiwala, S. I., & Mathew, R. M. (1998). *Children who prosper in unfavorable environments: The relationship to social capital*. Pediatrics, 101, 12-18.

Rutter, C. F. (1990). Psychosocial resilience and protective mechanisms. In J. Rolf, A. S. Masten, D. Cicchetti, K. H. Nuechterlein,& S. Weintraub (Eds.), *Risk and protective factors in the development of psychopathology* (pp.181-214). Cambridge, England: Cambridge University Press.

Rutter, C. F. (1993). Resilience: Some conceptual considerations. *Journal of Adolescent Health, 14*, 626-631.

Rutter, M. & Madge, N.(1976). *Cycles of Disadvantage*. London, UK: Heinemann.

Rutter, M. (1985). Resilience in the face of adversity: Protective factors and resistance to psychiatric disorder. *British Journal of Psychiatry, 147*, 598-611.

Rutter, M. (1987). Psychosocial resilience and protective mechanisms. *American Journal of Orthopsychiatry, 57*(3), 316-331.

Rutter, M. (1999). Social context: Meanings, measures, and mechanisms. *Europe Review, 7*, 139-149.

Salami, S. O. (2010). Moderating effects of resilience, self-Esteem and social support on adolescents' reactions to violence. *Asian Social Science, 6*(12), 101-110.

Saleebey, D. (2006). *The strengths perspective in social work practice(4th ed)*. Boston : Pearson/Allyn & Bacon.

Sampson, R. J., & Laub, J. H. (1993). *Crime in the making: Pathways and turning points through life*. Cambridge, Mass.: Harvard University Press.

Save the Children (2004). *Classroom based intervention: Impact evaluation. Save the Children.* Retrieved April 25, 2010, from http://www.savethechildren.org/ publications/ technical-resources/ education/ CBIImpactEvaluation.pdf

Schoon, I. (2006). *Risk and Resilience: Adaptations in Changing Times*. Cambridge, UK: Cambridge University Press.

Scott, J. (1985). *Weapons of the Weak: Everyday Forms of Peasant Resistance*. New Haven, CT: Yale University Press.

Shelton, D. (2008). Translating theory into practice: Results of 2-year trail for the LEAD programme. *Journal of Psychiatric and Mental Health Nursing, 15*, 313-321.

Singer, M. I. & Hussey, D. L. (1995). Adolescents: Direct practice. In R. L. Edwards & J. G. Hopps (Eds.), *Encyclopedia of social work* (19th ed., pp.40-48). Washington, DC: NASW Press.

Smokowski, P. R., Reynold, A. J., & Bezruuczko, N. (1999). Resilience and protective factors in adolescence: An autobiographical perspective from disadvantaged youth. *Journal of School Psychology, 37*(4), 425-448.

Snyder, C. R. (1994). *The psychology of hope: You can get there from here*. New York, NY: Free Press.

Snyder, C. R. (1995). Conceptualizing, measuring, and nurturing hope. *Journal of Counseling and Development, 73*(3), 355-360.

Snyder, C. R. (2002). Hope theory: Rainbows in the mind. *Psychological Inquiry, 13*, 249–275.

Splittgerber, F. L., & Allen, H. A. (1996). Learning and caring communities: Meeting the challenge of at-risk youth. *Clearing House, 69*(4), 214-216.

Steiner, H., Kwan, W., Shaffer, T. G., Walker, S., Miller, S., Sagar, A., & Lock, J. (2003). Risk and protective factors for juvenile eating disorders. *Europe Child Adolescent Psychiatry, 12*(1), 38-46.

Stephens, G. (1997). Youth at risk: Saving the world's most precious resource. *The Futurist, 31*(2).

Taylor, E. R., Karchner, M. J., Kelly, P. J., & Valescu, S. (2003). Resiliency, risk, and substance use among Hispanic urban juvenile detainees. *Journal of Addictions and Offender Counseling, 24*(1), 46-64.

Tunner, F. J. (1996). *Social work treatment: Interlocking theoretical approaches (4th Ed.)*. New York, NY: Free Press.

Ungar, M. (2005). Resilience among children in children welfare, corrections, mental health and educational setting: Recommendations for service. *Child and Youth Care Forum, 34*(6), 445-464.

Ungar, M. (2010). Families as navigators and negotiators: Facilitating culturally and contextually specific expressions of resilience. *Family Process, 49*(3), 421-435.

Wakefield, J. C. (1996). Does social work need the Eco-Systems perspective? Part 1. Is the Perspective Clinically Useful? *Social Service Review, 70*(1), 1-32.

Walsh, F. (2006). *Strengthening family resilience(2nd Ed)*. New York, NY: The Guilford Press.

Weissman,1977

Wener, E. E. (1993). Risk, resilience, and recovery: Perspectives from the Kauai Longitudinal Study. *Development and Psychopathology, 5*(4), 503-515.

Werner, E. E. (1986). The concept of risk from a developmental perspective. *Advances in Special Education, 5*, 1-23.

Werner, E. E., & Smith, R. S. (1982). *Vulnerable but not invincible: A longitudinal study of resilient children and youth*. New York, NY: McGraw-Hill.

Werner, E. E., & Smith, R. S. (1992). *Overcoming the odds: High risk children from birth to adulthood*.New York, NY: McGraw-Hill.

Werner, E. E., & Smith, R. S. (2001). *Journeys from childhood to midlife: Risk, resilience , and recovery*. Ithaca, NY: Cornell University Press.

Werner, E.E. (1996). Vulnerable but invincible: high risk children from birth to adulthood. *European Child & Adolescent Psychiatry, 5*, 47–51.

Wigtil, J. V. (1995), Exceptional Children: Counseling at-risk students, In J. Yang (Eds.), *Counseling and Guidance in Taiwan and U. S. A. 1995 Symposia Proceeding, 19- 24, Kaohsiung: Department of Counseling and Guidance.* National Kaohsiung Normal

University Taiwan, R. O C..

Wodarski, J. S., Saffir, M., & Frazier, M. (1982). Using research to evaluate the effectiveness of Task-centered casework. *Journal of Applied Social Sciences, 7*, 70-82.

Wolfgang, M. E., Figlio, R. M., & Sellin, T. (1972). *Delinquency in a birth cohort*. Chicago : University of Chicago Press.

Wolin, S. J., & Wolin, S. (1993). *The Resilient Self: How Survivors of Troubled Families Rise Above Adversity*. New York: Villard Books.

Wolin, S., & Wolin, S. (1995). Resilience among youth growing up in substance-abusing families. *Pediatric Clinics of North America, 42*(2), 415-429.

Wood, K. M. (1978). Casework effectiveness: A new look at the research evidence. *Social Work, 23*, 437-458.

Youth Development Institute (2009). *Community-based programs for foster care: Preventing placements and promoting successful transitions*. Fund for the Annie E. Casey Foundation, New York.

Zahradnik, M., Stewart S. H., O'Connor, R. M, Stevens, D., Ungar, M., & Wekerle. (2010). Resilience moderates the relationship between exposure to violence and posttraumatic reexperiencing in Mi'kmaq youth. *International Journal of Mental Health Addiction, 31*, 927-935.

二、中文部分

王冠今. 台湾社区老人的社会支持改变、健康状况改变与社会参与之纵贯性研究[D]. 台北：台湾师范大学博士论文，2010.

白倩如. 机构安置少女复原力培育之行动研究[J]. 台大社会工作学刊，2012(25).

白倩如. 少女离退性交易历程：巢穴中的爱与生存[D]. 南投：暨南国际大学博士论文，2012.

石泱. 不同居住型态老人社会支持与生活适应影响因素之研究[J]. 东吴社会工作学报，2009(21).

李仰慈. 台湾地区中老年人社会支持长期追踪研究[D]. 台北：阳明大学博士论文，2014.

李南雄. 团体动力学[M]. 台北：长青文化事业股份有限公司，1978.

杜静怡. 半世纪来台湾青少年犯罪之研究[D]. 南投：暨南国际大学硕士论文，2004.

马尔孔·佩恩. 当代社会工作理论：批判的导论[M]. 周玟琪，等译. 台北：五南图书出版公司，1995.

林昱瑄. 青少女哪吒的生活世界：一群"在玩"青少女的认同形构及其教育意涵[D]. 台北：台湾师范大学博士论文，2006.

宋丽玉，施教裕. 优势观点——社会工作理论与实务[M]. 北京：社会科学文献出版社，2010.

施教裕，宋丽玉. 高风险家庭儿少及家暴妇女的复原：优势观点社会工作处遇的理念模式、实务成果及推展议题[J]. 儿童及少年福利学刊，2008(14).

许临高. 社会工作直接服务[M]. 台北：洪叶文化事业有限公司，1999.

陈秉璋，陈信木. 价值社会学[M]. 台北：桂冠图书公司，1990.

陈慧如. 自我控制、青少年自我中心与偏差行为之关系[M]. 台南：成功大学硕士论文，2004.

丹尼尔·科伊尔. 天才密码[M]. 傅季强，译. 台北：天下杂志股份有限公司，2011.

曾文志. 复原力的构念与研究之分析[J]. 台中护理专科学校学报，2005(4).

Beats M. 小团体领导指南[M]. 曾华源，滕青芬，译. 台北：张老师文化事业公司，1993.

黄维宪，等. 社会个案工作[M]. 台北：五南图书出版公司，1985.

曾华源，白倩如. 团体动力、体验学习与社会团体工作[J]. 社区发展季刊，2012(140).

曾华源，李仰慈. 建构弱势少年复原力的社会工作专业服务输送体系[J]. 社区发展季刊，2012(139).

黄昌荣，邵家臻. 结构与个人整合——香港青年工作的再检视与再发展[J]. 青年研究学报，1998(2).

廖荣利. 社会工作理论模式[M]. 台北：五南图书出版公司，1987.

蔡宜玲. 自杀意念青少年复原行为之探讨：复原力之研究[D]. 彰化：彰化师范大学硕士论文，2002.

蔡德辉，杨士隆. 少年犯罪理论与实务[M]. 4 版. 台北：五南图书出版公司，2003.

郑丽珍. 高风险家庭的家庭韧力：败部复活[J]. 应用心理研究. 2008(39).

宋丽玉，等. 社会工作理论——处遇模式与案例分析[M]. 4 版. 台北：洪叶文化事业有限公司，2012.

阙汉中. 青少年在社区：身不由己或相得益彰？[J]. 社区发展季刊，2009(126).

颜郁心. 中辍复学生复原力建构历程之分析研究[D]. 彰化：彰化师范大学硕士论文，2002.